# WARUM
## IST DIE
# BANANE
## KRUMM?

Für Marco, Marleen, Janina und Mareike –
denn ohne eure Fragen und Hilfe wäre dieses Buch nie entstanden.

Matthias Jörg Müller-Michaelis

# WARUM
## IST DIE
# BANANE
## KRUMM?

Die **100** häufigsten Fragen,
die Kinder stellen.
Und lustige Antworten darauf

SÜDWEST

# Inhalt

# Ein Vorwort für Eltern und Großeltern

*Kinderfragen zu beantworten, ist ein liebevolles Eingehen auf die Welt der Kleinen. Sie fühlen sich verstanden und ernst genommen, und wir Erwachsene haben die Chance, ihnen näher zu kommen und ihr Vertrauen zu gewinnen.*

Wieso, weshalb, warum – wer nicht *antwortet*, bleibt dumm.

»Als du noch ein Kind warst – gab es da eigentlich schon Fernsehen?« Ich könnte schwören, dass mir irgendwann auch einmal diese Frage gestellt worden ist. Als eine von den Zigtausenden Fragen, die ich vier Kindern bis heute beantwortet habe.

Meine Antwort: »Ja, es gab damals schon Fernsehen. Aber viele TV-Geräte waren noch als Möbelstücke kaschiert, hatten eine hölzerne Falttür vor der Mattscheibe. Und wenn die mal flimmern durfte, dann war es für uns Kinder ein Ereignis. Mit Programm-Highlights, die »Sport, Spiel, Spannung« hießen, mit »Peterchens Mondfahrt« zu Weihnachten oder den ersten Serien im Kinderprogramm: »Fury«, »Lassie« und den Klassikern der »Augsburger Puppenkiste«.«

Was wir damals gar nicht hatten, das waren die »Sesamstraße« oder »Die Sendung mit der Maus«. Programme, die selbst ich als »Großer« mir heute gelegentlich mal anschaue. Und manchmal sitze ich staunend davor. Denn in diesen Sendungen wird vorgeführt, wie leicht man Kindern etwas erklären kann. Und tatsächlich sind es häufig Erklärungen, auf die ich selbst nicht gekommen wäre. Oft werden Fragen beantwortet, auf die ich keine Antwort gewusst hätte.

Also ist heute alles einfacher für die Eltern oder Großeltern? Ist es besser, weil ihnen das Fernsehen einen guten Teil des ewigen Fragespiels zwischen den Generationen abnimmt? Ich glaube nicht. Ich fürchte sogar, das Gegenteil ist der Fall. So amüsant, lehrreich und lustig solche Sendungen auch sein mögen – ich wollte gar nicht, dass meine Kinder sich die Antworten auf alle ihre Fragen nur aus dem Fernsehen holten.

So eine Fragerunde in der Familie beginnt zwar immer mit einer ganz konkreten Frage, aber dann zieht sie immer weitere Kreise, wie der ins Wasser geworfene Stein. Und irgendwann wird aus der Fragerunde eine ganz normale Unterhaltung. Genau die aber kann keine der pädagogisch wirklich wertvollen Kindersendungen ersetzen. Es liegt an uns, ob wir die Einladung unserer Kinder zum Gespräch zwischen den Generationen annehmen. Und die beginnt meistens mit irgendeiner Frage. »Sag' mal, …«

### Nicht alle Fragen müssen immer und sofort beantwortet werden

Nun glauben Sie, liebe Eltern und Großeltern, aber bitte nicht, ich wäre einer jener Überväter, die »alle Macht den Kindern« predigen und dankbar, milde lächelnd, jederzeit ansprechbar sind. Im Gegenteil. Ich habe mich durchaus darüber geärgert oder mich gestört gefühlt, wenn mitten in der Arbeit jemand an meinem Ärmel zupfte, mich mit großen Augen anschaute, und ein Gespräch mit eben diesen Worten »Sag' mal, …« beginnen wollte. Und ich habe auch kein schlechtes Gewissen gehabt, wenn ich meine Kinder mal vertröstet habe, weggeschickt mit den Worten »Du, behalt' mal deine Frage im Kopf, und stell' Sie mir später noch mal. Denn jetzt im Moment habe ich einfach keine Zeit.«

Ich meine, niemand sollte ein schlechtes Gewissen haben, wenn er seine Kinder hin und wieder wegschickt. Im Gegenteil halte ich das für einen Teil der Ehrlichkeit, die unser Verhältnis zu den Kindern prägen sollte. Es geht eben nicht immer sofort so, wie es sich die kleinen Racker vorstellen.

Was auch nicht geht, ist meiner Meinung nach das Befolgen irgendwelcher klugen Ratschläge, die häufig so klingen, als wären sie vor allem von Pädagogen erdacht, die Kinder mehr studiert als erlebt haben. Einer dieser Sprüche hat mich immer besonders auf die Palme gebracht: »Es gibt keine dummen Fragen, es gibt nur dumme Antworten. Da habe ich von meinen vier Kindern aber etwas ganz anderes erfahren. Es gibt ausgesprochen dumme Fragen, nämlich die, die aus purer Langeweile gestellt werden – und die man schon drei Sätze vorher

*Ein Kind spürt, ob Mutter oder Vater grundsätzlich an ihm und seinem Leben interessiert sind. Dann wird es auch Verständnis dafür haben, wenn es auf eine Antwort ein wenig warten muss, und sich nicht gleich abgelehnt und ungeliebt fühlen.*

7

beantwortet hat. Und darauf habe ich mich nicht eingelassen, sondern habe dann – ausnahmsweise – die Frage mit einer Gegenfrage beantwortet oder darum gebeten, die vorangegangenen Erklärungen doch noch mal zu überdenken. Vielleicht wurde die Antwort auf die Frage schon gegeben. Und wenn dieses Ping-Pong-Frage-Antwort-selbe-Frage-selbe-Antwort-Spiel trotzdem nicht aufhören wollte, habe ich es beendet.

### Auch mir sind oft keine Antworten eingefallen

*Kinder haben meist kein Problem damit, wenn die Eltern mal eine Antwort nicht gleich parat haben. Im Gegenteil wird sich diese Antwort, die sie zusammen mit Papa und Mama gesucht haben, ganz besonders ins Gedächtnis einprägen. Denn sie haben dabei selbst einen wichtigen Beitrag geleistet.*

Manchmal haben mich die Fragen der Kinder schon wirklich in arge Bedrängnis gebracht. Entweder weil mir keine Antwort einfiel oder weil ich zwar die Antwort kannte, aber nicht wusste, wie ich mein Wissen nun weitergeben sollte. Oft habe ich mir erst selbst Antworten aus irgendwelchen Nachschlagewerken oder Archiven heraussuchen müssen. Und schnell habe ich erfahren, dass es schön dumm gewesen wäre, wenn ich mich nicht auf die manchmal mühsame Suche nach einer Antwort gemacht hätte. Abgesehen davon, dass ich dann selbst dumm geblieben wäre.

Weil ich von vielen anderen Eltern weiß, dass es ihnen nicht viel anders ergeht, habe ich dieses Buch geschrieben. Mit eben den Fragen, die mir auch von vielen Eltern als die stets wiederkehrenden geschildert wurden. Und mit eben den Folgefragen, die sich dann meistens anschließen.

### Nicht der Weisheit letzer Schluss

Auf keinen Fall möche ich für mich in Anspruch nehmen, alle Fragen in Ihrem Sinne, liebe Eltern und Großeltern, »richtig« beantwortet zu haben.

Nehmen wir als Beispiel die Antworten auf Fragen zum lieben Gott. Da werden Sie ganz persönliche Ansichten von mir finden – geprägt von meinem evangelisch-lutherischen Glauben. Sie selbst müssen prüfen, ob Sie Ihren Kindern oder Enkeln die Fragen genau in der von mit gewählten Form beantworten wollen oder ob Sie meine Antworten nur als Anregungen für mögliche, selbst gewählte Erklärungen verwenden möchten. Denn natürlich sollten erstens alle Antworten zu Ihrer eigenen Überzeugung passen. Und zweitens können nur Sie selbst entscheiden, in welcher Form eine Antwort dem Alter und Entwicklungsstand Ihres Kindes entspricht.

Auch bei anderen Fragen habe ich oft lange überlegt, wie ich sie beantworten sollte. Wie viele Details sind wirklich notwendig, welche darf man weglassen, um eine zwar stark vereinfachte, aber trotzdem noch korrekt und vor allem verständliche Antwort zu geben? Ich habe mich oft für sehr starke Vereinfachungen entschieden, wenn es sich um Fragen handelt, die eher von sehr kleinen Kindern gestellt werden. Bei Fragen von größeren Kindern bin ich dann auch oft weiter ins Details gegangen. Sollten Sie allerdings der Meinung sein, die eine oder andere Frage wäre anders besser beantwortet oder durch die Vereinfachung falsch, so bin ich Ihnen für jeden Hinweis dankbar.

*Nicht ein allumfassendes Wissen macht einen Erwachsenen Kindern gegenüber glaubwürdig, sondern viel eher die Bereitschaft, wieder jung und neugierig zu werden, sich anregen zu lassen und sich zu freuen, etwas dazugelernt zu haben.*

## Gespräche zwischen den Generationen

Meine vier Kinder sind übrigens längst Teenager, aber sie fragen mich noch immer – wenngleich sich die Themen gewandelt haben. Und das, was beim gemeinsamen Frühstück oder Abendessen mit einer Frage von ihnen beginnt, endet dann oft im schönsten Familien-Geplauder. Das sind dann Gespräche, aus denen auch ich noch viel lernen kann. Über Dinge zum Beispiel, mit denen ich mich nie beschäftigt habe. Und ich erfahre viel über Ansichten aus Augen, die viel jünger sind als meine.

Gerade das könnte für uns der wichtigste Grund sein, warum wir von Anfang an nicht aufhören sollten, die Fragen unserer Kinder zu beantworten: Die Gespräche werden nie abreißen. Und deshalb freue ich mich auf die nächsten Wieviel-auch-immer-tausend-Fragen.

Ihnen wünsche ich viel Spaß mit diesem Buch und viele gute Anregungen.

Herzlichst Ihr
*Matthias Jörg Müller-Michaelis*

# Ein Vorwort für Kinder

### Wieso, weshalb, warum – wer nicht fragt, bleibt dumm

*Wenn Ihr mir schreiben wollt, müsst Ihr den Brief an den Südwest Verlag in München schicken. Die genaue Anschrift lautet: Südwest Verlag, Verlagshaus Goethestraße, Goethestraße 43, 80336 München. Der Verlag leitet den Brief an mich weiter.*

Soll ich dir mal sagen, wie toll ich es finde, dass du dir dieses Buch zum Lesen herausgeholt hast? Also gut: Ich finde es ist Obersupersahnespitze! Denn es gibt in deinem Alter viele Kinder, die überhaupt nie erfahren haben, wieviel Spaß Lesen machen kann. Und weil sie das nicht kennen, setzen sie sich vor den Fernseher oder den Spielecomputer, wenn sie sich langweilen.

Ich hoffe natürlich, dass dir dieses Buch gefällt. Manche Sachen weißt du wahrscheinlich längst. Dafür fehlen bestimmt andere Sachen, die dich interessieren. Aber das geht leider nicht anders. Denn ich habe dieses Buch auch für viel kleinere Kinder als dich geschrieben. Die können zwar noch nicht lesen, aber bestimmt erzählen ihnen ihre Eltern, was in diesem Buch steht. Aber wenn dich noch ganz andere Sachen interessieren, als die in diesem Buch, dann schreib' mir doch einfach. Damit ich nächstes Mal ein Buch machen kann mit all den Fragen, die hier nicht drin sind. Es dauert zwar immer ein paar Monate, bis man so ein neues Buch fertig hat, aber wir können uns dann gemeinsam freuen, dass wir ein neues, noch besseres Buch gemacht haben.

Damit du nicht so lange warten musst, bis du Antworten auf deine neuen Fragen im nächsten Buch bekommst, hab' ich eine

Idee. Erstens kannst du natürlich deine Eltern fragen. Denn du weißt ja: Wer nicht fragt, bleibt dumm.

Aber außerdem gibt es bei euch in der Nähe bestimmt auch eine Bücherei. Und da stehen viele Bücher, in denen ganz ausführlich nur etwas über solche Sachen geschrieben ist, die dich besonders interessieren. Ganze Bücher nur über Pferde oder über Raketen, über Haifische oder über unseren Körper. Oder du gehst einfach mal in einen Buchladen, suchst dir da so ein Spezialbuch aus und wünscht es dir von deinen Eltern.

Meine vier Kinder haben das auch so gemacht. Und viele Sachen wissen sie deshalb heute viel besser als ich. Denn glaub' bloß nicht, dass die Großen alles wissen. Und für dich wäre es ja eine ganz tolle Sache, wenn du über mache Dinge besser Bescheid weißt als deine Eltern oder sogar die Lehrer.

Die werden ganz schön staunen. Und wenn ich dir dabei mit den Antworten in diesem Buch helfen kann, dann macht mich das riesig stolz.

Also: Ich wünsche dir ganz viel Spaß mit diesem Buch.

*Einen Ausweis für eine Bücherei zu haben, ist eine tolle Sache. Ihr findet dort nämlich nicht nur Sachbücher, sondern auch spannende Abenteuer- und Kriminalgeschichten. Das Beste für die Ferien.*

Dein
*Matthias Jörg Müller-Michaelis*

11

# WUNDER ZWISCHEN HIMMEL UND ERDE

Wo sind wir gewesen, bevor wir auf die Welt gekommen sind und wie sieht es im Himmel aus, der sich jetzt so wunderbar blau über uns wölbt? Haben die Engel wirklich Flügel und sieht Gott alles? Mit diesen Fragen nach dem Wesen unseres Daseins und nach den Instanzen, die über unser Schicksal bestimmen, wenden sich Kinder an uns Erwachsene, um sich zu vergewissern, dass schon alles seine Richtigkeit hat. Sie wünschen sich Rat und vor allem einen Maßstab, an dem sie ihr Leben orientieren können. Eine traditionelle Hilfe ist hier das Christentum, das Kindern nicht nur bei Problemen weltanschaulicher Art beistehen kann, sondern auch noch die wichtigste Grundlage unserer Kultur ist.

# Wo wohnt eigentlich der liebe Gott?

*Wer an Gott glaubt, hat immer jemanden, der ihn tröstet, der ihm in schwierigen Situationen beisteht und der ihm Mut macht, nicht aufzugeben.*

Bei der kindlichen Suche nach dem Ursprung und dem Sinn des Lebens spielen die Fragen nach der Person und dem Wirken Gottes und seines Sohns Jesu sowie der Funktion der Kirche eine ganz zentrale Rolle.

## Wo wohnt der liebe Gott?

Viele Menschen glauben, dass Gott im Himmel sitzt und immerzu auf die Erde hinunterschaut.

Aber in Wirklichkeit wohnt er überall auf der Welt. In Europa ebenso wie in Afrika oder Amerika, Asien, Australien. Denn der liebe Gott wohnt nicht in einem Haus mit Adresse, Briefkasten und Klingelschild. Sondern er wohnt in den Menschen, in ihren Gedanken und Herzen. Ganz besonders in den Menschen, die ihn durch ihr Verhalten eingeladen haben. Sie bemühen sich, stets freundlich zu anderen Menschen und auch zu den Tieren zu sein. Wenn Menschen etwas tun und dabei hoffen, dass der liebe Gott seine Freude daran hat und bei ihnen wohnen will, sagt man, sie glauben an Gott.

## … und warum sagen viele Leute, dass Gott im Himmel wohnt?

Für die Menschen ist es dann leichter, mit Gott zu reden. Es kommt oft vor, dass jemand sich irgendwo hinsetzt und Gott um etwas bitten oder ihm für etwas danken will. Dann sagt man, dass dieser Mensch zu Gott betet. Ein Gebet ist also nichts anderes, als ein Gespräch mit dem lieben Gott. Das kann jeder führen, immer und allezeit. Aber für die Menschen ist es nicht einfach, plötzlich mit jemandem zu reden, den sie nicht sehen und von dem sie nicht mal wissen, wo er gerade ist.

Und der liebe Gott kann ja überall sein. Also stellen sich viele einfach vor, dass der liebe Gott auf einer Wolke im Himmel wohnt. Dann ist es nämlich viel leichter, mit ihm zu sprechen. Weil man einfach nur nach oben zum Himmel schauen muss.

### … und wenn ich etwas angestellt habe – mag der liebe Gott dann nicht mehr bei mir wohnen?

Doch, denn der liebe Gott weiß, dass die Menschen nicht immer nur lieb sind. Deshalb verlässt er sie auch nicht, wenn sie mal etwas anstellen, zum Beispiel Geschwister ärgern oder Freunde. Der liebe Gott weiß, dass große und kleine Menschen so etwas manchmal machen. Aber wenn die Menschen mal Fehler gemacht haben, hofft der liebe Gott, dass sie ihr falsches Verhalten selbst einsehen. Denn er möchte, dass alle über ihre Fehler nachdenken und sich vornehmen, sie nicht noch mal zu machen. Solche Fehler, die dem lieben Gott nicht gefallen, werden übrigens in der Bibel und auch heute noch Sünden genannt. Und er freut sich darüber, wenn die Menschen ihre Fehler erkennen und wenn es ihnen leid tut, etwas angestellt zu haben und ihm das auch in einem Gebet erzählen. Wenn sie sich dann noch vornehmen, diese Fehler oder Sünden nicht wieder zu begehen, freut er sich ganz besonders darüber.

*Sicher hat jeder schonmal gespürt, dass es ihm nicht gut geht, wenn er einen anderen Menschen geärgert hat. Daher tut man sich eigentlich selbst etwas Gutes, wenn man zu anderen freundlich ist.*

### … und wie kann der Liebe Gott in mir wohnen, wo ich doch viel zu klein bin?

Das mit dem Wohnen sagt man nur so – aber man kann es sich ganz einfach so vorstellen: Wenn man sich zum Beispiel ein Eis wünscht, dann wohnt der Wunsch nach dem Eis in einem. Und wenn man hofft, dass Gott einen lieb hat, dann wohnt der liebe Gott in einem drin. Es genügt schon, wenn die Menschen an Gott denken – dann sagt man, er wohnt in ihnen. Dieser Platz in den Menschen, wo Gott wohnt, das nennt man *Seele*. Deshalb sagt man von Menschen,

15

die an Gott glauben und an ihn denken, sie hätten eine gute Seele. Und bei Menschen, die nie an Gott denken, die nur Sachen tun, die Gott nicht gefallen, sagt man, sie hätten keine Seele.

### … und wie kann der liebe Gott überall zugleich sein?

*Versuche es doch einmal mit einem kleinen Ritual: Ein kurzes Gebet morgens und abends und schon hast du Gott in deinen Alltag aufgenommen und an ihn gedacht.*

Es genügt schon, wenn man an ihn denkt, damit er da ist. Und wenn ganz viele Menschen überall auf der Welt an ihn denken, dann ist er überall dabei.

### …und wie sieht der liebe Gott aus?

Leider kann kein Mensch Gott sehen oder anfassen, sondern ihn sich nur vorstellen. Vielen Menschen, großen und kleinen, fällt es aber leichter, an Gott zu glauben, wenn sie sich ein Bild von ihm machen können. Und dann stellen sich viele den lieben Gott so ähnlich vor wie einen besonders lieben Menschen, den sie kennen. Zum Beispiel als einen netten Opa mit einem langen weißen Bart, der immer Zeit für sie hat. Denn schließlich muss Gott schon ziemlich alt sein, weil er ja die Welt erschaffen hat und deshalb älter ist als alles, was die Menschen kennen. Und weil man immer an ihn denken, immer mit ihm sprechen und zu ihm beten kann, hat er auch immer Zeit für uns.

#### ★ **Vorschlag**

Gott freut sich bestimmt darüber, wenn du ihn mal malst – so wie du ihn dir vorstellt. Auch wenn das Bild ganz komisch oder lustig aussieht, freut er sich darüber. Denn für ihn ist es nur wichtig, dass du an ihn denkst und dich damit beschäftigst, was ihm gefällt und was nicht und auch so lebst.

### …und warum kann man Gott nicht sehen?

Mit dem Glauben an Gott ist es wie mit dem Wunsch, dass morgen die Sonne scheint. Man kann seinen Wunsch jemandem erzählen, darüber sprechen – aber niemand kann diesen Wunsch sehen. Man kann ihn sich nur vorstellen, wie beispielsweise bei schönem Wetter schwimmen zu gehen oder draußen zu toben. Und genau so ist es mit Gott. Die Menschen können mit ihm sprechen, also zu ihm beten, und sie können sich vorstellen, wie er aussehen soll. Aber wirklich sehen kann ihn niemand. Und trotzdem ist er da – genau wie der Wunsch, dass morgen schönes Wetter ist. Außerdem ist es vielleicht auch besser, dass man Gott nicht sehen kann. Denn weil er überall sein will, müsste er ja sonst riesengroß sein. Dann wäre er ein Riese – und vor allem kleine Kinder hätten vielleicht Angst vor ihm. Das aber will der liebe Gott nicht, denn er möchte niemanden erschrecken. Er möchte, dass wir ihn lieb haben.

*Wie enttäuscht wäre wohl ein kleiner, dunkelhäutiger Afrikaner, wenn Gott nicht so aussähe wie z. B. sein Opa! Gut, dass Gott unsichtbar bleibt.*

### …und wieso sieht der liebe Gott alles?

Der liebe Gott ist überall auf der Welt, weil er in der Seele der Menschen wohnt. Er ist also immer dabei – egal wo man ist. Er erlebt alles mit, was man selbst erlebt. Und darum heißt es, dass er alles sehen kann. Er sieht es, wenn man etwas Schönes erlebt und glücklich ist, aber auch wenn man gerade etwas anstellt. Vielleicht lacht er sogar darüber. Aber er sieht auch, wer z. B. zu anderen Kindern nicht nett ist und ihnen Spielsachen wegnimmt und sie nicht zurückgibt und die Kinder deshalb traurig sind. Das gefällt dem lieben Gott überhaupt nicht.

### …und warum glauben manche Menschen nicht an den lieben Gott?

Es gibt Menschen, die haben Gott noch nie kennengelernt. Vielleicht, weil ihnen die Eltern nie von Gott erzählt haben. Und weil sie ihn nicht kennen, können sie sich ihn auch nicht vorstellen und an ihn denken. Dann sagt man, dass diese Menschen nicht an Gott glauben.

17

Aber trotzdem wartet der liebe Gott nur darauf, auch in die Seelen dieser Menschen einzuziehen. Damit sie jemanden haben, mit dem sie sprechen können, wenn sie allein sind oder vor irgend etwas Angst haben. Denn jeder weiß: Wenn man Angst hat, ist es gut, mit jemandem sprechen zu können. Und es gibt Menschen, die in solchen Situationen, zum Beispiel bei großer Angst, ganz plötzlich mit Gott zu reden beginnen. Dann sagt man, dass diese Menschen zu Gott gefunden haben. Manchmal passiert das erst, wenn man gar keinen anderen Menschen hat, mit dem man reden kann. Viele Menschen sind erst dann in der Lage, auch an Dinge zu glauben, die sie nicht sehen können.

## … und warum beten manche Leute nicht zum lieben Gott, sondern zu Allah?

*In anderen Teilen der Welt gibt es auch noch andere, sehr bekannte Religionen. Sie alle möchten, dass die Menschen friedlich zusammenleben.*

Das liegt daran, dass es verschiedene Geschichten darüber gibt, wie die Welt entstanden ist und wer sie gemacht hat. In der Bibel zum Beispiel steht, dass Gott alles gemacht hat. In einem anderen Buch steht, dass Allah alles gemacht hat. Dieses Buch nennt man den *Koran*. Und die Leute, die den Koran so lesen wie wir unsere Bibel, und sich an die dort aufeschriebenen Gebote halten, nennt man *Muslime*. Ihr Allah ist genauso mächtig und gütig wie der Gott, zu dem wir beten. Deshalb sind Gott und Allah nur verschiedene Namen für dasselbe.

### …und weshalb gehen manche Leute in die Kirche und andere nicht?

In der Kirche erzählen Pastoren oder Pfarrer von Gott. Es sind keine Geschichten, die direkt mit Gott zu tun haben, sondern Geschichten, die erzählen, wo die Menschen Gott finden und erleben können. Viele Menschen gehen deshalb gerne in die Kirche, weil sie die Geschichten Gottes hören wollen. Eltern und Großeltern erzählen dies dann auch manchmal den Kindern weiter. Wenn man oft Geschichten über Gott hört, die sich auf das tägliche Leben beziehen, fällt es manchmal leichter, an Gott zu glauben, weil er ja unsichtbar ist. Sehr viele Menschen sagen, sie glauben auch so an Gott, sie brauchen den sonntäglichen Gang in die Kirche nicht. Manchmal sind das auch nur Ausreden, weil das frühe Aufstehen Sonntags morgens ja unschön ist. Die Entscheidung liegt bei jedem selbst. Diejenigen, die regelmäßig in die Kirche gehen, finden es wichtig, sich Gott oft ins Gedächtnis zu rufen. Viele brauchen den Gottesdienst auch, um die Gemeinschaft anderer Gläubiger zu erleben. Das macht sie stark im Glauben, denn wenn viele etwas gemeinsam tun, macht das immer stark. Diejenigen, die nicht in die Kirche gehen, sind aber deshalb nicht ungläubig oder schlechtere Menschen. Gott kann auch in Menschen wohnen, die nicht zum Gottesdienst gehen.

*Genauso wie beim Morgen- und Abendgebet ist die Zeit in der Kirche nur für Gott reserviert. Da gibt es keine Ablenkungen. Daher kann man sich voll und ganz auf das Gespräch mit Gott konzentrieren.*

### … und warum kommen tote Menschen in den Himmel?

Damit es für die Menschen einfacher ist, sich Gott vorzustellen und mit ihm zu sprechen, sagt man, er lebt im Himmel. Obwohl er ja eigentlich sein klitzekleines Haus in der Seele der Menschen hat. Nun ist es aber so, dass alle irgendwann mal sterben müssen. Weil sie zu alt und müde sind, um noch zu atmen, oder wegen einer schweren Krankheit oder wegen eines Unfalls. Dann ist der Mensch tot und wird beerdigt. Aber Gott gibt es trotzdem noch, auch wenn der Mensch tot ist. Deshalb sagt man, dass die Seele des toten Menschen weiterlebt. Damit man sich das alles leichter vorstellen kann, sagt man, dass Gott die Seele mit in den Himmel nimmt. Das ist auch schön für alle anderen, die den verstorbenen Menschen lieb gehabt haben. Weil sie dann mit ihm im Himmel sprechen können – genauso, wie man mit Gott im Himmel sprechen kann. Man sieht ihn nicht, man sieht auch den verstorbenen Menschen nicht – aber man denkt an ihn.

### … und warum sagt man, dass Menschen auch zum Teufel in die Hölle kommen können?

Das sagt man, um die Menschen zu warnen und zu erschrecken. Sie sollen sich so verhalten, dass es Gott gefällt – also nett zu anderen sein und niemandem absichtlich weh tun. Den Teufel und die Hölle, in der viele Feuer brennen, gibt es nicht wirklich. Aber wenn jemand nicht an Gott glaubt, hat er auch keine Angst, Böses zu tun. Also hat man die Sache mit der Hölle und dem Teufel erfunden. Wenn die Menschen schon nicht an Gott glauben und deshalb gut sind, dann sollen sie wenigstens Angst vor etwas ganz Bösem haben. Dafür hat man sich den Teufel und die Hölle ausgedacht.

### … und was mag der liebe Gott nicht?

*Wenn du nicht sicher bist, ob etwas Gott gefällt oder nicht, frag' am besten deine Eltern oder einen Lehrer, den du gern magst.*

Das steht in den zehn Geboten, die der liebe Gott allen Menschen gegeben hat und die in der Bibel aufgeschrieben sind. Zum Beispiel soll man niemandem weh tun. Und man darf niemandem etwas wegnehmen. Und man soll nicht lügen. Und man darf keine Lügen über andere erzählen. Eigentlich all das, von dem man nicht will, dass es mit einem selbst gemacht wird. Deshalb sind die zehn Gebote von Gott Regeln oder Gesetze, nach denen alle Menschen friedlich zusammenleben könnten. Das ist so ähnlich wie die Regeln, die auf der Straße gelten. Da gibt es ein Gesetz, nach dem alle Autos immer auf der rechten Seite der Fahrbahn fahren müssen. Hätte man dieses Gesetz nicht, würden alle kreuz und quer durcheinander fahren. Und es gäbe ganz viele Zusammenstöße. Genauso ist es mit den zehn Geboten. Da steht beispielsweise drin, dass man anderen nichts wegnehmen darf. Wenn nun jeder jedem etwas wegnehmen würde, gäbe es viel Streit unter den Menschen und sie würden sich auch gegenseitig verletzen. Das will der liebe Gott nicht.

*Die Bibel ist das wohl bekannteste Buch auf der ganzen Welt. Sie wurde in 1750 Sprachen übersetzt, so dass möglichst viele Menschen die Chance haben, Gott kennenzulernen.*

### … und was steht in der Bibel?

In der Bibel stehen viele Geschichten über den lieben Gott und seinen Sohn Jesus Christus. Aber der liebe Gott hat die Bibel nicht selbst geschrieben. Das waren Leute, die vor langer Zeit einmal zu Gott gebetet haben und denen dann danach etwas Gutes oder auch etwas weniger Schönes passiert ist. In der Bibel stehen zum Beispiel die zehn Gebote. Moses hat sie aufgeschrieben, nachdem er zu Gott gebetet hatte. Außerdem stehen in der Bibel viele Geschichten von Leuten, die Jesus gekannt haben. Die Geschichten erzählen, wie er gelebt und was er getan hat. Mit diesen Geschichten haben die Menschen ein Vorbild, wie sie sich verhalten sollen. Zum Beispiel hat Jesus anderen Menschen, die Hunger hatten, etwas von seinem eigenen Essen abgegeben. Wer würde das auch tun?

### …und warum hat der liebe Gott Jesus sterben lassen?

Jesus ist Gottes Sohn. Und Gott hat Jesus zu den Menschen geschickt, um ihnen von Gott zu erzählen. Aber einigen Menschen hat es nicht gefallen, was Jesus damals erzählt hat. Denn Jesus hat zum Beispiel darüber geschimpft, dass sie anderen Essen und Vieh weggenommen haben. Und er hat auch darüber geschimpft, dass sie soviel lügen, andere betrügen und überhaupt zueinander ganz hässlich sind. Das alles wollten diese Menschen natürlich nicht hören. Denn Jesus hat sie gestört. Darum haben sie Jesus von Soldaten abführen lasssen, vor Gericht verurteilt, an ein Kreuz genagelt und ihn sterben lassen. Aber der liebe Gott hat Jesus nicht in seinem Grab, einer Höhle, liegen lassen. Dort hinein hatten ihn die Menschen gelegt. Plötzlich war die Höhle leer – denn Gott hatte seinen Sohn Jesus zu sich in den Himmel geholt. Damit wollte Gott den Menschen, die seinen Sohn umgebracht haben, und allen anderen Menschen auf der Welt zeigen, dass er stärker ist als der Tod und die Liebe über den Hass siegt.

## … und was sind Wunder?

*Wer in einer ausweglosen Lage ist und sich nicht mehr zu helfen weiß, wird froh sein, dass es jemanden gibt, der klüger und stärker ist als er selbst. An diesen mächtigen Helfer kann er sich dann wenden.*

Wunder nennt man alles, was sich die Menschen nicht erklären können. Als Gott seinen Sohn Jesus in den Himmel geholt hat und er plötzlich nicht mehr in der Höhle lag, war das für die Menschen ein Wunder. Denn sie konnten sich nicht vorstellen, dass jemand der tot ist und begraben einfach den schweren Stein vor der Höhle wegrollt und verschwindet. Schließlich kann ein Menschen ja nicht einfach wegfliegen. Aber Gott kann so etwas doch geschehen lassen. Deshalb sagt man, Gott ist allmächtig. Und deshalb wünschen sich viele Menschen vom lieben Gott, dass er auch für sie einmal so ein Wunder vollbringt. Ein Kind, das zur Schule geht, wünscht sich zum Beispiel eine Eins in einer Mathematikarbeit, obwohl es die Rechenaufgaben gar nicht geübt hat. Oder jemand, der sehr krank ist, wünscht sich zum Beispiel, dass er wieder gesund wird, obwohl es keine Medizin gegen die Krankheit gibt. Wenn so etwas dann wirklich geschieht, kann man das ein Wunder nennen. Aber ob Gott ein Wunder vollbracht hat, wird er nie direkt sagen. Denn er will mit jedem Wunder auch immer wieder zeigen, dass auf der Welt Sachen geschehen können, die nicht zu begreifen sind. Und die eigentlich nur möglich sind, wenn jemand dahintersteckt, der mehr Kraft und Macht hat als alle Menschen zusammen.

## … aber wenn Gott so lieb ist und alles kann, warum passiert dann so viel Schlimmes auf der Welt?

Gott ist viel mächtiger, als alle Menschen zusammen. Deshalb kann er sogar Wunder vollbringen. Trotzdem lässt Gott es zu, dass jemand so heftig hinfällt, dass es wehtut. Er lässt auch zu, dass viele arme Kinder auf der Welt Hunger haben. Und er lässt zu, dass manchmal Kinder von Autos überfahren werden. Aber das muss er tun. Denn sonst würden die Menschen nicht aus ihren Fehlern lernen. Sie würden den größten Blödsinn machen und alle Fehler immer wieder begehen, weil ihnen ja gar nichts passieren kann. Wer zum Beispiel im Schwimmbad gelaufen und auf den glatten Fliesen ausgerutscht und hingefallen ist, hat etwas gelernt: Es ist besser, langsam und vorsichtig zu gehen. Wer im Fernsehen Bilder von hungernden Kindern sieht, hat auch etwas gelernt: Dass es wunderschön ist, wenn man genug zu essen hat, dass man Nahrungsmittel nicht wegwerfen soll, sondern dass man sie lieber denen geben sollte, die Hunger haben. Und so ist es auch mit einem Verkehrsunfall mit einem Kind. Alle anderen Kinder können daraus lernen, wie wichtig die Vorsicht auf der Straße ist.

Der liebe Gott will, dass alle jeden Tag ein bisschen lernen – auch die ganz Großen. Der Mensch ist aber ein seltsames Wesen. Zwar ist es schon so, dass er sich freut, wenn ihm etwas gelungen ist, aber sich richtig anzustrengen, damit er sich verändert, das bewirken erst negative Erfahrungen. Schmerz, Leid und Enttäuschung machen so traurig, dass das man keine Freude mehr am Dasein hat. Man möchte so etwas nicht wieder erleben und versucht dann, den Fehler zu vermeiden. Und man lernt, für die guten Dinge im Leben dankbar zu sein. Wenn Gott durch seine Macht nun alle schmerzlichen Dinge des Lebens wegräumen würde, könnte niemand mehr nach seinem Plan leben und lernen. Jedes Ding hat seine Kehrseite. Deshalb gibt es Liebe und Hass, Alter und Jugend. Ohne die schlimmen Dinge des Lebens gäbe es gar keine schönen Sachen. Wer niemals krank gewesen ist, kann sich vielleicht gar nicht darüber freuen, dass er gesund ist.

*Wenn man weiß, dass die schönen Dinge des Lebens und das Glück nicht selbstverständlich sind, wird man sie umso mehr genießen. Und vor allem wird man andere gerne daran teilhaben lassen und denen gegenüber hilfsbereit sein, die in Schwierigkeiten sind.*

23

# MIT ZWEI OHREN, SO IST DER MENSCH GEBOREN

Der Mensch ist doch ein seltsames Wesen. Der Kopf oben, die Füße unten, die Ohren rechts und links und diese herausragende Nase erst.

Aber man stelle sich nur einmal vor, wir hätten zwei Nasen im Gesicht. Welche Explosionen beim Niesen? Und der Verbrauch an Taschentüchern! Nun, das ist wohl nicht der Grund, weshalb der Mensch nur eine Nase hat – aber warum es so ist und weshalb diese Nase manchmal niest und läuft und was darunter im Mund so geschieht und noch weiter unten im Bauch, steht alles im nächsten Kapitel, in dem viele Kinderfragen nach dem menschlichen Körper beantwortet werden.

# Warum sitzt die Nase mitten im Gesicht?

Alles, was mit Zeugung und Geburt zusammenhängt erweckt die Neugier schon der ganz Kleinen. Später wollen sie alles über ihren eigenen Körper erfahren und setzen sich mit Fragen zu Gesundheit und Krankheit auseinander.

## Warum sind Babys immer so klein?

*Obwohl Babys so klein sind, ist alles an ihnen bis zum winzigen Finger- und Zehennagel wunderbarerweise fix und fertig.*

Ein Baby wächst aus einer winzigen, befruchteten Eizelle im Bauch der Mutter heran. Nach neun Monaten wird das Baby geboren und wächst und wächst. Erst mit 16 oder manchmal auch mit 18 Jahren hat ein Kind seine vorherbestimmte Körpergröße erreicht. Sie richtet sich oft danach, ob die Eltern und Großeltern klein oder groß waren. Wenn also in einer Familie alle groß sind, werden meistens auch die Kinder groß. Die meisten Babys kommen mit einer Größe zwischen 48 und 58 Zentimetern auf die Welt. Dann sind sie so groß, dass sie nicht mehr im Bauch der Mutter leben können. Außerdem könnte eine Mutter ihr Kind nicht mehr aus dem Bauch pressen, wenn es noch größer wäre.

## … und wie kommen Babys in den Bauch von ihrer Mama?

Eizelle

Samenzellen

Wenn eine Frau und ein Mann sich ganz besonders lieb haben, dann küssen sie sich und nehmen sich oft in die Arme und streicheln sich. Und wenn sie sich noch mehr lieb haben und sich miteinander sehr wohl fühlen und ein Baby haben wollen, steckt der Mann seinen Penis in die Scheide der Frau. Aus dem Penis des Mannes können dann viele kleine Samenzellen in den Bauch der Frau kommen. Sie sind so klein, dass man sie nicht sehen kann. Und sie schwimmen in ein paar Tropfen Flüssigkeit, die fast so weiß aussieht wie Milch und ein bisschen dicker ist. Der Teil des Bauches, in den die Samenzellen hineinkommen, nennt man *Gebärmutter*. Und dort ist dann manchmal auch eine Eizelle der Frau, die in ihrem Bauch gewachsen ist. Treffen sich eine Samenzelle und eine Eizelle, dann verschmelzen die beiden miteinander, und daraus wächst ein Baby. Das Treffen von Samen und Ei nennt man *Zeugung*. Wenn Ei- und Samenzelle miteinander verschmelzen, werden bereits die wichtigsten Entscheidungen über den neuen Menschen getroffen. In diesem Moment werden z. B. sein Geschlecht, sein Aussehen und sein Körperbau festgelegt. Nach der Zeugung wächst diese befruchtete Eizelle ganz langsam in der Gebärmutter der Mutter heran. Am Anfang ist sie noch viel kleiner als ein Stecknadelkopf. Aber schon bald formen sich daraus Kopf, Ärmchen und Beinchen. Nach neun Monaten ist das Baby dann fertig ausgebildet und kommt auf die Welt. Die Mama presst es durch ihre Scheide nach draußen. Das nennt man dann *Geburt*.

**Zeugung**

## … und warum haben manche von meinen Freunden keinen Papa?

Jedes Kind hat einen Vater. Sonst wäre es nicht in den Bauch der Mutter gekommen. Weil man dazu immer den Samen vom Vater braucht. Manchmal kommt es jedoch vor, dass sich ein Mann und eine Frau anfangs sehr liebhaben und ein Kind zeugen. Aber auf einmal verstehen sie sich nicht mehr so gut, mögen sich nicht mehr und streiten nur noch. Und dann gehen der Mann und die Frau auseinander, weil sie sich nicht mehr wohl miteinander fühlen. Manchmal passiert das sogar, während das Kind von den beiden noch im Bauch seiner Mutter ist. Und wenn es später bei seiner Mutter lebt und man nie einen Vater sieht, könnte man meinen, das Kind hätte gar keinen. Aber in Wirklichkeit hat jedes Kind eine Mutter und einen Vater – sie leben nur manchmal nicht zusammen.

*Auch wenn es für Kinder traurig ist, wenn sich die Eltern trennen, ist es doch häufig für alle das Beste. Es gibt dann nicht mehr andauernd Streit, und wenn Papa oder Mama zu Besuch kommen, sind sie wirklich nur für die Kinder da.*

### … und was essen die Babys, wenn sie noch im Bauch sitzen?

Auch ungeborene Babys, die noch im Bauch der Mutter leben, brauchen Nahrung. Sonst können sie nicht wachsen. Weil man die Babys da drin aber nicht füttern kann, bekommen sie ihr Essen von ihrer Mutter. Das Baby ist nämlich mit seiner Mutter durch einen dicken Schlauch verbunden, der beim Baby fest angewachsen ist. Diesen Schlauch nennt man *Nabelschnur*. Und durch ihn fließt alles, was das Kind zum Leben und zum Wachsen braucht. Es ist also so, dass die Mutter für ihr Baby essen und auch atmen muss. Erst bei der Geburt fängt das Kind selbst an zu atmen. Und dann kann es auch selbst Milch trinken. Die Nabelschnur wird dann nicht mehr gebraucht und von der Hebamme vorsichtig abgetrennt. Jeder Mensch kann übrigens sein Leben lang erkennen, wo bei ihm die Nabelschnur angewachsen war. Die Stelle, an der jeder mit seiner Mutter verbunden war, ist nämlich der Bauchnabel.

### … und woher wissen die Babys, wann sie aus dem Bauch kommen müssen?

*Wenn das Baby auf die Welt kommt, ist es gut vorbereitet: es kann atmen, schlucken, verdauen, sehen, hören, schmecken und sich bewegen und vor allem die Stimme gebrauchen.*

Wenn das Baby etwa neun Monate lang in der Gebärmutter der Mutter gewachsen ist, wird es dort allmählich ziemlich eng. Es bewegt sich heftig und tritt dabei immer häufiger gegen die Bauchdecke. Oft kann man das sogar von außen sehen. In dieser Enge fühlt sich das Baby immer unwohler. Deshalb fängt es an, sich langsam herumzudrehen. Am Ende liegt es mit dem Kopf nach unten. Die Mutter merkt das daran, dass ihr der untere Bauch wehzutun beginnt. Es wird immer schlimmer, deshalb zieht sich die Gebärmutter schließlich zusammen. Das geschieht in immer kürzeren Abständen. Und wenn sich die Gebärmutter zusammenzieht, hat das Baby noch weniger Platz. Es rutscht immer weiter mit dem Kopf zum Ausgang der Gebärmutter. Den nennt man *Muttermund*. Wenn sich nun die Gebärmutter gerade mal wieder zusammenzieht, und die Mutter auch noch die Luft anhält und ihren Bauch zusammenpresst, dann öffnet sich der Muttermund. Und ganz langsam kommt das Baby durch den Muttermund und die Scheide aus dem Bauch seiner Mutter heraus. Es wird also regelrecht herausgedrückt. Das ist die Geburt. Und weil der Ausgang, durch den das Baby hindurch muss, so eng ist, muss man ihm dabei ein bisschen helfen. Das tun Hebammen oder Ärzte, die das Kind anfassen, sobald der Kopf sichtbar wird, und es vorsichtig ganz herausziehen.

*Frag' einmal deine Mutter, wie es bei deiner Geburt oder bei der Geburt deiner Geschwister zugegangen ist. War der Papa mit dabei? Bist du im Krankenhaus oder zu Hause auf die Welt gekommen?*

## … und warum können Babys noch nicht sprechen?

Wenn Babys auf die Welt kommen, können sie erstmal nur schlucken und atmen. Das sind die allerwichtigsten Sachen, um zu überleben. Alles andere aber müssen sie von ihren Eltern lernen, z. B. sitzen, laufen, allein essen und noch vieles mehr. Auch das Sprechen müssen Babys von ihren Eltern lernen. Deshalb sprechen alle Babys auf der Welt immer die Sprache, die sie von ihren Eltern hören. Sie beobachten ihre Eltern und versuchen, einfach alles nachzumachen. Wenn die Eltern zu einem Hund immer »Hund« sagen, wird irgendwann auch das Kind den Hund stets Hund nennen. Wenn aber die Eltern zum Hund immer »Wauwau« sagen, dann nennen auch die Kinder den Hund nur Wauwau. Aber um richtig sprechen zu können, muss man die Zunge benutzen. Denn damit können die besonderen Lauten geformt werden.

### ★ Versuch

Halte einmal deine Zunge mit zwei Fingern fest und versuche, »Schnee« zu sagen, oder einen ganzen Satz. Es wird wohl kaum klappen.
Genauso schwierig ist es z. B. »Stein« zu sagen, ohne die Zunge fest an die Zähne zu pressen.

29

Kleine Babys können ihre Zunge noch nicht so richtig bewegen, deshalb können sie am Anfang auch noch nicht sprechen. Außerdem braucht man neben der Zunge auch noch die Zähne zum Sprechen. Kleine Babys haben aber noch keine Zähne. Das ist ein weiterer Grund, warum sie noch nicht sprechen können.

### … und warum schreien manche Babys so viel?

*Bisher war das Baby im Bauch der Mutter gut aufgehoben. Es war immer mit der Mutter zusammen, es hatte immer zu essen und nichts tat ihm weh. Jetzt ist ihm viel unangenehm: die nassen Windeln, der Hunger oder Durst, das Alleinsein oder die Zähne, die im Mund wachsen. Also beschwert es sich, indem es schreit.*

Wenn ein Baby noch nicht sprechen gelernt hat, kann es sich nur durch Schreien bemerkbar machen. Dadurch zeigt das Baby seinen Eltern, dass es Hunger oder Durst hat oder wenn ihm etwas weh tut oder die Windel voll ist. Manchmal aber schreit das Baby auch, weil es mal auf den Arm genommen werden will oder spielen möchte. Manchmal schreien Babys und Kleinkinder auch aus Wut, Trotz oder Unzufriedenheit, wenn nicht alles nach ihren Wünschen verläuft. Für die Eltern ist es wichtig, das Schreien ihrer Kinder richtig zu verstehen. Es kommt dann auch durchaus einmal vor, dass sie Kinder eine Weile schreien lassen. Sie wissen zwar, was das Baby möchte, wollen ihm aber den Wunsch im Augenblick nicht erfüllen. Weil nun ein Baby es noch nicht verstehen kann, wenn die Eltern nein sagen, lassen sie es eben eine Weile schreien, bis das Baby merkt, dass es diesmal nicht bekommt, was es will.

### ★ Versuch

Probier mal folgendes aus: Schrei so laut und lange du kannst. Und dann achte drauf: Gleich nach jedem Schrei holst du ganz tief Luft.

Schreien ist also die erste »Sprache« des Babys. Wenn das Baby auf die Welt kommt, schreit es sofort. Das ist der sogenannte Urschrei, mit dem das Neugeborene zur Welt »Hallo« sagt. Und wenn es nicht von selbst schreit, bekommt es gleich nach der Geburt von der Hebamme oder Ärztin einen Klaps auf den Po. Das Schreien ist für das Baby nämlich lebenswichtig – nach jedem Schrei muss es erst mal wieder Luft holen. Dadurch lernt es nach der Geburt ohne die Mutter selbst zu atmen.

## … und warum sitzt die Nase mitten im Gesicht?

Mit der Nase kann der Mensch riechen. Er kann also etwas wahrnehmen, was man nicht anfassen kann. Deshalb sagt man, die Nase ist ein Sinnesorgan. Sie hilft, den Geruchssinn zu gebrauchen. Das ist wichtig für die Orientierung. Wenn es irgendwo stinkt, kann das zum Beispiel an gefährlichen Stoffen liegen, die sich in der Luft verteilt haben.

### ★ Versuch

Bitte deine Eltern eine Kerze anzuzünden. Puste sie aus. Das hast du vielleicht zu Weihnachten schon unzählige Male getan. Aber jetzt pass einmal genau auf. Es beginnt, brenzlig zu riechen. Deine Nase und dein Geruchssinn warnen dich also davor, dass es irgendwo brennt und gefährlich für dich werden kann.

Vor Gefahren kann die Nase aber nur warnen, wenn sie ungehindert riechen kann. Deshalb sitzt sie ganz hoch am Körper und an einer Stelle, wo sie nicht durch Kleidung verdeckt wird. Säße sie zum Beispiel an den Füßen, wäre das ganz schlecht. Man könnte zwar immer barfuß laufen, damit die Nase frei bleibt. Aber wenn man durch dicken Matsch oder Wasser laufen würden, wäre die Nase gar nicht zu gebrauchen – weil sie keine Luft bekäme. Das ist auch der Grund, warum die Nasenlöcher unten an der Nase sitzen. Denn so kann der Nasenschleim bei einer Erkältung herauslaufen. Und der Regen kann nicht hineinlaufen und die Nase unbrauchbar machen.

### ★ Versuch

Stelle deinen Eltern Gläser mit verschiedenen Säften, klarem Wasser und Milch oder auch Kaffee hin. Verbinde ihnen die Augen, halte ihnen die Nase zu und lasse sie dann der Reihe nach die Getränke probieren. Du wirst erstaunt sein, denn es wird ihnen ganz schwer fallen, die Unterschiede herauszuschmecken. Durch die zugehaltene Nase kann der Geruchssinn nicht beim Schmecken helfen.

*Man kann sich auch an Gerüche erinnern. Viele Menschen wissen oft noch nach Jahren, wie etwas gerochen hat, wenn sie es wieder riechen. Damit wird auch ein Geschäft gemacht. So stellen Gaststätten z. B. Duftsäulen auf, die den Geruch von Schweinebraten absondern und damit Gäste anlocken.*

Der Geruchssinn ist etwa 20 000 mal stärker als unser Geschmackssinn! Anders ausgedrückt: Eine Nase kann schon einen einzelnen Bonbon erkennen. Aber ehe die Zunge etwas davon merkt, müsste man erst mal einen großen Reisekoffer voller Bonbons auffuttern. Also muss die Nase dicht bei der Zunge sitzen, die besonders für das Schmecken zuständig ist. Es gab für die Nase also gleich mehrere Gründe, im Gesicht zu wachsen.

### … und wo geht die Luft hin, die durch die Nase kommt?

Die Luft, die durch die Nase (oder durch den Mund) einatmet wird, gelangt über die Luftröhre und die Bronchien in die Lunge. Auf dem Weg dorthin wird sie angewärmt und gereinigt. Die eingeatmete Luft enthält Sauerstoff, den der Körper zum Leben braucht. Von den Lungen wird der frische Sauerstoff mit Blut vermischt und dann im ganzen Körper verteilt.

### … und warum muss ich manchmal niesen oder husten?

*Wie die Nase sich durch Niesen von Staubkörnern befreit, so macht es das Auge indem es Tränenflüssigkeit herstellt. Es will den Fremdkörper fortspülen. Das sieht aus, als würde man weinen.*

Bis die Luft in die Lunge kommt, muss sie in der Nase an vielen kleinen Härchen und in den Bronchien an einer ganz besonderen, rauen Oberfläche vorbei. Die nennt man *Schleimhaut*. Die Härchen und diese Schleimhaut sollen Schmutzteilchen und winzig kleine Staubkörner festhalten, die die Lunge kaputtmachen können. Außerdem gibt es noch winzige Teilchen, die viel kleiner als ein Staubkorn sind und uns krank machen können. Diese Teilchen heißen Bakterien und Viren. Atmet man nun zuviel Schmutz oder Staub ein, dann kitzelt das die kleinen Härchen in der Nase – man muss niesen. Außerdem muss man niesen, wenn die Nasenschleimhaut Bakterien oder Viren festgestellt hat. Durch das Niesen will die Schleimhaut diese Teilchen wieder aus dem Körper herausschleudern. Ebenso machen es die Bronchien, wenn sie Staub oder Bakterien und Viren festgestellt haben. Sie ziehen sich zusammen und der Mensch muss husten, weil die Bronchien alles wieder herausschleudern wollen, was nicht hinein gehört.

## … und warum habe ich manchmal Schluckauf?

Beim Atmen, strömt Sauerstoff in die Lungen. Dabei hilft das Zwerchfell, ein kräftiger Muskel im Oberkörper unterhalb der Lungen. Muskeln bestehen aus Muskelfasern und Nerven. Manchmal zuckt das Zwerchfell unregelmäßig. Dann wird die Luft ruckartig und zu schnell in die Lungen gesaugt. Damit aber nicht zuviel Luft in die Lungen kommt, schließt sich eine Klappe in der Luftröhre, die zu den Lungen führt. Dadurch wird der Luftstrom plötzlich unterbrochen. Diese plötzliche Unterbrechung lässt den Körper zucken – und dazu sagt man Schluckauf. So einen Schluckauf kann man zum Beispiel bekommen, wenn man zu schnell isst. Aber nicht mal Ärzte können ganz genau erklären, was dieses Hicksen auslöst. Und meistens hört es genauso plötzlich wieder auf, wie es begonnen hat. Am schnellsten soll es übrigens wieder weggehen, wenn man einfach nicht mehr daran denkt. Oder wenn man so lange wie möglich die Luft anhält.

*Häufig entsteht auch ein Schluckauf, wenn man etwas besonders Kaltes oder Heißes oder einfach auch viel zu viel isst. Dann werden nämlich die Magennerven gereizt und der Zwerchfellmuskel krampft sich zusammen.*

## … und warum kriege ich Schnupfen?

Mit der Luft kommen manchmal Viren in die Nase. Das sind kleine Krankheitserreger, die man mit bloßem Augen nicht sehen kann. Sie kommen zum Beispiel von anderen Menschen, die erkältet sind, und fliegen durch die Luft. Beim Einatmen setzen sie sich in der Nase auf den Schleimhäuten fest. Die Schleimhäute merken das und wollen die Krankmacher natürlich wieder loswerden. Deshalb schwellen die Schleimhäute an, werden dick. Dadurch kribbelt und juckt es in der Nase. Und dieses Kribbeln bekommt auch die Lunge mit. Das ist ungefähr so, als würde man die Lunge kitzeln. Und die Lunge macht dasselbe wie jemand, den man am Fuß kitzelt. Ganz ruckartig zieht er ihn weg. Die Lunge zieht sich ebenfalls ruckartig zusammen. Dadurch wird eine große Menge Luft durch die Nase gepresst – das ist dann ein

Nieser. Die Lunge will die Krankheitserreger herausschleudern, die in der Nase sitzen und die Schleimhaut kitzeln. Zusätzlich fängt die Schleimhaut an, viel Flüssigkeit zu produzieren. Damit will sie die Krankheitskeime aus der Nase herausspülen. Das Ergebnis ist, dass man sich ständig die Nase putzen muss. Durch Niesen und Ausschnupfen will der Körper also die kleinen Krankmacher wieder loswerden. Die kleinen Krankmacher werden also wieder in die Luft geschleudert – eventuell zum nächsten Menschen, der dann ebenfalls Schnupfen bekommen kann. Das ist der Grund, weshalb meistens die ganze Familie Schnupfen bekommt, auch wenn es am Anfang erst mal nur einen erwischt hatte.

### … und warum kriege ich Fieber?

*Wenn ein Mensch kein Fieber bekommen kann, ist das gar nicht so gut. Denn der Körper kann sich gegen die Bakterien nicht richtig wehren. Er muss gleich Medikamente nehmen. Ansonsten genügt bei leichtem Fieber Bettruhe und die Höhe der Temperatur beobachten.*

Überall in der Umgebung, in der Luft ebenso wie im Schmutz, sind die kleinen Krankheitserreger, die Viren und Bakterien vorhanden. Sie können in den Körper eindringen. Man kann sie einatmen, dann setzen sie sich auf den Schleimhäuten von Mund und Nase fest. Oder sie kommen durch eine Wunde in den Körper. Der Körper aber ist ganz schön schlau. Er merkt sofort, dass sich da irgendwo solche Krankmacher eingeschlichen haben. Um sie wieder loszuwerden, »heizt er plötzlich stark ein«. Die Körpertemperatur beträgt normalerweise etwa 37 Grad. Aber nun steigt sie bis auf manchmal über 40 Grad. Das nennt man *Fieber*. Mit diesem Fieber will der Körper die Krankmacher töten – denn sie können bei hohen Temperaturen nicht mehr leben. Das Fieber selbst ist also gar nichts Schlimmes. Im Gegenteil – es ist eine ganz normale Reaktion des Körpers, der sich selbst wieder gesund machen und von den Krankheitserregern befreien will. Aber Fieber kostet viel Kraft, deshalb fühlt man sich schlapp und muss sich hinlegen. Außerdem kann Fieber gefährlich werden, wenn der Körper heißer als 41 Grad wird. Das strengt ihn nämlich so an, dass er vielleicht am Ende nicht mehr genug Kraft für das Herz und zum Atmen hat. Deshalb wird bei einem Kranken immer die Körpertemperatur mit einem Fieberthermometer kontrolliert.

Steigt sie zu stark an, kann man das Fieber durch kalte Waden-wickel oder Medizin senken. Aber wenn der Körper nur mal ein bisschen Fieber hat, ist das sogar gut für ihn. Er lernt dann nämlich, Krankheiten selbst zu bekämpfen. Deshalb bekommt man auch nicht bei jeder Krankheit sofort Medizin. Die gibt es erst dann, wenn der Körper Hilfe dabei braucht, sich gegen Krankheitserreger zu wehren.

## … und warum dampft mein Atem, wenn es draußen kalt ist?

Der Atem ist immer sehr warm, denn die ausgeatmete Luft hat sich im Körper auf dessen Temperatur von 37 Grad aufgeheizt. Außerdem ist im Atem viel Feuchtigkeit enthalten. Sie wird von der Luft mitgerissen, wenn sie aus der Lunge durch die Bronchien und durch die Nase oder den Mund ausgeatmet wird. Wenn es draußen sehr kalt ist, wird die Feuchtigkeit sofort sichtbar. Es sieht aus, als ob Dampf aus der Nase oder dem Mund kommt. Man sagt dann, dass die Feuchtigkeit kon-densiert. Die warme Luft des Atems kann nämlich viel Feuch-tigkeit festhalten und macht sie unsichtbar. Kalte Luft kann jedoch nicht soviel Feuchtigkeit aufnehmen. Die vorher unsichtbare Luftfeuchtigkeit wird wieder als winzige Feuchtig-keitströpfchen sichtbar. Im Sommer kann man die Atemluft übrigens nicht sehen. Denn die Außenluft ist ähnlich warm wie der Atem, weshalb die Feuchtigkeit unsichtbar in der Luft bleibt.

*Die Feuchtigkeit des Atems nützen Brillenträger. Sie hauchen das kalte Glas an und put-zen mit dem so entstandenen Wasser den Schmutz mit einem Tuch weg. Auch mit der Sonnenbrille klappt das oder mit einem Fleck auf einem Spiegel. Kurz anhauchen und wegputzen – fertig.*

## … und warum habe ich nur eine Nase, aber zwei Ohren?

Mit der Nase kann man riechen. Und wer einem besonders schönen Geruch nachschnuppern will, bewegt den Kopf in ver-schiedene Richtungen. Man kann sich also Zeit lassen, um fest-zustellen aus welcher Richtung der Geruch kommt. Um aber zu bestimmen, aus welcher Richtung ein Geräusch kommt, muss man den Kopf nicht bewegen. Das erkennt man nämlich daran, welches Ohr das Geräusch zuerst oder deutlicher wahr-nimmt. Um diese feinen Unterschiede feststellen zu können, hat der Mensch zwei Ohren. Sie ermöglichen es, den Ursprung einer Lärmquelle ohne Kopfbewegung zu erkennen. Das nennt man *räumliches Hören*.

Das räumliche Hören ist außerordentlich wichtig. Beispielsweise kann jemand beim Überqueren einer Straße sofort hören, aus welcher Richtung das Hupen eines Autos kommt. Hätte er nur ein Ohr, würde er die Gefahr erst zu spät erkennen.

*Jedes der beiden Augen nimmt für sich ein Bild von der Umgebung auf und sendet es an das Gehirn. Dort werden die Bilder zu einem »zusammen gemischt«.*

★ **Versuch**

Halte dir ein Ohr ganz fest zu und schließe die Augen. Wenn jetzt jemand mal vor dir und mal hinter dir steht und deinen Namen ruft, kannst du nach einer Weile nicht mehr heraushören, ob die Stimme von vorn oder von hinten kommt.

## … und warum haben wir auch zwei Augen?

Aus demselben Grund, aus dem der Mensch auch zwei Ohren hat. Denn durch die beiden Augen kann man räumlich sehen. Das heißt, man kann Entfernungen genau abschätzen. Mit einem Auge allein geht das nur sehr schwer.

★ **Versuch**

Male mit einem spitzen Bleistift einen kleinen Punkt auf ein Blatt Papier. Nun halte mit einer Hand ein Auge fest zu, nimm den Bleistift in die andere Hand, strecke diesen Arm aus und versuche, ganz genau und schnell den vorher aufs Papier gemalten Punkt zu treffen. Es ist ganz schön schwer. Wenn du jetzt versuchst, dasselbe zu machen und beide Augen geöffnet hast, ist es viel leichter. Denn mit beiden Augen kannst du den Abstand zum Punkt genau abschätzen.

## … und warum gehen meine Augen immer ganz schnell auf und zu?

Auch wenn man gerade nicht traurig ist, haben die Augen sehr viel Tränenflüssigkeit. Diese Flüssigkeit hält die Augen feucht. Sie ist wie ein Schmiermittel, das dabei hilft, dass man die

Augen schnell in verschiedene Richtungen bewegen kann. Wäre das Auge trocken, würde es jedesmal recht wehtun, wenn man von oben nach unten oder von links nach rechts gucken wollte, ohne den Kopf zu bewegen. Damit die Tränenflüssigkeit in den Augen immer gleichmäßig verteilt wird und nicht aus dem Augenwinkel herausläuft und über die Wangen kullert, öffnen und schließen sich die Augen immer wieder ganz schnell, ohne dass man es den Augenlidern extra befehlen muss. Das nennt man einen *Reflex*. Dieses Blinzeln dauert übrigens viel weniger als eine Sekunde. Deshalb sagt man zu einem ganz kurzen Moment auch Augenblick.

## … und warum kann ich im Dunkeln nichts mehr sehen?

Um sehen zu können, benötigen die Augen Licht. Dieses Licht kommt zum Beispiel von der Sonne oder von einer Lampe. Das Licht fällt auf einen Gegenstand und wird von diesem Gegenstand zu den Augen gelenkt. Man kann sich das Licht wie einen Ball vorstellen, der gegen eine Wand geworfen wird und den man dann auffängt. Ist kein Ball da, der von der Wand abprallt, kann man ihn nicht auffangen. Ist kein Licht da, das von irgendwelchen Gegenständen abprallt, können die Augen das Bild dieser Gegenstände nicht auffangen – wir sehen nichts. Je mehr Licht vorhanden ist, desto besser können wir sehen, und nur bei viel Licht auch Farben erkennen.

*Wichtig ist, dass die Augen immer feucht bleiben. Deshalb blinzeln wir. Das Augenlid verteilt die Flüssigkeit über das Auge.*

★ **Versuch**
Stelle dich in ein dunkles Zimmer. Nach einer Weile haben sich deine Augen an die Dunkelheit gewöhnt und du kannst Gegenstände erkennen. Aber Farben sind kaum zu unterscheiden. Schalte dann das Licht wieder ein. Du wirst die Farben erkennen.

Die Augen haben übrigens in der Mitte ein schwarzes Loch, das ist die Pupille. Je dunkler es ist, desto größer wird diese Pupille. So versucht das Auge, durch sein schwarzes Loch möglichst viel Licht einzufangen, um noch etwas zu sehen. Wenn es sehr hell ist, zum Beispiel an einem sonnigen Tag, sind die Pupillen ganz klein. Dann ist mehr Licht vorhanden, als zum Sehen benötigt wird. Die Pupille ist also für das Auge wie eine Art Vorhang, durch den es immer gerade die richtige Menge Licht durchlässt, um gut sehen zu können. Das ist wichtig, denn wenn zu viel Licht ins Auge kommt, dann ist das sehr unangenehm. Es kann fast weh tun.

## … und warum tragen viele Menschen eine Brille?

Einige Leute tragen nur eine Brille, weil sie es schick finden. Denn schließlich gibt es ganz tolle bunte Brillen, die richtig witzig aussehen. Auch für Kinder. Andere Menschen müssen eine Brille tragen, um scharf sehen zu können. Denn manchmal ist die Rückseite des Auges zu weit von der Pupille entfernt oder sie liegt zu nahe an der Pupille. Und dann können die Augen alles nur als verschwommenes Bild wahrnehmen.

### ★ Versuch

Wie verschwommen jemand ohne Brille sieht, der eigentlich eine braucht, kannst du leicht ausprobieren: Nimm dir mal eine Brille von deinen Eltern oder Großeltern und schaue durch. Bestimmt siehst du jetzt alles ganz unscharf und verschwommen oder du hast das Gefühl, dass deine Augen weh tun. So ist es für jemanden, der eine Brille braucht und keine hat.

*Das Auge funktioniert wie ein Photoapparat: Licht wird aufgenommen, trifft auf der Rückseite des Auges auf die Netzhaut. Der Impuls wird von an das Gehirn weitergeleitet. Dort entsteht dann das Bild.*

Einige Leute können ohne Brille nur klar erkennen, was ganz nah vor ihren Augen ist. Dann sagt man, dass diese Menschen kurzsichtig sind. Andere können die Dinge in der Nähe nur verschwommen sehen. Aber alles, was weit weg ist, können sie klar erkennen. Dann sagt man, die Menschen sind weitsichtig. Für Kurzsichtige und

Weitsichtige gibt es verschiedene Brillen. Sie sorgen dafür, das man trotz des falschen Abstands zwischen Pupille und Hornhaut richtig sehen kann. Ein Optiker kann genau ausmessen, wie dick die Brille sein muss und wie stark das Brillenglas gebogen sein muss, damit es den falschen Abstand im Auge ausgleicht. Deshalb braucht jeder eine andere Brille. Auch wenn zwei Leute ihre Brillen tauschen, können sie mit der jeweils anderen meistens nicht gut sehen.

## … und wie kommt es, dass ich hören kann?

Die Ohren an unserem Kopf funktionieren wie Trichter, durch die Wasser in eine Flasche läuft. Nur läuft natürlich kein Wasser durch die Ohren, sondern Schallwellen. Solche Schallwellen entstehen immer, wenn irgendwo ein Geräusch gemacht wird. Dann fliegen die unsichtbaren Schallwellen durch die Luft und werden von den Ohren aufgefangen.

Gleichgewichtsorgan

Trommelfell

### ★ Versuch

Stelle dich ans Ufer eines Sees mit einer ruhigen Wasseroberfläche. Nimm einen Stein und wirf ihn ins Wasser. Beobachte die Wellen, die immer größere Kreise aufs Wasser malen und schließlich ans Ufer platschen. So musst du dir auch Schallwellen vorstellen. Und dein Ohr ist das Ufer.

Das Ohr kann an den fürs Auge unsichtbaren Schallwellen sogar erkennen, um was für ein Geräusch es sich handelt. Denn jedes Geräusch hat andere Schallwellen. Deshalb kann man zum Beispiel eine Autohupe und eine Fahrradklingel an ihrem Klang voneinander unterscheiden. Dafür braucht man aber nicht nur die Ohren, sondern besonders den Teil des Gehirns, der nur für das Hören zuständig ist. Alles, was die Ohren auffangen, wird über feinste Nerven an das Gehirn weiterge-

*Wie beim Auge werden auch die Informationen vom Ohr, also die Schallwellen, über Nervenbahnen an das Gehirn weitergeleitet. Die Zentrale Gehirn »sagt« uns dann, was wir hören.*

geben. Dafür gibt es im Ohr eine dünne Haut, das Trommelfell. Und dahinter sitzen kleine Knochen, die Hammer, Amboss und Steigbügel heißen. Sie geben jede Schallwellen-Bewegung an die Nerven weiter. Die Nerven wiederum kann man sich wie ganz dünne Bindfäden vorstellen. Wenn an einem Ende des Bindfadens gezogen wird, zuckt der Faden auch am anderen Ende. Und so ähnlich funktionieren Nerven. Drücken die feinen Knöchelchen im Ohr ein paarmal auf den Nerv, so dass er zuckt, weiß das Gehirn: »Aha, da war ein Geräusch.« Und weil sich unser Gehirn viele Geräusche merken kann, meldet es zum Beispiel sofort: »Das war eine Fahrradklingel.«

## … und warum wird es mir manchmal schwindelig?

*Das Ohr ist ein sehr wichtiges Organ und kompliziert und fein aufgebaut. Deshalb muss es im Winter gegen kalte Luft gut geschützt werden, damit es sich nicht entzündet.*

Die Ohren sind nicht nur zum Hören da. Sie sorgen auch dafür, dass man immer weiß, wo oben und unten ist. In den Ohren sitzt also das Gleichgewichtsorgan. Es sind winzige Röhrchen tief im Ohr, die mit einer wässrigen Flüssigkeit gefüllt sind. Und je nach dem, wie sich die Flüssigkeit in diesen Röhrchen bewegt, erkennt der Körper, ob der Mensch gerade liegt, aufrecht steht oder einen Kopfstand macht.

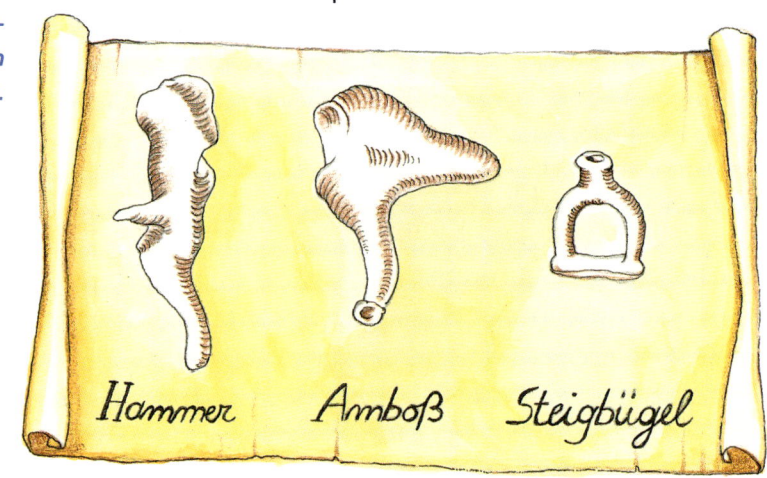

Hammer     Amboß     Steigbügel

## ✦ Versuch

Wie sich die Flüssigkeit bewegt, siehst du, wenn du ein Glas nimmst, es mit Wasser füllst und es ein wenig zur Seite kippst. Je weiter du kippst, desto mehr nähert sich das Wasser auf der einen Seite des Glases dem Glasrand. Versuche dann mit dem Glas herumzulaufen oder dich damit hinzusetzen oder wieder aufzustehen. In dem Augenblick, in dem es nicht waagerecht gehalten wird, nähert sich das Wasser dem Rand des Glases.

Natürlich sind die Röhrchen rundherum geschlossen – sonst würde die Flüssigkeit bei einem Kopfstand ja herauslaufen. Wenn man sich ganz schnell im Kreis dreht oder ganz viel Karussell fährst, beginnt sich die Flüssigkeit im Ohr zu bewegen. Diese Bewegung wird von den Röhrchen im Ohr aufgenommen und an das Gehirn gemeldet. Wenn man dann plötzlich stehenbleibt oder aus dem Karussell aussteigt, bewegt sich die Flüssigkeit immer noch. Das Gehirn bekommt deshalb eine Falschmeldung, denn in Wirklichkeit bewegt man sich ja gar nicht mehr. Das macht nur die Flüssigkeit in den Röhrchen des Ohres. Und deshalb dreht sich noch alles im Kopf. Das nennt man *Schwindel*. Wenn man dann einen Moment ruhig stehenbleibt, hört der Schwindel jedoch auf. Dann hat die Flüssigkeit in der Ohrschnecke nämlich aufgehört sich zu bewegen.

*Auch auf einem schwankenden Schiff muss das Gleichgewichtsorgan heftig arbeiten. Und wenn es sich daran gewöhnt hat und man ist wieder an Land, schwappt die Flüssigkeit im Ohr noch eine Zeitlang weiter, und man läuft als wäre man noch immer auf dem Schiff. Matrosen können das überhaupt nicht mehr ablegen.*

## … und was ist das Gehirn?

Das Gehirn sitzt im Kopf des Menschen. Es ist der Teil des Körpers, von dem aus alle Bewegungen gesteuert werden. Außerdem kommen im Gehirn alle *Sinneswahrnehmungen* an. So nennt man die Geräusche, die die Ohren auffangen, die Bilder, die die Augen sehen, die Gerüche, die die Nase erschnüffelt. Außerdem ist das Gehirn durch Nerven mit allen Teilen des Körpers verbunden. Die Nerven erzählen dem Gehirn, was zum Beispiel gerade die Hand oder der Fuß spürt. Fasst man zum Beispiel einen heißen Kakaobecher an, melden die Nerven ans Gehirn: »Die Hand fühlt etwas Warmes.« Ist der Kakaobecher viel zu heiß, erkennt

**Nervenzelle**

das Gehirn Gefahr und gibt der Hand blitzschnell den Befehl: »Loslassen, sonst tust du dir weh!« Das macht das Gehirn ganz automatisch. Es sorgt dafür, dass sich die Finger öffnen, die den Becher festgehalten haben. Natürlich ist es sehr ärgerlich, wenn man einen Becher mit Kakao fallenlässt. Aber das ist dem Gehirn egal. Denn ihm kommt es nur darauf an, den Körper vor Schaden zu schützen – also davor, dass man sich die Finger am heißen Kakaobecher verbrennt. Vieles macht das Gehirn vollautomatisch. Es lässt den Menschen automatisch atmen und es sorgt dafür, dass die Augenlider immer blinzeln. Das nennt man *Reflexe*. Andere Körperbewegungen werden vom Gehirn ganz langsam und in der richtigen Reihenfolge gesteuert.

### ★ Versuch

*Die Reflexe sind überwiegend dazu da, den Körper zu schützen und am Leben zu erhalten. Die anderen Vorgänge sind mit unserem Willen gekoppelt: Wir wollen jetzt das Eis essen, daher gibt das Gehirn »Aufträge« für bestimmte Bewegungen, wie z. B. mit der Zunge schlecken.*

Iss einmal ein Eis ganz bewusst. Was geschieht der Reihe nach an Körperbewegungen? Zuerst teilen die Augen dem Gehirn mit, ob das Eis noch in Papier eingewickelt ist. Ist kein Papier drumherum, sorgt das Gehirn dafür, dass wir gleichzeitig das Eis zum Mund führen und den Mund öffnen. Dann steuert das Gehirn die Zunge heraus, damit wir das Eis aufschlecken können. Und sobald wir Eis im Mund haben, gibt das Gehirn den Befehl zum Herunterschlucken.

Weil das Gehirn so wichtig und außerdem empfindlich ist, sitzt es gut geschützt in der dicken Knochenkugel unseres Kopfes. Aber das Gehirn kann noch viel mehr, als nur Bewegungen steuern. Es kann auch alles speichern, was man erlebt. Es kann sich alle Sachen merken, die man sieht, hört und lernt. Wenn man beispielsweise gewarnt wird, dass man mit Messern vorsichtig sein muss, weil sie scharf sind und man sich damit schneiden kann, merkt sich das das Gehirn. Und so lange man lebt wird das Gehirn jedesmal, wenn man ein Messer in die Hand nimmt, sagen: »Sei vorsichtig, es ist scharf, du kannst dich damit verletzten.«

## … und warum habe ich Zähne und ein Baby nicht?

Wenn ein Baby geboren wird, muss es alles lernen, zum Beispiel auch das Essen. Alle Organe im kleinen Körper des Babys sind noch sehr empfindlich. Deshalb ist die Nahrung eines Babys auch ganz anders als die eines größeren Kindes oder Erwachsenen. Ein Baby bekommt zunächst nur Muttermilch oder Flaschenmilch oder Säfte und Milchbrei. Das ist schön einfach für das Baby, weil es nur schlucken muss, aber nicht kauen. Deshalb braucht es auch noch keine Zähne. Es wäre sogar gefährlich, wenn ein Baby schon kauen könnte. Denn andere Nahrung die man kauen muss, zum Beispiel Pommes frites, Würstchen oder Schokolade, könnte der empfindliche Magen eines Babys gar nicht vertragen. Es bekäme ganz furchtbare Bauchschmerzen und Durchfall. Wenn das Baby genug Milch und Brei bekommt, wachsen langsam auch die Zähne. Denn in der Milch sind Eiweiß und Kalzium. Das brauchen die Zähne zum Wachsen. Wenn das Baby schon ein paar Monate alt ist und die Zähne da sind, verträgt sein Magen auch schon andere Nahrung wie Gemüse und Kartoffeln. Das muss ein Baby nämlich kauen. Durch das Kauen wird Speichel im Mund gebildet, der die zerkaute Nahrung schön rutschig macht, damit man sie besser schlucken kann. Je mehr Zähne das Baby bekommt, desto abwechslungsreicher kann sein Speiseplan werden. Denn jetzt kann es alles kauen und verdauen.

*Die ersten Zähne des Menschen heißen »Milchzähne«, weil die Nahrung der Babys aus Muttermilch besteht. Man spricht davon, dass das Baby »zahnt«, wenn es die ersten Zähne bekommt. Das tut ihm weh, deshalb weint und schreit es in der Zeit viel.*

## … und warum wackeln Zähne manchmal und fallen raus?

Wenn der Körper eines Kindes wächst, müssen alle einzelnen Teile mitwachsen. Hände und Füße zum Beispiel wachsen mit dem gesamten Körper mit. Die Zähne aber können nicht mitwachsen. Deshalb müssen sie durch neue und größere ersetzt werden. Darum beginnen die zwanzig Milchzähne ungefähr ab dem sechsten Lebensjahr auszufallen. Aber nicht alle auf einmal, denn der »Besitzer« muss ja weiter kauen können. Das Ausfallen der Zähne zieht sich deshalb über einen langen Zeitraum hin, dauert ungefähr vier bis fünf Jahre. Damit man später alles beißen kann, wachsen 32 neue Zähne heran. Im Oberkiefer und Unterkiefer hat man dann jeweils lückenlos vier Schneidezähne, zwei Eckzähne, vier Backenzähne und sechs Mahlzähne.

## ... und woraus sind die Zähne gemacht?

*In den Essensresten zwischen den Zähnen sitzen kleine Bakterien, die diese Reste zerkleinern. Dabei entsteht eine saure Flüssigkeit, die so scharf ist, dass der Zahnschmelz kaputt geht. Deshalb müssen die Reste mit der Zahnbürste entfernt werden.*

Damit der Mensch alles beißen kann, sind die Zähne die härtesten Teile des Körpers. Sie sind so hart wie Stein und sind deshalb so hell, weil sie viel Kalk enthalten. Das ist ein weißes Mineral. Und damit der Körper kräftige Zähne bilden kann, muss man zum Beispiel viel Milch trinken. Ein Zahn ist aber viel größer, als das, was im Mund zu sehen ist. Das weiße Stück, das aus dem Zahnfleisch herauswächst, nennt man *Zahnkrone*. Aber es gibt auch noch eine Zahnwurzel, die sitzt im Kieferknochen und sorgt dafür, dass die Zähne ganz fest verankert sind. Tief im Zahn befindet sich eine kleine Höhle, die mit Blutgefäßen und Nerven gefüllt ist. Dort entsteht der Schmerz, wenn ein Zahn nicht in Ordnung ist. Besonders wichtig an den Zähnen ist der Zahnschmelz, der weiße, außerordentlich harte Stoff, der den Zahn schützt. Aber obwohl dieser Schmelz so hart ist, kann er kaputtgehen. Wer zum Beispiel zu viele Süßigkeiten isst, kann mit dem vielen Zucker den Zahnschmelz zerstören. Aber auch die Reste von anderem Essen und von Getränken können Zähne beschädigen. Deshalb müssen immer die alten Nahrungsreste von den Zähnen entfernt werden. Das geschieht beim Zähneputzen. Wer seine Zähne nie putzt, bekommt bald Löcher in den Zähnen. Und je weiter diese Löcher an die kleine Höhle im Zahn herankommen, desto mehr können sie weh tun. Den Schmerz merkt man vor allem,

Zahnkrone

Zahnwurzel

wenn man etwas sehr Heißes oder Kaltes trinkt oder etwas sehr Süßes oder Saures isst. Dann kann nur noch der Zahnarzt helfen. Er muss eventuell das kleine Loch ein bisschen aufbohren, um die kaputten Zahnteile zu entfernen. Und danach kann er es wieder zumachen, der Zahn ist wieder heil. Wenn man aber gar keine Zähne putzt und nie zum Zahnarzt geht, haben die Zähne irgendwann so viele Löcher wie ein Schwamm und tun immer ganz furchtbar weh. Dann kann auch der Zahnarzt nicht mehr helfen und muss den Zahn herausziehen.

Nerven

Blutgefäße

## … und wieso habe ich eine Zunge?

Die Zunge braucht man zum Singen und Sprechen. Je nachdem, wie sie bewegt wird, kann sie aus der Stimme bestimmte Laute formen. Außerdem ist die Zunge für den Geschmack zuständig. Sie unterscheidet zwischen süß und sauer, salzig oder bitter. Damit die Zuge diese Geschmacksrichtungen erkennt, sitzen auf sehr kleine Pickelchen auf ihr. Das macht die Zunge rauh, wenn man z.B. mit der Fingerspitze darüber streicht. Diese kleinen Pickelchen oder Warzen heißen Papillen oder Geschmacksknospen. Jeder Erwachsene hat etwa 9000 von diesen Geschmacksknospen auf seiner Zunge sitzen. Und davon gibt es vier verschiedene Formen, die jedoch mit dem bloßen Auge nicht zu unterscheiden sind. Jede Papillenart hat die Aufgabe, eine ganz bestimmte Geschmacksrichtung zu erkennen. Auf der Zungenspitze sitzen zum Beispiel die Papillen, die süße Sachen erkennen. Etwas weiter hinten sitzen die, die für den salzigen Geschmack zuständig sind. In der Zungenmitte sitzen die Papillen für sauren und ganz hinten die für bitteren Geschmack. Träufle einmal ein paar Tropfen Salzwasser hinten auf die Zunge. Du wirst kaum etwas schmecken. Und jetzt auf die Zungenspitze. Auch hier geschieht nichts.

*Die Zunge einer Kuh ist ganz besonders lang. Sie umwickelt damit die Grasbüschel auf der Weide und reißt sie aus. Auch die Katzenzunge hat noch eine besondere Funktion. Auf ihr befinden sich lauter kleine Borsten, womit die Katze ihr Fell bürsten kann.*

Geschmackszonen auf der Zunge

Bitter

Sauer

Salzig

Süß

★ **Versuch**

So kannst du feststellen, dass die Zungenspitze nur Süßes schmeckt: Befeuchte eine Fingerspitze ein wenig und streue ein paar Krümelchen Salz darauf. Dann berühre damit die Zungenspitze ganz vorn – du schmeckst nichts. Wenn du aber ein paar Zuckerkörnchen auf die Fingerspitze nimmst und die Zungenspitze berührst, erkennt die Zunge sofort den süßen Geschmack.

Wenn jetzt eines dieser kleinen Pickelchen »seinen« Geschmack erkannt hat, meldet es das dem Gehirn. Deshalb kann man auch mit geschlossenen Augen Cola von saurem Saft unterscheiden.

Außer fürs Sprechen und Schmecken ist die Zunge aber auch noch dazu da, unseren Zähnen beim Kauen zu helfen. Dafür schiebt die Zunge die Nahrung immer wieder so hin, dass die Zähe sie gut zerbeißen können.

## … und wo kommt meine Spucke her?

*Der Geschmack entfaltet sich erst zusammen mit dem Geruch. Die Duftstoffe im Mund steigen in die Nase auf. Daher schmeckt auch alles langweilig und fad, wenn man eine Erkältung hat und die Nase verstopft ist.*

Auf der Zunge sitzen nicht nur kleine Geschmacksknospen, sondern auch noch viele kleine Löcher, die sich beim Kauen öffnen und aus denen dann Spucke herauskommt. Diese kleinen Löcher, durch die nur etwas heraus, aber nichts in die Zunge hereinkommt, nennt man *Speicheldrüsen*. Der *Speichel*, wie man die Spucke auch nennt, macht alles, was die Zähne kauen, zu einem glitschigen Brei. Dadurch bleibt sie nicht im Hals stecken, sondern kann durch die Speiseröhre in den Magen gleiten. Spucke oder Speichel ist aber immer im Mund, auch wenn gerade mal nichts gegessen wird. Denn nicht nur auf der Zunge, sondern auch in der Mundhöhle sitzen viele kleine Drüsen, aus denen den ganzen Tag Speichel oder Spucke in winzigen Tröpfchen kommt. Die Spucke ist dazu da, damit Mund und Hals immer schön feucht und rutschig bleiben. Sonst würde es furchtbar weh tun, wenn man plötzlich mal etwas

Trockenes herunterschlucken wollte. Damit der Mund nicht vor lauter Spucke überläuft, wird die Spucke ständig hinuntergeschluckt.

### … und wo gehen das Essen und die Spucke aus meinem Mund hin?

Die Nahrung wird im Mund mit Speichel vermischt und kommt durch das Schlucken in die Speiseröhre. Die ist wie ein Schlauch und hat ganz viele Muskeln, die sich immer wieder zusammenziehen und öffnen. Dadurch wird der Essensbrei langsam in den Magen geschoben. Auch der Magen bewegt sich, zieht sich zusammen und wird anschließend wieder größer. Dadurch wird das Essen weiter zu Brei geknetet. Zu diesem Brei gibt der Magen aus vielen kleinen Öffnungen noch Flüssigkeit, die nennt man *Magensaft*. Der Saft ist ganz sauer, wie Essig oder Zitrone, und löst den Essensbrei auf. So ähnlich, als wenn man einen harten Sandklumpen zwischen den Fingern zerreibt und anschließend noch Wasser darüber kippt. Dann bleibt von dem Sandklumpen auch nichts mehr übrig als Wasser mit Sandkrümelchen. So etwa sieht die Flüssigkeit aus, die anschließend vom Magen durch einen sehr langen Schlauch befördert wird. Dieser Schlauch steckt in deinem Bauch und heißt *Darm*. Der Darm saugt alle wichtigen Nährstoffe aus dem Nahrungsbrei heraus und verteilt sie im Blut. Auf diese Weise kommen sie in alle Teile des Körpers. Die Stoffe aus der Nahrung, die der Körper nicht braucht, werden durch den Darm wieder ausgeschieden.

*Der Magen bewegt sich, auch wenn er leer ist. Es ist aber dann nur Luft darin, die hin- und hergeschoben wird. Dabei entsteht ein Grummeln – das »Magenknurren«. Sobald Nahrung in den Magen kommt, hört das Knurren auf.*

### … und wo kommt meine Pipi her?

Pipi ist das, was von der Flüssigkeit übrigbleibt, die man trinkt. Also zum Beispiel Säfte, Milch oder Cola. Aber auch in fast allen Nahrungsmitteln ist Flüssigkeit enthalten, zum Beispiel in Obst oder Joghurt und in Gemüse oder Kartoffeln. Einen Großteil dieser aufgenommenen Flüssigkeit braucht der Körper zum Leben. Daraus macht er zum Beispiel die Spucke im Mund, oder er macht daraus die Tränenflüssigkeit für die Augen. Und alles, was der Körper nicht an Flüssigkeit benötigt, gelangt in die Nieren. Davon hat jeder Mensch zwei Stück. Sie sitzen oberhalb vom Po im Rücken. In den Nieren spült diese Flüssigkeit das Blut durch und nimmt alles aus dem Blut heraus, was dem Körper vielleicht nicht guttut. Hat die Flüssigkeit das Blut saubergemacht, fließt sie weiter in die Blase. Und wann die voll ist, merkt man das daran, dass man Pipi machen muss.

### … und warum blute ich, wenn ich hinfalle?

*Auch wenn die Haut bei einem Schlag nicht kaputtgeht, werden die feinen Blutgefäße darunter verletzt, und es läuft Blut heraus. Das Blut sammelt sich als »blauer Fleck« unter der Haut. Mit der Zeit verfärbt sich das Blut, es altert, der Fleck wird gelb und verschwindet am Ende, wenn sich neue Äderchen gebildet haben.*

Der ganze Körper ist umgeben von einer Schutzhülle. Das ist die Haut. Sie sorgt dafür, dass kein Schmutz und keine Krankheitskeime in den Körper hereinkommen können. Deshalb ist die Haut ungefähr so dick wie 20 Seiten aus diesem Buch. Und sie besteht aus drei Schichten, die man *Unterhaut, Lederhaut* und *Oberhaut* nennt. In der Unterhaut und in der Lederhaut gibt es sehr viele Blutgefäße. Die sind wie winzig kleine Schläuche, durch die das Blut der Haut ganz viele wichtige Nährstoffe bringt. Diese Nährstoffe hat sich das Blut im Darm aus der Nahrung geholt. Außerdem gibt es in der Haut viele Nerven, die mit dem Gehirn im Kopf verbunden sind. Wenn man hinfällt oder sich zum Beispiel mit einem spitzen Gegenstand verletzt, wird die Haut eingeritzt. Dabei werden fast immer mehrere von den feinen Blutgefäßen beschädigt. Das Blut kommt dann aus dieser Wunde. Mal mehr, mal weniger – je nachdem, wie tief die Haut verletzt wurde. Weil nun die Haut an dieser Stelle kaputt ist, könnten Schmutz oder Krankmacher durch die kleine Öffnung in den Körper kommen. Damit das nicht passiert, schließt der Körper das Loch sofort mit Blut. Wenn jetzt doch Schmutz hinein will, wird er vom Blut sofort weggeschoben. Der Körper schützt sich also dadurch, dass er aus jedem Loch, das nicht in die Haut gehört, sofort Blut tropfen lässt.

### … und wie geht ein Loch in meiner Haut wieder zu?

Der Körper will mit dem Blut die Löcher verschließen, die nicht in die Haut gehören. Sobald das Blut aus der Wunde an die Luft kommt, wird es fest und hart. Man sagt, dass das Blut *gerinnt.* Geronnenes Blut sieht dunkelbraun, manchmal fast schwarz aus. Die meisten kennen es als harte Kruste, die sich dort gebildet hat, wo sie sich einmal verletzt haben. Diese harte Kruste ist wie ein Pflaster, das sich der Körper selbst aufgelegt hat. Darunter beginnt die Haut nun ganz schnell zu wachsen. So wird das Loch, das zum Beispiel beim Hinfallen entstanden ist, durch den Körper selbst geschlossen. Manchmal geht das sehr schnell, bei größeren Verletzungen dauert es etwas länger. Und sobald die Haut das Loch wieder verschlossen hat, fällt die harte Blutkruste ab. Deshalb sollte man sie nie selbst abziehen, sondern immer so lange warten, bis der Körper sie abwirft, weil er sie nicht mehr braucht. Bei richtig großen Verletzungen hört das Blut manchmal nicht von selbst zu fließen auf. Auch nicht, wenn man ein Pflaster darauf klebt. Dann ist es besser, zum Arzt zu gehen. Er reinigt die Wunde, damit keine Krankmacher in den Körper kommen. Manchmal muss der Arzt bei so großen Verletzungen die Wunde schließen, damit die Haut wieder schneller zusammenwachsen kann. Das macht er mit winzig kleinen Klammern, oder er kann die Haut auch zusammennähen. Zugegeben, das klingt schrecklich. Aber bevor er das tut, spritzt er mit einer feinen Nadel eine Flüssigkeit neben die Verletzung. Und diese Flüssigkeit sorgt dafür, dass man gar nichts merkt. Man sagt dann, dass er die Stelle betäubt hat. Nach ein paar Tagen ist die Haut unter der Klammer oder der Naht wieder zusammengewachsen. Oft muss man dann noch mal zum Arzt, damit er die Klammer oder die Fäden aus der Haut entfernen kann.

*Das Fädenziehen tut überhaupt nicht mehr weh, weil die Haut wieder heil ist. Manchmal pikst oder kitzelt es nur ein bisschen. Und am Ende bleibt dort, wo das Loch in der Haut war, eine kleine Narbe übrig. Daran kann man immer die Stelle erkennen, an der die Haut wieder zusammengewachsen ist.*

## ... und warum kriege ich eine Gänsehaut, wenn ich friere?

Die Menschen gibt es schon seit vielen hunderttausend Jahren auf der Welt. Aber die Menschen, die damals vor ganz langer Zeit gelebt haben, hatten noch keine Kleidung, so wie heute. Sondern sie hatten einen behaarten Körper mit einem Fell, wie die Hunde oder Katzen. So ein Fell sorgt dafür, dass die Haut darunter ganz warm bleibt. Das geht, weil sich zwischen den

*Die ganze
Oberfläche des
Körpers ist mit
Haaren bedeckt.
Zum Teil sind
sie so fein, dass
man sie kaum
sieht. Nur an den
Fußsohlen, in
den Handflächen
und auf den
Lippen wachsen
keine Haare. Da
braucht man sie
ja auch nicht.*

unzähligen Fellhaaren viel Luft befindet. Und die wirkt wie eine Wärmeschutzschicht zwischen der Haut und der kalten Luft außerhalb des Fells. Von diesem Fell, das die ersten Menschen an ihrem Körper hatten, sind bei den heutigen Menschen nur noch wenige Haare übriggeblieben, zum Beispiel auf den Armen oder Beinen. Und bei manchen Männern sieht man so einen Rest vom früheren Fell auch noch auf der Brust. Wenn einem nun kalt ist, reagiert der Körper immer noch wie früher, als er ein Fell hatte. Die Haut zieht sich zusammen. Dadurch hat sich damals das Fell aufgeplustert, ist noch dicker geworden und konnte noch besser vor Kälte schützen. Statt eines dicken Fells sieht man davon auf der Haut heute nur noch das, was man eine *Gänsehaut* nennt. Aber wenn man genau hinschaut, kann man erkennen, dass sich bei Gänsehaut auch die feinen Härchen am Körper aufrichten. Genauso, wie damals bei den ersten Menschen die vielen Fellhaare.

## ... und warum klappern meine Zähne, wenn ich friere?

Weil der Körper bei großer Kälte selbst versucht, Wärme zu produzieren. Bestimmt ist jedem schon mal aufgefallen, dass ihm so richtig warm wird, wenn er lange läuft. Das liegt daran, dass sich beim Laufen die Muskeln bewegen. Und genau das versucht der Körper zu tun, wenn ihm kalt ist. Er sorgt dafür, dass sich die vielen Muskeln überall im Körper ganz schnell zusammenziehen und wieder entspannen. Wie bei Gummibändern, die gedehnt und dann wieder losgelassen werden. Durch diese kleinen Bewegungen entsteht dann etwas Wärme. Aber leider führen die Bewegungen auch dazu, dass ganz unbeabsichtigt zum Beispiel einfach die Hände zu zittern oder die Zähne zu klappern anfangen.

## ... und warum haben manche Menschen eine schwarze Haut?

Die Menschen mit schwarzer Haut kommen meistens aus Afrika. Oder ihre Eltern, Großeltern oder Urgroßeltern wurden vor sehr langer Zeit in Afrika geboren. Alle Menschen, die von dort kommen, haben eine viel dunklere Haut als die Menschen, die zum Beispiel in Nordeuropa oder Nordamerika leben. Denn in Afrika scheint viel häufiger die Sonne. Und dunkle Haut verträgt Sonne besser als helle Haut. Trotzdem können auch Menschen mit schwarzer Haut einen Sonnenbrand bekommen.

Außer durch die Hautfarbe unterscheiden sich die Menschen aber zum Beispiel auch noch durch die Form ihrer Augen. In Asien haben die Menschen viel schmalere Augen als die Europäer. Und in Südamerika oder Südeuropa gibt es viel mehr Menschen mit dunklen Haaren. Aber wie ein Mensch aussieht, das sagt nie etwas darüber aus, ob er nett ist oder nicht. Denn eigentlich ist das Aussehen genauso wichtig oder unwichtig wie der Name eines Menschen.

### … und warum haben ältere Menschen graue Haare?

Solange Menschen jung sind, produziert ihr Körper Farbstoffe, die in die Haare einwachsen. Diese Farbstoffe heißen Melanine. Und je nachdem, wie viele davon in welcher Farbe vom Körper produziert werden, sind die Haare blond, rötlich, braun oder schwarz. Bei älteren Menschen, manchmal aber auch schon bei jüngeren, produziert der Körper plötzlich weniger von diesen Farbstoffen. Und weil die nicht mehr da sind, wachsen nun an ihrer Stelle winzig kleine Luftblasen in die Haare ein. Diese Luft hat keine Farbe. Und wenn das Licht darauf fällt, schimmern die Haare deshalb silbrig oder weiß.

### … und warum tut es weh, wenn ich mich stoße?

Ständig muss man aufpassen, dass man den Körper nicht kaputtmacht. Dafür gibt es ein eingebautes Warnsystem. Sobald man sich nämlich anstößt oder anders verletzt, schlägt die Haut an der jeweiligen Körperstelle Alarm. Sie ruft dem Gehirn zu: »Hey, aufpassen, sonst geht hier etwas kaputt.« Und damit dieser Warnruf überall im Körper ankommt, reagiert die Haut mit Schmerz. Dafür gibt es überall in der Haut, am ganzen Körper kleine Nervenzellen, die zum Beispiel auf große Wärme, Kälte oder Stöße mit Schmerz reagieren.

*Zuerst werden die Haare auf dem Kopf grau, dann bei Männern der Bart. Ganz am Schluss verlieren die Augenbrauen die Farbe. Manche Europäer haben schon mit dreißig graue, manche Asiaten noch bis ins hohe Alter schwarze Haare.*

51

## … und warum können Knochen brechen, wenn ich hinfalle?

*Neben seiner Aufgabe, den Körper zu stützen und die Organe zu schützen, sind an den Knochen auch noch die Sehnen mit den Muskeln befestigt. Auf diese Weise ist das ganze Skelett von kräftigen Muskeln umgeben, die es aufrecht halten. Wären die Muskeln weg, würde das Skelett in sich zusammenfallen.*

Die Knochen geben dem Körper seine Form und halten ihn zusammen wie ein Gerüst. Dafür müssen sie sehr stabil sein und dürfen nicht leicht umknicken. Dieses Gerüst aus allen Knochen nennt man *Skelett*. Außerdem schützen die Knochen viele empfindliche Organe vor Verletzungen, zum Beispiel das Herz, das hinter den Knochen im Inneren des Körpers liegt. Ein Baby hat ungefähr 350 Knochen, von denen mehrere später zu einzelnen, größeren Knochen zusammenwachsen. Darum hat ein Erwachsener nur noch ungefähr 220 Knochen. Fällt man jedoch einmal hin, kann es passieren, dass ein Knochen bricht. Das liegt daran, dass Knochen fast so hart sein müssen wie Stein oder Glas. Glas aber ist, ebenso wie die Knochen, kaum zu biegen. Wenn man zum Beispiel einen Ball fallenlässt, geht er nicht kaputt. Denn er ist aus biegsamem, elastischen Material. Ein Glas, das fallengelassen wird, geht dagegen kaputt. Es möchte sich zwar auch verbiegen, aber weil es dafür zu hart ist, zerspringt es. Und so kann es auch mit einem Knochen gehen. Er kann zerbrechen. Dann muss man zum Arzt gebracht werden, der um den kaputten Arm oder Bein einen Gipsverband anlegt. Das macht er, damit sich die Knochen unter dem Gips für eine Weile nicht bewegen können. Denn wenn die Knochenstücke an der Bruchstelle ganz still liegen, dann wachsen sie wieder zusammen.

## … und wie können Ärzte mich wieder gesund machen, wenn ich krank bin?

Ein Arzt weiß genau, wie der Körper funktioniert, was gut für ihn ist und was ihm schadet. Deshalb kann ein Arzt meistens eine Krankheit schnell erkennen, wenn es einem mal nicht gutgeht. Leidet man zum Beispiel unter Fieber, kann der Arzt erkennen, ob das an einer Erkältung liegt oder ob zum Beispiel Krankheitskeime durch eine Verletzung in den Körper gekommen sind. Das ist wichtig zu wissen, weil er dem Körper bei jeder Krankheit auf andere Weise helfen kann, wieder gesund zu werden. Bei einer Erkältung zum Beispiel wird er sagen, dass man viel trinken muss, damit man kräftig husten und niesen kann. Dadurch werden Krankheitskeime aus dem Körper herausgeschleudert. Bei Halsschmerzen kann er etwas zum Lutschen geben, was den Hals ein bisschen betäubt. Dadurch werden die Schmerzen beim Schlucken weniger. Und wenn der Fuß weh tut, kann der Arzt erkennen, ob etwas gebrochen und ein Gipsverband nötig ist, damit die kaputten Knochen wieder zusammenwachsen. Das alles kann der Arzt nur, weil er es lange gelernt hat. Er ist also ein Experte für den Körper. Dafür aber können Ärzte dann wieder andere Sachen nicht, die zum Beispiel die Eltern können. Er kann bestimmt nicht so gut kochen wie ein Koch, er kann keine Flugzeuge fliegen wie ein Pilot oder keine Schiffe sicher in den Hafen steuern wie ein Kapitän. Denn auch das muss man alles lernen. Und wer lernen will, wie ein Körper funktioniert, der kann dann Arzt werden.

*Ein Arzt hat große Verantwortung. Wenn er einen Gips falsch anlegt und das Bein wächst schief zusammen, ist das ganz was anderes, als wenn jemand einen Nagel schief in die Wand schlägt. Den Nagel kann man herausziehen und gerade einschlagen, aber das Bein bleibt krumm.*

## … und warum schmeckt Medizin manchmal so komisch?

In der Medizin sind viele verschiedene Sachen, zum Beispiel auch Pflanzen, die dem Körper beim Gesundwer-den helfen. Beispielsweise bei Husten. Der Arzt ver-schreibt einen Saft, in dem kann ein Kraut drin sein, das sich *Thymian* nennt. Dieses Kraut sorgt dafür, dass der Husten ganz locker wird und es nicht mehr weh tut, wenn man husten muss. Und so gibt es noch ganz viele andere Kräuter, die bei bestimmten Krankheiten helfen. Lei-der aber schmecken diese Sachen manchmal ko-misch. Deshalb isst oder trinkt sie niemand jeden Tag, sondern nur bei einer Krankheit. Natürlich wäre es toller, wenn jede Medizin so schmeckt wie ein ganz leckerer Bonbon. Aber das geht deshalb nicht, weil die Medizin schließlich gesund machen soll. Und dafür müssen eben auch manche Sachen in der Medizin sein, die nicht angenehm schmecken.

# VOM DINO ZUR AMEISE – GROSSE UND KLEINE TIERE

Eigentlich sehen Tiere ja genauso aus wie der Mensch mit Augen, Ohren und Füßen. Aber dann gibt es auch den Regenwurm ohne Beine, den Schmetterling mit seinen bunten Flügeln oder die Mäuse mit ihren langen Schwänzen. Ameisen schleppen Gegenstände, zehnmal größer als sie selbst. Kein Mensch könnte das. Es wäre so, als würde jemand sein Auto auf dem Kopf herumtragen. Ist die Ameise also das stärkste Tier der Welt? Oder der Elefant? Oder, wenn es sie noch gäbe, die Dinosaurier? Wenn Sie auf solche Fragen Antworten brauchen, finden Sie sie ganz gewiss auf den folgenden Seiten.

# Warum hat der Regenwurm keine Füße?

Große und kleine Tiere werden von Kindern mit großem Interesse beobachtet. Sie bestaunen die Vielfalt der Arten und wollen alles über die Besonderheiten und über den Lebensraum von Haus- und Wildtieren erfahren.

## Wie kriegen die Tiere ihre Jungen?

Auch ein Tierjunges hat immer eine Mutter und einen Vater. Denn genauso wie bei den Menschen muss von der Mutter eine winzig kleine Eizelle mit dem Samen vom Tiervater zusammenkommen, damit daraus das Junge wachsen kann. Das nennt man *Paarung*.

*Neben der Tatsache, dass Säugetiere ihre Jungen säugen, haben sie auch alle sieben Halswirbel – sowohl die Giraffe als auch die Maus. Natürlich in verschiedenen Größen.*

Bei den **Säugetieren** wachsen die Jungen wie bei den Menschen im Bauch von der Mutter und kommen dann nach einer bestimmten Zeit heraus. Je kleiner die Tiere sind, desto kürzer ist die *Tragezeit*. Manchmal dauert es nur zwei Wochen, es können aber auch eineinhalb Jahre vergehen, bis das Tierjunge geboren wird, wie zum Beispiel bei den Elefanten. Säugetiere erkennt man daran, dass die Muttertiere ihre Jungen mit ihrer Milch solange säugen, bis sie auch andere Nahrung aufnehmen können, die sie sich selbst suchen oder die ihnen die Eltern bringen.

**Vögel** sind keine Säugetiere. Weibliche Vögel legen nach der Paarung Eier in ein Nest. Dann setzten sich die Vogeleltern auf das Ei und halten es dadurch warm. Sie brüten das Ei aus. Nach ein paar Tagen oder Wochen klopfen die Jungen von innen gegen die Eierschale, hacken sie kaputt und schlüpfen aus dem Ei heraus. Vogelmütter haben keine Muttermilch. Sie ernähren ihre Jungen, indem sie ihnen Futter holen, zum Beispiel Körner, Würmer oder Obststückchen. Sie kauen das Futter schon ein bisschen klein und schieben es ihren Jungen dann in die kleinen Schnäbel.

Ähnlich ist es bei den **Fischen**. Ebenso wie Vögel legen auch die weiblichen Fische nach der Paarung Eier. Aber sie bauen keine richtigen Nester, sondern verstecken ihre Eier an einer sicheren Stelle, zum Beispiel wo das Wasser besonders ruhig ist. Dort werden sie dann von manchen Fischeltern bewacht, bis sich die Jungen entwickelt haben. Bei manchen Fischen, zum Beispiel beim Seepferdchen, nehmen die männlichen Fische die befruchteten Eier solange in ihr Maul, bis die Jungen ausschlüpfen. Solche Fische nennt man **Maulbrüter**.

## … und warum bekommt eine Tiermutter so viele Jungen?

Je kleiner ein Tier ist, desto größer sind die Gefahren für die Jungen dieser Tierart. Ganz kleine Vögel zum Beispiel können leicht von größeren Raubvögeln oder von einer Katze aus dem Nest gestohlen und gefressen werden. Wenn die Vogeleltern dann nur ein einziges Junges hätten, wäre die Vogelart bedroht, denn dann gäbe es nicht genügend Junge, die groß und auch wieder Vogeleltern werden könnten. Am Ende müsste diese Tierart vielleicht sogar aussterben. Deshalb hat es die Natur so eingerichtet, dass bei vielen kleineren Tiermüttern nicht nur ein Ei, sondern viele Eier befruchtet werden. Zum Beispiel bekommen Katzen- und Hundemütter immer gleich fünf bis sechs Junge. Wenn davon mal einige krank werden und sterben , sind immer noch genug andere da, die weiterleben und auch wieder Junge bekommen können. Bei anderen sehr großen Säugetieren ist das nicht notwendig. Denn deren Junge sind bei der Geburt auch schon ziemlich groß und werden deshalb von anderen Tieren seltener angegriffen. Außerdem, je größer und stärker ein Tier ist, desto besser kann es seine Jungen auch vor anderen Tieren schützen. Deshalb bekommen auch Elefanten, Kühe, Pferde oder Giraffen fast immer nur ein Junges.

*Ungeheuer viel Nachwuchs könnte die Stubenfliege erzeugen. Sie legt nämlich fünf mal im Leben je 100 Eier, aus denen Junge schlüpfen, die schon eine Woche später wieder je 100 Eier legen können. Aber die Fliege hat zu viele Feinde und zuwenig Futter, um sich wirklich so schnell zu vermehren.*

### … und warum darf man Tierbabys manchmal nicht streicheln?

*Wenn eine Tiermutter stirbt, kann man die Babys je nach Tierart mit der Flasche aufziehen. Bei einer Katze geht das recht gut. Man muss den Kätzchen aber nach jeder Mahlzeit den Bauch massieren, sonst klappt die Verdauung nicht.*

Wenn Tiere geboren werden, sind fast alle völlig hilflos und auf ihre Eltern angewiesen. Tiermütter erkennen ihre eigenen Jungen meistens am Geruch. Dann wissen sie, welche Jungen sie füttern und beschützen müssen. Wenn die kleinen Tierjungen aber jetzt angefasst werden, ändert sich ihr Geruch, und die Tiermutter erkennt ihr Junges eventuell dann nicht mehr. Deshalb darf man zum Beispiel kleine Kätzchen erst dann anfassen, wenn sie die Augen geöffnet haben. Und auch kleine Hunde sollten erst zwei Wochen nach der Geburt von Menschen berührt werden. Auf gar keinen Fall darf man die Jungen anfassen, wenn sie gerade trinken. Denn dann meinen viele Tiermütter, sie müssten ihr Junges schützen und beißen auch Menschen, die sie schon lange kennen. Außerdem brauchen Tiermütter viel Ruhe. Wenn man sie ständig stört oder mit ihren Jungen spielt, sind sie manchmal so aufgeregt, dass sie nicht mehr genug Milch haben. Und dann kann es passieren, dass die Jungen verhungern müssen.

### … und wie lernen Tierjunge, was sie fürs Leben brauchen?

Alles, was Tierjunge für ihr eigenes Leben wissen müssen, können sie sich von ihren Eltern abgucken. Sie lernen, was sie fressen können und was nicht und wo Gefahr droht. Außerdem haben Tiere einen *Instinkt*, das heißt, sie wissen viele Dinge schon von Geburt an. Sie können zum Beispiel später, ohne es gelernt zu haben, Nester bauen oder ihre Jungen füttern. Bei den Menschen ist das ein wenig anders. Bei uns ist der Instinkt weniger stark ausgeprägt, aber dafür haben wir den *Verstand*, den man trainieren kann, beispielsweise mit dem Wissen, das man in der Schule lernt.

### … und wie können sich Tiere untereinander verständigen?

Tiere unterhalten sich in ihrer »Sprache«, die wir Menschen leider nicht verstehen. Und außerdem hat auch noch jede Tierart ihre eigene Sprache, so dass sich nur Katzen mit anderen Katzen, Hunde mit anderen Hunden, Vögel mit Vögeln oder Wale mit Walen unterhalten können. Ein Hund kann also die Sprache der Vögel nicht verstehen. Wohl am wichtigsten ist, dass sich Tiere einer Art untereinander durch Rufe mitteilen können, wenn zum Beispiel Gefahr durch andere Tiere droht. Hinzu kommt, dass Tiere auch durch ihr Verhalten »sprechen«. Sie erklären durch ihre *Körpersprache* oder auch durch den Tonfall ihrer Laute, was sie wollen und was nicht. Und das können auch wir Menschen verstehen, wenn wir gut aufpassen. Wenn uns ein Hund anjault, könnte er sich zum Beispiel verletzt haben und Schmerzen leiden, oder er ist traurig und einsam. Oder wenn die Katze faucht, mit dem Schwanz wedelt und sich die Haare aufstellen, hat sie Angst und will sich verteidigen, oder sie ist aufgeregt oder möchte nicht gestört werden. Schnurrt sie jedoch und reibt ihren Körper an einem Menschen, will sie spielen oder gestreichelt werden. Wenn Tiere und Menschen zusammenleben, lernen sie sich gegenseitig sehr gut kennen. Der Mensch erkennt an der »Sprache« der Tiere, was sie wollen, und die Tiere erkennen den Menschen und seine Stimmung am Tonfall und an der Stimme. Haustiere merken also ganz genau, ob wir mit ihnen schimpfen oder ob wir sie nur rufen oder ganz lieb mit ihnen sprechen und sie streicheln wollen.

*Zwischen Hund und Katze kann es zu Missverständnissen kommen. Wedelt eine Katze mit dem Schwanz, ist sie in Verteidigungsstellung. Wedelt ein Hund mit dem Schwanz, ist er freundlich gestimmt. So hat sich so mancher Hund schon Hiebe von einer Katze eingefangen.*

## … und warum können Katzen auch bei Dunkelheit sehen?

Katzen haben viel empfindlichere Augen als Menschen. Deshalb schließen sich ihre Pupillen bei hellem Sonnenlicht zu ganz schmalen Schlitzen, damit nur wenig Licht durch die Pupille kommt. Zuviel Licht würde der Katze Augenschmerzen bereiten. Bei Nacht öffnen sich die Katzenaugen ganz weit und nehmen auf diese Weise viel von dem schwachen Licht der Nacht auf. Die Katze kann immer noch gut sehen. Außerdem haben Katzen und andere

Nachttiere hinten im Auge eine reflektierende Schicht, die das Licht wie ein Spiegel zurückwirft. Auch das hilft der Katze, im Dunkeln besser zu sehen als die Menschen. Diese reflektierende Schicht ist zu sehen, wenn man in der Dunkelheit in zwei Katzenaugen schaut. Es sieht aus, als ob sie leuchten.

### ... und warum hat ein Regenwurm keine Füße?

*Hobbygärtner freuen sich über Regenwürmer im Boden. Denn indem sie Erde fressen und wieder ausscheiden, lockern sie das Erdreich und führen ihm Luft zu. Gut für die Pflanzen.*

Menschen und viele Tiere haben ein Skelett aus Knochen und eine Wirbelsäule, die den Körper stützt und ihn mit dem Kopf und den Beinen verbindet. Der Regenwurm aber hat keine Knochen und keine Wirbelsäule. Man sagt deshalb, er gehört zu den *Wirbellosen*. Außerdem hat der Regenwurm keinen erkennbaren Kopf. Eigentlich sehen bei ihm auch Anfang und Ende gleich aus. Denn seine klitzekleine Mundöffnung, mit der er beim Durchwühlen der Erde winzige Pflanzenreste aufnimmt, kan man mit bloßem Auge nicht erkennen. Weil der Regenwurm kein Skelett hat, kann er auch keine Füße haben. Denn die müssten ja irgendwo im Körper an Knochen festgemacht sein, weil er sonst nicht damit laufen könnte.

### ... und wie kann sich der Regenwurm dann fortbewegen?

Der Regenwurm braucht keine Füße, um sich fortzubewegen. Denn er hat einen Körper, der aus vielen kreisrunden Muskeln besteht. Es sind ganz besonders feste Hautstreifen, die sich wie Gummibänder dehnen und zusammenziehen können. Und genau das macht der Regenwurm mit seinen Muskeln. Er streckt sie und zieht sie wieder zusammen und kann sich dadurch vorwärts bewegen. Wer einen Regenwurm beobachtet, sieht, dass sein Körper an einer Stelle mal ganz lang und dünn und dann wieder kurz und dick ist. So schiebt er sich vorwärts und durchwühlt pausenlos die Erde, immer auf der Suche nach essbaren Pflanzenresten. Für den Garten und die Pflanzen ist es übrigens sehr gut, wenn sich Regenwürmer durch den Boden wühlen. Denn dadurch wird der Boden locker, und an die Wurzeln der Pflanzen können Luft, Wasser und Nährstoffe kommen.

Übrigens haben auch Schlangen keine Füße. Sie bewegen sich ebenfalls dadurch, dass sie ihre Muskeln zusammenziehen und wieder ausdehnen.

### … und warum hat der Regenwurm keine Augen?

Der Regenwurm gräbt sich durch die Erde. Sobald er nun einen fremden Gegenstand fühlt, zum Beispiel einen Stein, zieht er sich zusammen und kriecht in eine andere Richtung weiter. Und weil er nur in der dunklen Erde wohnt, braucht er keine Augen. Deshalb hat ihm die Natur erst gar keine Augen gegeben. Das Augenlicht wird beim Regenwurm durch seinen Tastsinn ersetzt.

*Eine Blindschleiche, das ist eine Eidechsenart ohne Füße, sieht ausgezeichnet, obwohl der Name ganz und gar nicht danach ist.*

### … und warum kriechen die Regenwürmer bei Regen aus der Erde?

Der Regenwurm lebt ausschließlich in der feuchten Erde. An einem anderen Platz würde er vertrocknen und müsste sterben. Die Erde darf aber auch nicht zu feucht oder gar nass sein – dann würde er ertrinken. Wenn es nun regnet, wird es ihm zu feucht, und er flüchtet aus der Erde. Leider ertrinkt er dann häufig im Wasser an der Erdoberfläche. Das ist der Grund, weshalb man nach heftigen Regenschauern manchmal tote Regenwürmer auf Gehwegen oder in Pfützen findet. Aber in feuchter Erde fühlt er sich richtig wohl.

### … und warum haben Zebras Streifen?

Zebras sind braun- oder schwarzweiß gestreifte Wildpferde, deren Heimat die Savanne Afrikas ist. *Savanne* nennt man eine riesengroße Wiese mit stellenweise ganz hohem Gras, auf der auch Sträucher und vereinzelte Bäume wachsen. In der Savanne müssen sich die Zebras vor ihren natürlichen Feinden, zum Beispiel Löwen oder Hyänen, schützen. Wenn sich nun ein Zebra im hohen Gras versteckt, ist es für das Raubtier fast unsichtbar. Denn die Streifen auf dem Fell sehen so ähnlich aus wie hohes Gras, auf das die Sonne scheint. Noch verwirrender aber ist für Raubtiere das Bild, wenn viele einzelne Zebras in einer Herde zusammenstehen. Durch die Streifen kann ein Raubtier die Umrisse eines einzelnen Zebras nicht erkennen, und damit hat es kein Beutetier vor Augen. Wahrscheinlich hat es früher auch Zebras ohne Streifen gegeben. Aber sie waren für Raubtiere leicht zu erkennen und sind deshalb wohl gefressen worden. Irgendwann sind dann nur noch die Tiere mit Streifen übriggeblieben. Und deren Junge haben auch wieder Streifen wie ihre Eltern bekommen. Die Zebras haben sich also im Laufe einer langen Zeit perfekt an die Umwelt angepasst, in der sie leben. Das nennt man *Evolution*.

*Die afrikanischen Elefanten haben noch größere Ohren als die indischen, denn sie leben in baumlosen Steppen, wo es furchtbar heiß ist. In Indien ist es zwar auch heiß, aber die Elefanten dort halten sich mehr unter Bäumen im Wald auf.*

## ... und warum haben Elefanten so große Ohren?

Die eigentliche Heimat der Elefanten ist Afrika und Indien. Dort kann es sehr heiß werden. Der Elefant kann aber nicht schwitzen, wenn es ihm zu warm wird, so wie der Mensch. Er geht deshalb baden, um sich abzukühlen. Oder er spritzt sich mit seinem Rüssel Wasser auf den Rücken und den Kopf. Durch seinen Rüssel kann er atmen, das ist also eine ganz lange Nase. Er kann aber damit auch Wasser wie durch einen Schlauch aufsaugen. Wenn der Elefant keine Möglichkeit zum Baden hat, dann kann er sich über seine riesengroßen Ohren abkühlen. Denn in den Ohren laufen viele Adern, durch die sein erhitztes Blut fließt. Wenn er dann mit den Ohren hin und her fächelt, kühlt sich das Blut darin durch den Luftzug ab, und der Elefant fühlt sich erfrischt – auch ohne Wasser.

## … und warum frieren Enten nicht, wenn sie im Winter auf dem Wasser schwimmen?

Alle Wasservögel, auch Enten, haben unter ihren langen äußeren Federn viele weitere, kleine und weiche Federn. Diese Federn sind eingefettet. Deshalb können sie nicht nass werden, das Wasser perlt an ihnen ab. Und weil das Federkleid so dicht ist und überall zwischen den gefetteten Federn Luft ist, kommt das kalte Wasser gar nicht bis an die Haut der Vögel heran. Deshalb spüren zum Beispiel Enten die Temperatur des Wasser gar nicht, wenn sie darauf schwimmen. Eine Ente hat übrigens etwa 12 000 Federn, ein Schwan sogar 25 000.

*Die Schnäbel der Vögel sind unterschiedlich, je nachdem, was sie fressen. Enten z. B. haben einen breiten Schnabel, weil sie das Futter aus dem Wasser sieben. Amseln sind wenig spezialisiert. Sie haben einen Allzweckschnabel.*

### ★ Versuch

Nimm einen Zwieback und tropfe wenig Milch darauf. Die Milch wird sofort aufgesaugt. Wenn du aber Butter auf den Zwieback streichst und die Milch dann darauf tropfst, bleibt sie auf dem Fett liegen. Die Milch kann nicht in den Zwieback eindringen.
Genauso schützt das Fett die Federn vor Wasser. Wenn die Federn einer Ente nicht gefettet wären, würden sie sich voll Wasser saugen. Sie könnten die Ente nicht mehr vor der Kälte des Wassers schützen und würden außerdem ganz schwer werden und die Ente nach unter ziehen.

## … und warum haben die Schnecken ein Haus auf dem Rücken?

Die Schnecken, die ihr Haus auf dem Rücken tragen, nennen wir **Gehäuseschnecken**. Sie leben an feuchten Plätzen, zwischen Pflanzen, auf der Erde oder fast ganz im Wasser. Wenn die Schnecke nun aber mal auf einem Platz sitzt, der zu stark austrocknet, zieht sie sich in ihr Haus zurück. Sie verschließt den Hauseingang mit Schleim, der dann trocknet und wie eine zähe Haut ist. Wird der Platz wieder feuchter, weicht diese Haut auf und die Schnecke kommt heraus. Das Haus schützt sie also, wenn es in ihrer

63

Umgebung gerade mal nicht so angenehm ist, wie es die Schnecke gern hätte. Außerdem bietet ihr das Haus Schutz vor Feinden, zum Beispiel vor Igeln oder Vögeln. Zieht sich die Schnecke in ihr Haus zurück, ist sie sicher und kann nicht von anderen Tieren gefressen werden.

Nicht alle Schnecken tragen jedoch ein Haus auf dem Rücken. Die Schnecken ohne Gehäuse heißen **Nacktschnecken**. Sie sind oft dunkelbraun oder pechschwarz, und man kann sie manchmal in Gärten sehen. Sie haben eine dicke Haut, die sie vor dem Austrocknen schützt. Und diese Haut sondert außerdem eine Flüssigkeit ab, die andere Tiere nicht mögen. So schützen sich die Nacktschnecken auch ohne Haus davor, von anderen Tieren gefressen zu werden.

### … und warum hat ein Tausendfüßler tausend Füße?

*Tausendfüßler gibt es in unterschiedlichen Größen von ein paar Millimetern bis zu 30 Zentimeter. Auch der Hundertfüßler gehört zu dieser Familie. Er hat Greifzangen und ist oft giftig, sogar für Menschen.*

Wie alle anderen Tiere auch, hat er seine Füße natürlich, um sich damit fortzubewegen. Aber eigentlich ist der Name dieser kleinen Gliedertiere falsch. Denn sie haben gar nicht tausend, sondern nur bis zu 680 Beinchen.

### … und warum hat ein Igel Stacheln?

Viele Tiere haben scharfe Krallen oder spitze Zähne, mit denen sie sich wehren können, um nicht von anderen Tieren gefressen zu werden. Oder sie haben, wie manche Schnecken, ein Haus auf dem Rücken, in dem sie sich schnell verstecken können. Oder sie können ganz schnell weglaufen. Dem Igel helfen seine Stacheln dabei, sich vor anderen Tieren zu schützen. Wenn zum Beispiel ein Hund oder eine Katze einem Igel zu nahe kommen, kann er sich zu einer Kugel zusammenrollen, die nach allen Seiten Stacheln hat. Sie sind so spitz, dass sich die Tiere nicht mehr an den Igel herantrauen und ihm so auch nichts tun können. Auf dem Bauch haben Igel übrigens keine Stacheln, sondern ein ganz weiches Fell.

## … und was fressen Tiere?

Einige Tiere fressen nur Fleisch. Diese Tiere nennt man deshalb *Fleischfresser*. Dazu gehören zum Beispiel Raubtiere wie Löwen oder Wölfe oder auch Hautiere wie Katzen und Hunde, die früher auch einmal Raubtiere waren. Es gibt auch Vögel, die nur Fleisch fressen, zum Beispiel Adler, Falken, Bussarde oder Geier. Dann gibt es Tiere, die nur Pflanzen fressen? Sie heißen folglich *Pflanzenfresser*. Dazu gehören zum Beispiel Rehe, Kaninchen, Hamster und die meisten Vögel. Aber auch Würmer oder Käfer fressen Pflanzen oder die Reste von Pflanzen, die sie auf oder in der Erde finden. Und dann gibt es noch die *Allesfresser*. Dazu gehören zum Beispiel Schweine. Auch der Mensch ist ein Allesfresser.

## … und warum fallen Vögel beim Schlafen nicht vom Baum?

Weil sie in ihren Füßen eine Automatik haben, die so ähnlich funktioniert wie eine Wäscheklammer. Wenn sich Vögel auf einen Ast setzen, spannt sich durch ihr Körpergewicht eine Sehne, die die Zehen wie mit einem Gummiband fest zusammenzieht. Um die Zehen wieder vom Ast zu lösen, muss der Vogel zunächst ein paar Flügelschläge tun, damit sein Körpergewicht nicht mehr auf die Sehne drückt. Nur dann lösen sich die Zehen wieder.

## … und wie können Kamele in der Wüste leben?

Der Körper eines Kamels kann viel mehr Wasser speichern als der von anderen Lebewesen. Man kann sich das Kamel fast wie einen Schwamm vorstellen, der sich mit Wasser vollsaugt: Innerhalb von nur zehn Minuten kann es zehn volle Eimer mit Wasser saufen – das sind 100 Liter. Und hat ein Kamel so viel Wasser getrunken wie es kann, muss erst wieder etwas trinken, wenn es fast ein Drittel seines Gewichts in Form von Wasser verloren hat. Damit kann es dreimal so lange ohne Wasser auskommen wie ein Mensch. Denn wir werden schon schwach, wenn wir mehr als zehn Prozent unseres Körpergewichts an

*Kamele gibt es außer in Europa und Nordamerika überall auf der Welt. Die meisten leben in China, nämlich eine halbe Million, aber in Ägypten, dem klassischen Kamelland, nur noch etwa 200 000.*

Wasser verlieren. Außerdem verbraucht das Kamel viel weniger Wasser als andere Tiere und als Menschen. Das liegt daran, dass es eine ganz besondere Nase hat. Normalerweise ist in der Luft, die Tiere oder auch Menschen ausatmen, immer auch viel Feuchtigkeit enthalten. Man braucht bloß mal eine Fensterscheibe anhauchen. Die Nase des Kamels aber hält etwa zwei Drittel dieser Feuchtigkeit zurück. Dadurch ist der Flüssigkeitsverbrauch eines Kamels viel geringer als bei den meisten anderen Tieren und bei den Menschen.

### … und welches ist das kleinste Tier?

Das kleinste Tier ist wohl die Staubmilbe. Sie ist so klein, dass man sie mit bloßem Auge überhaupt nicht sehen kann. Staubmilben leben in jeder Wohnung überall da, wo es Staub gibt. Daher haben sie auch ihren Namen. Ihre Nahrung besteht zum Beispiel aus abgestorbenen Zellen, die sich von der Menschenhaut lösen. Aber diese Zellen sind noch viel kleiner als die Milben selbst, und deshalb bemerkt der Mensch von alledem nichts. Staubmilben sind nur unter einem Mikroskop bei starker Vergrößerung zu erkennen. Allerdings gibt es viele Menschen, die gegen Staubmilben allergisch sind. Sie bekommen dann zum Beispiel rote Flecken am Körper oder müssen ständig niesen.

*Das größte Wildtier in Deutschland ist der Rothirsch. Er wird zweieinhalb Meter lang und bis zu 250 Kilogramm schwer. Der größte Allesfresser ist das Wildschwein mit 300 Kilogramm und zwei Metern Länge.*

### … und was ist das größte Tier?

Die größten Tiere, die jemals auf der Welt gelebt haben, waren die Dinosaurier. Aber sie sind schon vor vielen Millionen Jahren ausgestorben. Heute ist der Blauwal das größte und schwerste Lebewesen auf der Erde. Blauwale sind keine Fische, sondern im Ozean lebende Säugetiere. Deshalb tauchen sie immer wieder zum Luftholen auf und atmen dann durch ein Loch auf der Oberseite ihres Kopfes. Blauwale werden bis zu 32 Meter lang und wiegen bis zu 130 000 Kilogramm. Ein Blauwal ist also ungefähr so schwer wie 150 Mittelklasseautos oder wie ein Düsenjet vom Typ Airbus A 300, in dem rund 300 Passagiere mitfliegen können.

### … und was sind die stärksten Tiere?

Viele sagen, die Ameise wäre das stärkste Tier, weil sie ein Vielfaches ihres eigenen Körpergewichtes tragen kann. Aber eigentlich ist der Floh noch viel stärker. Denn er kann 150- bis 200-mal so weit springen, wie er selbst groß ist. Und beim Start zu einem Sprung beschleunigt er schneller als jeder Rennwagen. Hätte ein Mensch in seinen Sprunggelenken soviel Kraft wie ein Floh, müssten wir etwa 250 Meter hoch springen können. Bis zur Spitze eines Fernsehturms.

### … und warum gibt es keine Dinosaurier mehr?

Die Dinosaurier haben lange vor dem Menschen auf der Erde gelebt. Das ist jetzt etwa 75 Millionen Jahre her. Damals sah die Welt ganz anders aus als heute. Es gab auf der Erde viel mehr Wasser und weniger Land. Und irgendwann, so vermuten die Wissenschaftler, ist ein Teil eines anderen Planeten aus dem Weltall auf die Erde gestürzt. Dadurch hat sich das Klima total verändert. Man weiß nicht genau, ob es damals sehr lange ganz heiß oder ganz kalt wurde. Die Wissenschaftler nehmen jedenfalls an, dass die Dinosaurier sterben mussten, weil auf der Erde nicht mehr die richtige Temperatur für sie herrschte. Wahrscheinlich starben auch die Pflanzen, von denen sich Dinosaurier ernährt hatten, aus. Und darum mussten auch die Dinosaurier sterben, die Fleischfresser waren. Denn sie fanden keine Tiere mehr, von denen sie sich ernähren konnten. Vielleicht werden die Menschen die letzten Geheimnisse über Dinosaurier niemals erfahren. Denn damals gab es noch keine Menschen, die etwas aufschreiben konnten.

*Dinosaurier gehören zur Art der Reptilien, wie Krokodile, Schildkröten oder Eidechsen. Der deutsche Name für die Reptilien ist »Kriechtier«, weil sie sich an Land kriechend vorwärtsbewegen.*

### … und wie können Tiere aussterben?

Dafür gibt es viele Ursachen. In der Vergangenheit sind Tiere meistens deshalb ausgestorben, weil sich das Wetter verändert hat, ganze Kontinente mit Eis bedeckt waren, die Tiere erfroren oder nichts mehr zu fressen fanden. Heute aber sind auch Tiere vom Aussterben bedroht. Wenn die Menschen zum Bei-

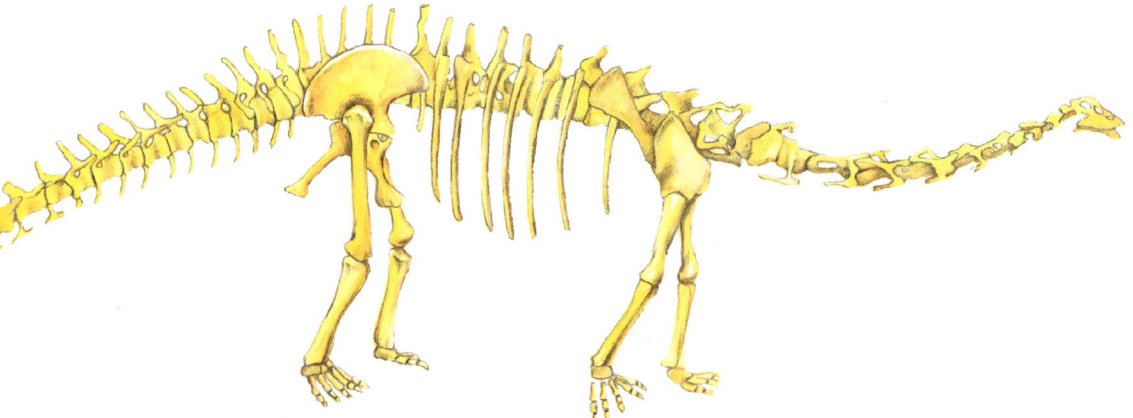

spiel giftige Chemikalien auf die Felder spritzen, damit Insekten die Ernte nicht fressen, können diese Insekten aussterben. Und wenn es keine Insekten mehr gibt, müssen auch die Vögel sterben, die von diesen Insekten leben. Auch wenn Bäume gefällt werden, von deren Blätter oder Blüten sich bestimmte Tiere ernähren, sind diese Tiere vom Aussterben bedroht. Man sagt, dass der Mensch den Tieren ihren Lebensraum wegnimmt.

### … und warum wedeln Hunde mit dem Schwanz?

*Auch wenn Hunde Haustiere sind, so sollte man nie vergessen, dass ihre Vorfahren vor Tausenden vor Jahren wilde Raubtiere waren. Der Mensch zähmte sie und gewann ihr Vertrauen.*

Das machen Hunde immer dann, wenn sie sich freuen oder mit jemandem spielen wollen, also wenn sie gut gelaunt sind. Damit der andere Hund sie erkennt, wedeln sie ihm mit ihrem Schwanz ihren eigenen, ganz speziellen Geruch zu. Denn Hunde können viel besser riechen als wir. Und wenn sie jemandem ihren Geruch »herüberwedeln«, dann heißt das soviel wie »komm, hab' keine Angst, ich zeig dir schon mal, wie ich rieche«. Aber trotzdem muss man auch bei einem fremden Hund, der mit dem Schwanz wedelt, immer vorsichtig sein. Denn er könnte plötzlich erschrecken und dann aus Angst zubeißen. Am besten fragt man immer den Menschen, dem der Hund gehört, ob man das Tier streicheln kann.

## … und warum muss man sich die Anschaffung eines Haustieres gut überlegen?

Es gibt viele Haustiere, die gut bei Menschen leben können, wie zum Beispiel Hunde, Katzen, Meerschweinchen, Hamster, Vögel oder auch Fische im Aquarium. Man sollte jedoch einiges bedenken, bevor man sich für das neue Familienmitglied entscheidet:

## Kosten

Das Tier muss gekauft werden. Das Futter muss gekauft werden. Die Untersuchungen und Impfungen beim Tierarzt kosten etwas.

## Artgerechte Haltung

Damit ist gemeint, dass alle Tiere Pflege und Aufmerksamkeit brauchen. Die größeren brauchen außerdem Auslauf, also viel Platz. Sonst werden sie unzufrieden und krank. Meerschweinchen fühlen sich beispielsweise auch sehr allein, wenn sie keinen Spielkameraden haben. Aber dann sind gleich wieder zwei Tiere zu versorgen.

## Reisen

Besonders schwierig ist es, wenn die Familie in die Ferien fahren will. Tiere können nicht überall hin mitgenommen werden. Da braucht man jemanden, der sich regelmäßig um das Tier kümmert, und zwar nicht nur in Form von Füttern, sondern auch durch liebevolle Zuwendung.

## Allergie

Manchmal aber kann sich eine Familie auch dann kein Tier anschaffen, wenn sie viel Platz hat und sich immer jemand darum kümmern kann. Denn es gibt viele Menschen, die durch Tierhaare krank werden. Man sagt dann, dass diese Menschen eine Allergie haben. Sie müssen zum Beispiel ständig niesen, husten oder sie bekommen rote Flecken auf der Haut, die furchtbar jucken. Dann sollte kein Tier im Haus wohnen.

*Wer sich ein Tier anschafft, hat beispielsweise bei einer Katze mindestens zehn Jahre lang einerseits die Verantwortung andererseits einen samtpfötigen, treuen Begleiter. Wenn jemand jedoch selten zu Hause ist, fühlt sich das Tier bald alleine und vernachlässigt.*

# AUF DEN SPUREN VON RAUMSCHIFF ENTERPRISE

Der unendliche Weltraum ist voller Geheimnisse und offener Fragen. Und mittendrin befindet sich der Planet, auf dem wir leben, unsere Erde. Oder ist doch die Sonne das Zentrum? Schließlich kreist die Erde um sie herum und dreht sich dabei auch noch um sich selbst. Warum fallen die Menschen nicht von diesem kreisenden Ball herunter? Wie entsteht der Wind? Was passiert bei einem Erdbeben? Auf solche Fragen zu antworten, erfordert nicht nur Sachwissen, sondern auch eine Menge Phantasie. Lassen Sie sich anregen, zusammen mit Ihren Kindern eine Gedankenreise auf den Mond zu machen, ein paar »Außerirdischen« zu begegnen und die Erde zu erforschen.

# Warum fallen die Sterne nicht vom Himmel?

Was für Erwachsene selbstverständlich ist, wollen Kinder lernen und begreifen. Deshalb stellen sie immer wieder Fragen nach ganz alltäglichen Erscheinungen in unserer Umwelt, die für sie voller Geheimnisse sind.

## Wo kommen eigentlich die Wolken her?

*Es gibt doch nichts Schöneres, als an einem Sommertag im Gras zu liegen und die Wolken zu beobachten. Wie aus einem Erdteil eine Nase wird, aus einem riesigen Hund ein Vogel mit langem Hals und was einem sonst noch zu den weißen Gebilden am Himmel so einfällt.*

Die Erde ist ein Planet. Aus dem Weltraum, beispielsweise aus einem Raumschiff betrachtet, meint man, es ist eine riesige runde Kugel. Der größte Teil der Erdoberfläche ist von Meeren bedeckt. Das Land sieht aus, als wären es riesige Inseln in den Meeren. Wenn nun die Sonne auf die großen Wasserflächen der Meere scheint, wird das Wasser warm und ein Teil verdunstet dabei. Das Wasser steigt dann als unsichtbare, winzig kleine Tröpfchen in die Luft auf. Man kann diesen Vorgang beobachten, wenn in der Küche Wasser heiß gemacht wird. Da dampft es auch aus dem Topf. Und so ähnlich ist es, wenn die Sonne auf das Wasser scheint und es erwärmt. Nun ist aber die Luft nie ganz sauber. Überall auf der Welt schweben auch kleine Staub- und Salzkörnchen herum. Die Wassertröpfchen verbinden sich mit diesen kleinen Körnchen, die durch die Luft fliegen, sie halten sich sozusagen daran fest. Und wenn nun diese kleinen Tröpfchen aus Wasser und Salz oder Staub immer höher in die Luft steigen, wird es um sie herum immer kälter. Je kälter es wird, desto besser werden die Wassertröpfchen wieder sichtbar. Der Wasserdampf *kondensiert* in kalter Luft. Das, was am Himmel als weiße Wolke sichtbar ist, sind also Millionen sehr kleiner Wassertröpfen.

## … und wie fällt Regen und Schnee vom Himmel?

Wenn eine Wolke aus Wassertröpfchen durch sehr kalte Luft fliegt, ballen sich die vorher winzig kleinen Tröpfchen zu immer größeren Tropfen zusammen, bis sie so schwer sind, dass sie nicht mehr fliegen können. Dann fallen sie als Regentropfen vom Himmel. Dabei wird ein Regentropfen fast so schnell, wie ein Fahrrad: Er saust mit einem Tempo von fast 30 Stundenkilometern durch die Luft. Ist die Luft dort droben sehr kalt, zum Beispiel im Winter, gefrieren die Wassertröpfchen, bevor sie die Erde erreichen. Dann sind es Schneeflocken oder Hagelstücke. Wie das mit dem Regen funktioniert, kann man übrigens manchmal im Badezimmer sehen. Wenn jemand duscht, steigt ganz viel Wasserdampf in die Luft. Und nach einer Weile laufen an den Wänden oder am Spiegel Wassertröpfchen herunter. Der warme Wasserdampf hat sich an den Wänden oder am Spiegelglas abgekühlt und wird wieder zu sichtbaren Wassertropfen.

## … und wo kommt der Wind her?

Um den Wind zu erklären, muss man zunächst einmal wissen, dass warme Luft immer nach oben steigt. Sie ist leichter als kalte Luft. Das nutzt man zum Beispiel bei Heißluftballonen aus, die bestimmt jeder schon mal am Himmel gesehen hat (übrigens: Ballone *fahren* und Flugzeuge *fliegen*). Die Luft im Ballon wird mit einem Gasbrenner heiß gemacht. Dadurch wird sie leichter und steigt nach oben, und zwar mit soviel Kraft, dass sie sogar einen Ballonkorb mit mehreren Menschen tragen kann. Wieviel Kraft aufsteigende warme Luft hat, kann man auch bei einer Weihnachtspyramide beobachten. Wenn die Kerzen unter dem großen Flügelrad angezündet werden, steigt die warme Luft daran vorbei nach oben und beginnt es

*Windstärken kann man von null, also Windstille, bis zwölf, das ist ein Orkan, einteilen. Bei Windstärke zehn werden Bäume entwurzelt, und bei zwölf gibt es schwerste Schäden.*

73

*Die nach oben steigende warme Luft, der Aufwind, wird von den Segelfliegern zum Höhengewinn genutzt. Diese Wärme steigt in großen Luftblasen mit einer Geschwindigkeit von ca. vier Metern pro Sekunde. Das ist ganz schön schnell.*

sich zu drehen. Und so entsteht auch der Wind auf der Welt: Dort, wo die Sonne auf die Erde scheint, wird der Boden heiß, und warme Luft steigt auf. An einem anderen Ort, wo die Sonne gerade nicht scheint, bleibt die Luft kalt. Und diese Luft fängt jetzt an, dahin zu strömen, wo die warme Luft nach oben aufgestiegen ist. Denn sonst wäre an der Stelle ja ein Luftloch, weil die warme Luft nach oben verschwunden ist. Und diese Luftbewegungen spüren wir als Wind. Der Wetterbericht zeigt häufig, dass nicht überall dasselbe Wetter ist. Während hier die Sonne scheint, kann es in einer anderen Stadt regnen. Und je größer die Wetterunterschiede zwischen zwei Städten sind, desto stärker ist auch der Wind dazwischen. Im Wetterbericht wird übrigens von einem Hoch gesprochen, wenn das Wetter schön ist und von einem Tief, wenn es schlecht ist. Und zwischen so einem Hoch und einem Tief gibt es immer Wind, manchmal sogar einen Sturm oder Orkan. Das sind dann Winde, die so schnell sind wie ein Auto auf der Landstraße.

### … und warum blitzt und donnert es bei Gewitter?

Wenn sich dicke Wolken sehr schnell nach oben bewegen, können sie sich elektrisch aufladen. Andere Wolken, die ganz langsam in immer derselben Höhe durch die Luft fliegen, machen das nicht. Man kann sich das mit der elektrischen Ladung ungefähr so vorstellen, dass eine Wolke heiß wird, während die anderen kalt bleiben. Wenn sich eine heiße und eine kalte Wolke nun aber begegnen, wollen sie beide genau gleich sein. Man sagt, dass sich die elektrisch aufgeladene Wolke dann entladen will. Und diese Entladung können wir als **Blitz** sehen, der von der einen zur anderen Wolke oder auch auf die Erde zuckt. Die Temperatur eines Blitzes beträgt etwa 30 000 Grad – das ist fünfmal heißer als auf der Sonnenoberfläche. Und im Blitz kann eine Spannung von 100 Millionen Volt entstehen – das ist mehr Spannung, als alle Steckdosen in den Häusern einer Kleinstadt zusammen haben.

Einen Augenblick später hören wir den **Donner**. Das kommt daher, dass sich die Luft hoch in den Wolken durch die Hitze des Blitzes ganz schnell bewegt. Wer sich nicht vorstellen kann, warum die sich schnell bewegende Luft Lärm machen soll, muss einfach mal einen Luftballon aufblasen und mit einer Nadel hineinstechen. Die vorher im Ballon eingesperrte Luft kommt blitzschnell frei – und man hört einen Knall. Genauso entsteht der Knall bei einem Blitz.

## … und warum hören wir den Donner immer einige Zeit nach dem Blitz?

Alle Geräusche bestehen aus *Schallwellen*, die von den Ohren von Menschen und Tieren wie von einem Trichter aufgefangen werden. Diese Schallwellen aber sind etwa 100 000 mal langsamer als die Lichtstrahlen, die der Blitz sendet. Und deshalb dauert es länger, bis sie das Ohr erreichen. Drei Sekunden braucht der Schall, um einen Kilometer weit durch die Luft zu fliegen. Deshalb kann man aus der Zeit, die zwischen dem Erkennen eines Blitzes und dem Hören des Donners vergeht, genau erkennen, wie weit das Gewitter noch weg ist. Jede Sekunde, die zwischen Blitz und Donner vergeht, entspricht einer Entfernung von 330 Metern. Und eine Sekunde ist ungefähr die Zeit, in der man das Wort »einundzwanzig« oder »zweiundzwanzig« aussprechen kann. Wenn man also bei einem Blitz zu zählen beginnt und von 21 bis 26 kommt, ehe der Donner zu hören ist, befindet sich das Gewitter noch sechsmal 330 Meter weit entfernt. Das ist eine Entfernung von zwei Kilometern.

*Wirklich gefähr-lich ist ein Ge-witter im Gebirge. Es ist urplötzlich da und tobt los, und auf einmal sind die Wege rutschig, die Sicht ist schlecht und es hat empfindlich abgekühlt.*

## … und was kommt da, wo der Himmel zu Ende ist?

Das ist eine Frage, mit der sich schon seit ewigen Zeiten Forscher und Wissenschaftler beschäftigen. Und bis heute haben die Weltraumforscher darauf keine Antwort gefunden. Denn die Erde schwebt als kleiner Planet mit vielen anderen Planeten im Weltraum. So einen Haufen von Planeten nennt man eine *Galaxie*. Die Galaxie, in der sich die Erde befindet, nennt man *Milchstraße*. Mittlerweile weiß man aber, dass es im Weltraum Milliarden Galaxien gibt. Der Weltraum oder das Universum sind unendlich groß. Unendlich bedeutet aber, dass etwas nirgendwo anfängt und nirgendwo aufhört. Und genau das ist eigentlich unvorstellbar, weil es so etwas auf der Erde nicht gibt. Egal, wie lang eine Straße ist, hat sie doch irgendwo ein Ende. Vielleicht am Meer oder vor einem Berg. Aber wer genau hinsieht, entdeckt, dass es dahinter trotzdem weitergeht. Und nach dem Meer kommt wieder Land und dann wieder Meer, und so ist es auch im Weltraum. Es geht immer weiter. Deshalb sagen wir, dass das Universum in die Unendlichkeit führt.

## … und warum ist der Himmel blau?

Um diese Antwort zu verstehen, muss erst mal ein bisschen etwas über das Licht und die Atmosphäre erzählt werden.

### Atmosphäre

*Lichtstrahlen bewegen sich, wie der Name schon sagt, mit Lichtgeschwindigkeit vorwärts. Das Sonnenlicht braucht von der Sonne bis zur Erde achteinhalb Minuten.*

Das Sonnenlicht trifft nicht direkt auf die Erdoberfläche. Zuvor muss es nämlich die Luftschichten der Atmosphäre durchqueren. Auf diesem Weg trifft es auf die unsichtbaren Bausteine der Luft, die man *Moleküle* nennt. Aber in der Luft fliegen auch noch andere Moleküle herum, zum Beispiel die von Staub oder Wasser. Die Lichtstrahlen werden von diesen Molekülen in alle möglichen Richtungen umgeleitet. Man sagt, das Licht wird gestreut. Die Sonnenstrahlen gelangen damit an jeden Ort der Erdoberfläche. Deshalb ist der Himmel bei Tag fast überall hell und nicht nur dort, wo gerade die Sonne steht. Gäbe es die Atmosphäre nicht, stünde man selbst zwar im Hellen und könnte die Sonne sehen. Der Rest des Himmels aber wäre wohl schwarz.

### Licht

Das von den Molekülen in der Luft verstreute Sonnenlicht wird als weißes Licht wahrgenommen. Aber tatsächlich ist dieses weiße Licht zusammengemischt aus allen möglichen Farben

Sonnenlicht

Regentropfen

des Lichts. Das klingt komisch, aber manchmal kann man sehen, wie dieses weiße Licht in seine unterschiedlichen bunten Bestandteile zerlegt wird: nämlich bei einem Regenbogen. Da sind es die Wassertröpfchen des auf die Erde fallenden Regens, die das weiße Sonnenlicht in seine einzelnen Farben zerlegen. Außerdem bewegt sich das Licht in Wellen fort. Das ist ebenfalls nicht sichtbar. Am besten stellt man sich das wie Wellen auf dem Wasser vor. Zu dem Abstand zwischen den einzelnen Wellenbergen sagt man *Wellenlänge*. Und jede Farbe hat ihre eigene Wellenlänge. Nur ist beim Licht der Abstand zwischen den Wellenbergen allgemein sehr klein. Dabei hat rotes Licht einen etwas größeren Abstand als blaues Licht, also eine größere Wellenlänge.

## Die Farbe des Himmels

Doch nun wieder zurück zu den Luftmolekülen und der blauen Farbe des Himmels: Wird das weiße Sonnenlicht nur von kleinen Luftmolekülen gestreut und abgelenkt, werden die Wellenlängen des blauen Lichts sozusagen bevorzugt und die Wellenlänge des übrigen Lichts vernachlässigt. Deshalb erscheint der Himmel blau. Bei schönem Wetter und sauberer, klarer Luft ist der Himmel dann besonders blau und strahlend. Befinden sich jedoch auch Staub und Wasserdampf in der Atmosphäre, deren Moleküle größer sind als reine Luftmoleküle, erscheint der Himmel dagegen blass und dunstig. Wenn die Sonne unter- oder aufgeht, legen die Sonnenstrahlen einen weiteren Weg durch die Atmosphäre zurück, ehe sie zu uns gelangen. Dabei müssen sie auch verhältnismäßig viel Luft in Bodennähe durchqueren. Da sich hier besonders viele Staub- und Wasserteilchen befinden, deren Moleküle größer sind, werden die Wellenlängen des blauen Lichts nicht mehr bevorzugt. Sie werden sozusagen geschluckt. Das geschieht mit dem längerwelligen roten Licht nicht so stark. Sie gelangen ungehinderter zum

*Die Farben, aus denen das weiße Sonnenlicht zusammengesetzt ist, sind Rot, Orange, Gelb, Grün, Blau und Violett. Sie werden »Spektralfarben« genannt.*

Betrachter. Der Abend- und Morgenhimmel erscheint deshalb oft gelblich oder rötlich.

### … und warum fallen die Sterne nicht vom Himmel?

*Die Venus wird auch »Morgen-« oder »Abend-stern« genannt. Sie ist zu verschiedenen Zeiten an verschiedenen Orten sichtbar.*

Die Erde ist wie ein riesengroßer Ball, der immer um die Sonne kreist. Außer der Erde drehen sich auch noch andere Planeten um die Sonne: sie heißen Merkur, Venus, Mars, Jupiter, Saturn, Uranus, Neptun und Pluto. Die Planeten werden von der Sonne angezogen wie Eisenstückchen von einem Magneten. Gleichzeitig wollen sie aber durch ihre eigene Bewegung wieder weg von der Sonne. Und so kommt es, dass sie weder angezogen werden noch wegfliegen können. Sie kreisen auf einer ständig gleichen Bahn. So, als wären sie mit einer Schnur an der Sonne festgebunden. Die Sonnen und solche Planeten, die von einer Sonne beleuchtet werden, sind nachts als Sterne am Himmel zu erkennen.

### … und wieviele Sterne gibt es?

Im Weltraum gibt es unendlich viele *Sonnensysteme*, also Sonnen und Planeten, die von einer Sonne beleuchtet werden. Der Haufen von Sternen, der genau über der Erde zu sehen ist, das ist übrigens unsere Galaxie, die Milchstraße. Wer vielleicht mal versuchen will, die Sterne der Milchstraße zu zählen, kann sich gleich ein paar Jahre Zeit nehmen. Denn Weltraumforscher haben ausgerechnet, dass die Milchstraße aus etwa 100 Milliarden Sternen besteht. Das sind mehr Sterne, als ein großer Lastwagen an Sandkörnchen transportieren kann.

### … und wie weit sind die Sterne entfernt?

Käpt'n Kirk sauste mit seiner »Enterprise« immer in Null-kommanichts von einem Sternsystem ins andere. Er kann ja auch mit Überlichtgeschwindigkeit reisen. Aber in der Realität ist das noch nicht möglich. Und wahrscheinlich wird man mit Raumschiffen auch niemals die Lichtgeschwindigkeit übertref-

fen können. Ob der technische Fortschritt es überhaupt jemals
zustande bringt, auch nur irgendeinen Gegenstand auf Lichtgeschwindigkeit zu beschleunigen, steht im wahrsten Sinne
des Wortes »in den Sternen«. Der schlaue Albert Einstein sagte
jedenfalls voraus, dass nichts schneller sein kann als das Licht.
Aber selbst dann, mit lichtschnellen Raumschiffen, würde die
Reise zum nächsten Stern mehr als vier Jahre dauern. Bei diesen großen Entfernungen wird nicht mehr in Kilometern
gemessen, sondern in Lichtjahren. Das ist die Strecke, die das
Licht in einem Jahr zurücklegt. Und die beträgt immerhin
ungefähr 9,5 Billionen Kilometer. Das ist eine Zahl mit neun
Nullen. Dieser nächste Stern heißt *Alpha Centauri*. Sein Nach-
barstern, *Proxima Centauri*, ist zwar noch ein ganz klein wenig
näher dran, aber auch ihn kann man nicht mit bloßem Auge
erkennen. Mit heute möglichen Geschwindigkeiten, die Raum-
schiffe erreichen können (etwa 40000 Kilometer in der Stunde), würde die Reise 100000 Jahre dauern. Das Licht von Alpha
Centauri, das auf der Erde ankommt, ist Licht, das er vor vier
Jahren ausgesandt hat. Die Menschen blicken also gewissermaßen in die Vergangenheit. Würde der Stern plötzlich erlö-
schen, würde man das erst vier Jahre später mitbekommen.
Unser Sonnensystem – also die Sonne mit ihren Planeten drumherum – ist in der Galaxie der *Milchstraße* angesiedelt. Die
Milchstraße ist ihrerseits ein Sternensystem mit weit mehr als
100 Milliarden Sternen. Das nächste Sternensystem ist der *An-
dromeda-Nebel*. So hat man ihn jedenfalls genannt, als mit
bloßem Auge noch nicht erkennbar war, dass es sich in Wirklichkeit um einzelne Sterne handelt. Das Andromeda-System
ist sage und schreibe drei Millionen Lichtjahre von der Erde
entfernt!
Vor einiger Zeit haben Wissenschaftler mit Hilfe einer Rakete
ein Teleskop in die Erdumlaufbahn gebracht haben. Außerhalb
der Erdatmosphäre kann man nämlich besser gucken, weil
keine störende Luft dazwischen ist. Mit diesem Fernrohr, das
nach dem Astronomen Edwin Powell *Hubble* benannt ist, kann
man sogar noch Sterne beobachten, die zwölf Milliarden Licht-

*In der »Milch-
straße« entsteht
alle zwei Wochen
ein neuer Stern,
und zwar, weil
sich Stoffe, die im
Weltraum herum-
fliegen, zusam-
menballen.
Allerdings dauert
es dann wieder
mehrere hundert
oder tausend
Jahre, bis das Licht
des neuen Sterns
unsere Erde
erreicht.*

79

jahre von der Erde entfernt sind. Damit kann man Licht sehen, das die Sterne zu einer Zeit auf die Reise durch den Weltraum geschickt haben, als es die Erde vermutlich noch gar nicht gab.

### … und was sind Sternschnuppen?

Manchmal geht irgendwo in der unendlichen Weite des Weltraums ein Planet kaputt, er explodiert. Und dann dreht er sich nicht mehr auf einer festen, immer gleichen Bahn, sondern seine Teile werden in alle möglichen Richtungen geschleudert. Manche auch in Richtung Erde. Es kann dann Milliarden von Jahren dauern, bis so ein Teilchen die Erde erreicht. Und je dichter es herankommt, desto heißer wird dieses Teilchen. Es wird bei seinem Flug durch die Lufthülle, die die Erde umgibt, so heiß, dass es zu glühen beginnt. Dieses Glühen kann man dann als Sternschnuppe am dunklen Himmel sehen. Manchmal fallen auch Teile von kaputten Raketen oder alten Satelliten, die von Menschen in den Weltraum gebracht wurden, auf die Erde zurück. Sie werden ebenfalls bei ihrem Flug durch die Lufthülle glühend heiß und können dann auch wie Sternschnuppen aussehen. Es gibt auch größere Teile, die aus dem Weltraum gekommen und tatsächlich auf die Erde gefallen sind. Man nennt sie *Meteoriten*. Aber die meisten Sternschnuppen kommen gar nicht erst an, weil sie schon bei ihrem Flug durch die Lufthülle so glühend heiß werden, dass von ihnen nur noch Asche übrigbleibt.

### …und warum sind nur nachts Sterne am Himmel?

*Leben könnte man auf einem Stern nicht. Auf der Venus z. B. herrscht eine Hitze von 500 Grad Celsius. Das hält kein Raumanzug aus.*

Die Sterne sind Tag und Nacht am Himmel. Aber tagsüber kann man sie mit bloßem Auge nicht erkennen. Das liegt daran, dass die Sterne nur ganz schwache Lichtpunkte sind. Tagsüber aber ist der Himmel so hell, dass diese kleinen Lichtpunkte in der großen Helligkeit nicht zu sehen sind. Wer mag, kann folgenden Versuch durchführen: In der Dunkelheit ist der Lichtkegel aus einer Taschenlampe gut zu sehen. Wenn man aber tagsüber bei hellem Sonnenlicht mit der Taschenlampe leuchtet, ist

der Lichtkegel auf dem Boden nicht oder kaum zu erkennen. Und das, obwohl die Taschenlampe da ist und leuchtet. Genauso ist es auch mit den Sternen am hellen Tageshimmel.

## ... und warum ist der Mond manchmal rund und manchmal nur ganz schmal?

Wie schon bekannt, umkreist der Mond die Erde. Und zwar einmal in etwa 28 Tagen. Dann ist fast ein Monat um. Das Licht, das dabei vom Mond zur Erde geschickt wird, stammt aber gar nicht von ihm selbst, sondern von der Sonne. Es sind also nur diejenigen Teile des Mondes sichtbar, die von der Sonne beschienen werden. Der Rest bleibt in Finsternis getaucht. Den voll beleuchteten Mond sieht man deshalb nur, wenn die Erde zwischen Sonne und Mond tritt.

*Wenn man mit dem Zug zum Mond fahren wollte, wäre man drei volle Monate unterwegs. Zur Sonne bräuchte man dazu etwa 100 Jahre.*

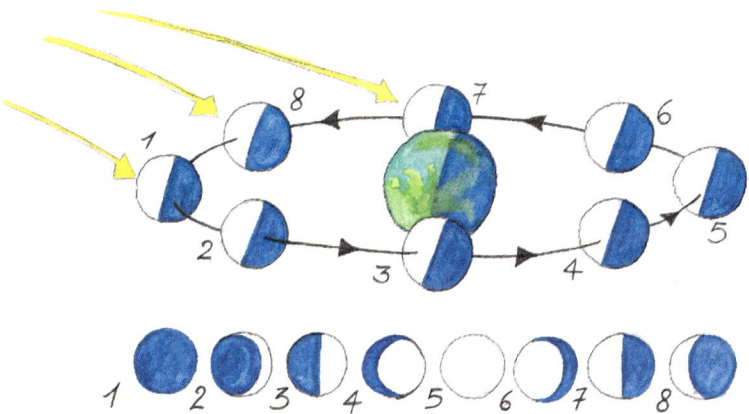

## ★ Versuch

Bitte doch einmal einen Freund oder eine Freundin, bei Sonnenschein mit dir nach draußen zu gehen. Du spielst jetzt die Erde. Stell dich mit dem Rücken zur Sonne auf. Dein Partner ist der Mond. Er stellt sich etwa drei Meter direkt vor dich hin, das Gesicht zu dir gewandt. Du wirst ihn im vollen Sonnenlicht

*Der Mond hat im Gegensatz zur Erde keine Lufthülle um sich herum. Deshalb kann die tagsüber eingestrahlte Wärme nicht zurückgehalten werden. Sie verschwindet, und es wird bitterkalt, nämlich minus 180 Grad Celsius. Auf der Erde funktioniert die Lufthülle oder Atmosphäre wie eine Thermoskanne.*

sehen. Seine Schattenseite ist hinten. Deshalb siehst du sie nicht. Jetzt bitte ihn, dich ganz langsam zu umkreisen. Sein Gesicht bleibt dabei immer der Sonne zugewandt, nur du drehst dich so, dass du deinen Freund immer anschauen kannst. Wenn er einen Viertelkreis beschrieben hat, also mit dir auf gleicher Höhe zur Sonne steht, siehst du seine Vorderseite im Licht. Seine Rückseite aber liegt im Schatten. Du siehst deinen Freund sozusagen im abnehmenden Halbmond, denn auch wenn sich der Mond neben der Erde befindet, sieht man die von der Sonne beleuchtete Hälfte vom Mond und die andere unbeleuchtete Hälfte nicht. Geht dein Freund weiter, bis er direkt zwischen dir und der Sonne steht, siehst du nur seine unbeleuchtete Rückseite. Er stellt jetzt den Neumond dar. Von seiner beleuchteten Vorderseite siehst du nichts mehr. Genauso ist es mit dem Mond. Wenn dein Freund jetzt einen weiteren Viertelkreis beschreibt, erscheint wieder seine beleuchtete Vorderseite, seine Rückseite wird nicht beschienen. Nur mit dem Unterschied zu vorhin, als er schon mal neben dir stand, dass die beleuchtete Körperhälfte rechts statt links sichtbar ist oder umgekehrt. Je nach dem, in welche Richtung dein Freund den Kreis begonnen hat. Übertragen auf den Mond bedeutet das, dass er sich in der zunehmenden Phase befindet. Vollendet dein Gefährte den Kreis, ist seine Vorderseite wieder voll im Sonnenlicht. Der Mond ist erneut zum Vollmond geworden.

## … und wie lange dauert es, um auf den Mond oder zur Sonne zu kommen?

Im Jahre 1969 betrat der erste Mensch den Mond. Es war ein Amerikaner. Die Rakete, mit dem die Astronauten unterwegs waren, startete am 16. Juli 1969 von der Erde. Die Landung mit der Mondfähre »Eagle« erfolgte am 20. Juli. Man braucht also mehrere Tage mit einem Raumschiff, bis man den Mond erreicht. Denn die mittlere Entfernung zum Mond beträgt immerhin etwa 380 000 Kilometer. Das Raumschiff war aber auch ziemlich schnell. Wenn es möglich wäre, mit dem Fahrrad zum Mond zu fahren, wärst du etwa 19 000 Stunden unterwegs. Dafür müsste man mehr als zwei Jahre ohne Pause radeln. Und zu Fuß wären es mehr als sieben Jahre. Ein Ausflug mit dem Auto würde etwa vier Monate dauern, wenn man ein durchschnittliches Autobahntempo einhält.

Wenn man zur Sonne wollte, müsste man schon sehr viel mehr Zeit mitbringen. Die ist nämlich rund 150 Millionen Kilometer von der Erde entfernt. Raumsonden, die man dorthin geschickt hat, um sie zu erforschen, waren ungefähr ein halbes Jahr unterwegs. Angenommen, jemand wollte mit dem Fahrrad zur Sonne radeln, würde sein ganzes Leben nicht ausreichen, um ans Ziel zu gelangen. Er bräuchte nämlich mehr als 850 Jahre. Ein Auto müsste mehr als 130 Jahre lang unterwegs sein. Das Licht selbst, das eine Geschwindigkeit von 300 000 Kilometer in der Sekunde zurücklegt, benötigt für die Strecke von der Sonne zur Erde etwa acht Minuten. Im Vergleich dazu schafft es das Licht aber, innerhalb von einer Sekunde siebeneinhalb mal um die Erde zu flitzen.

*Raketen sind die stärksten Maschinen, die die Menschen je gebaut haben. Eine Mondrakete hat 175 Millionen PS und braucht beim Starten 13,5 Tonnen Treibstoff. Damit würde ein normales Auto zwei Monate ununterbrochen fahren können.*

## ... und wo fliegen Raketen hin?

Raketen sind oft über hundert Meter hoch. Die meisten Raketen werden gestartet, um den Weltraum direkt um unsere Erde herum zu untersuchen. Es sind jedoch auch schon Raketen bis zum Mond geflogen und die Astronauten sind ausgestiegen, um ihn zu erforschen. Von Raumschiffen erforscht wurden bisher alle Planeten unseres Sonnensystems – bis auf den Pluto. Einige Raketen hat man auch schon weit in den Weltraum geschossen. Man hat ihnen Botschaften mitgegeben, denn die Wissenschaftler sind sicher, dass es irgendwo im Weltraum noch andere Lebewesen gibt. Und diese Lebewesen sollen dann aus den Botschaften erfahren, dass auf einem winzig kleinen Planeten namens Erde Menschen leben. Vielleicht besuchen sie uns mal.

## … und wozu schießt man Raketen in den Weltraum?

Vor allem auf drei Fragen will die amerikanische Raumfahrtbehörde NASA Antworten finden: Gab oder gibt es Leben auf anderen Planeten unseres Sonnensystems oder sonst im Weltall? Können wir im Weltall weitere Erklärungen dafür finden, wie das Leben auf der Erde entstand? Und gibt es irgendwo im Weltraum Rohstoffe, deren Abbau sich lohnt oder lassen sich andere Planeten als neuer Wohnraum für Menschen erschließen?

Außerdem werden viele Raketen hochgeschossen, um Satelliten in den Weltraum zu bringen. Das sind Maschinen, die Fotoapparate eingebaut haben und damit Bilder von der Erde machen können. Oder in die Satelliten sind Antennen eingebaut, die wie Spiegel funktionieren und zum Beispiel Fernsehbilder oder Telefongespräche von einem Ort der Erde auffangen und an anderen Orten zurückspiegeln. Damit ein Satellit nicht wieder auf die Erde zurückfällt, schießen ihn die Raketen in eine Umlaufbahn, so dass er immer im Kreis um die Erde fliegt. Und weil er gleichzeitig von der Erde weg will und auch wieder von der Erde angezogen wird, bleibt sein Abstand zur Erdoberfläche immer gleich.

*Raketen sind im Weltall völlig lautlos. Der Schall braucht nämlich einen festen Körper, um weitertransportiert zu werden. Im Weltraum herrscht jedoch ein Vakuum. Es gibt auch keine Luft, also rein gar nichts, was der Schall bewegen kann.*

## … und warum müssen die Astronauten im Weltraum so dicke Anzüge und Helme tragen?

Wer schon etwas über Flugzeuge weiß, hat sicher mitgekriegt, dass die Luft außerhalb eines Flugzeugs sehr dünn ist. Und außerdem würde man ohne Schutz vor Kälte bibbern. Steigt man noch weiter nach oben bis dorthin, wo die Atmosphäre zu Ende ist, findet man überhaupt keine Luft mehr vor, die Hitze und Kälte abmildert. Außerhalb des Raumschiffes ist es im Schatten bitterkalt, in der Sonne glühend heiß. Auch gibt es keinen spürbaren Druck im All. Der menschliche Körper ist aber an den äußeren Luftdruck gewöhnt und würde im *Vakuum* – so nennt man einen luftleeren Raum – nicht überleben können. Astronauten, die ihr Raumschiff verlassen, um etwas zu erkunden oder weil sie etwas reparieren müssen, nehmen in ihren Raumanzügen alles mit, was sie brauchen. Sauerstoff zum Atmen und eine Klimaanlage. Durch die Unterwäsche sind nämlich Wasserleitungen aus Kunststoff gelegt. Durch sie fließt entweder warmes oder kühleres Wasser, je nachdem ob der Astronaut friert oder ob ihm zu heiß ist. Der Anzug sorgt auch für den nötigen Druck. Deshalb muss er ziemlich dick und aus widerstandsfähigem Material gefertigt sein. Und weil die Raumfahrer miteinander reden müssen, ist der Anzug mit einer Sprechanlage ausgerüstet. Das Mikrofon dafür befindet sich mit unter dem voll mit Atemluft gefüllten Helm. Dieser Helm muss ganz fest mit dem übrigen Raumanzug verbunden sein, damit keine Luft und kein Druck entweichen kann. Der Helm hat außerdem mehrere Visiere, die auch als Sonnenschutz funktionieren. Wenn der Astronaut vom Schatten ins Sonnenlicht kommt, kann er ja nicht einfach den Helm abnehmen, um eine Sonnenbrille aufzusetzen. Auch auf dem Mond mussten die Astronauten Raumanzüge tragen, weil es dort keine Luft gibt.

*Sogar zum Schlafen müssen die Astronauten in einen Schlafsack kriechen, der irgendwo festgebunden ist. Sonst würden sie durch das Raumschiff fliegen. Beim Essen müssen sie aufpassen, dass ihnen kein Bissen davonfliegt und trinken geht nur durch Saugen aus einem Becher. Aus der Tasse würde der Kaffee auch wegfliegen.*

## ... und warum schweben die Astronauten in ihren Raumschiffen?

Die Menschen können nicht einfach von der Erde herunterfallen, obwohl sie doch rund ist. Das liegt an der Erdanziehungskraft. Sie ist es, die einen auf dem Boden festhält. Die Erdanziehung nimmt aber ab, je weiter man sich vom Boden entfernt. Genauer gesagt: je weiter wir uns vom Erdmittelpunkt entfernen. Die Erde ist ja nicht völlig rund, sondern an den Polen etwas abgeplattet. An Nord- und Südpol ist man also ein bisschen näher dran am Erdmittelpunkt als am Äquator. Wenn sich also jemand am Äquator auf die Waage stellte, würde sie hier ein bisschen weniger Gewicht anzeigen als an den Polen. Die Astronauten in ihren Raumschiffen und -stationen sind im All aber relativ weit vom Erdmittelpunkt entfernt. Die Erdanziehung ist deshalb sehr gering. Eine Waage würde nun überhaupt kein Gewicht mehr anzeigen. Die Astronauten sind schwerelos und schweben. Wenn das Raumschiff allerdings nicht schnell genug um die Erde herum fliegt, würde es irgendwann wieder hinabstürzen, die Erdanziehung wieder Oberhand gewinnen. Durch die Umlaufgeschwindigkeit erzeugt man deshalb eine Gegenkraft.

### ★ Versuch

*Auch das Duschen in der Schwerelosigkeit ist nicht ganz unproblematisch. Die Astronauten steigen dazu in einen Sack, der komplett verschlossen ist.*

Was stellst du fest, wenn du dich schnell drehst und die Arme locker nach unten hängen lässt? Richtig, dir wird schwindelig. Aber was noch? Deine Arme streben nach außen von dir weg. Die Kraft, die da wirkt, nennt man Zentrifugalkraft. Je schneller deine Drehung wird, desto stärker ist diese Kraft. Im Weltraum geschieht das Gleiche.

Erdanziehungskraft und Zentrifugalkraft, die durch die kreisende Bewegung des Raumschiffes um die Erde hervorgerufen wird, sind entgegengesetzt. Wenn beide Kräfte gleich groß sind, heben sie sich auf. Man sagt, der Körper bewegt sich *kräftefrei*. Ein Raumschiff – oder ein Satellit – muss mindestens mit 29 000 Kilometern in der Stunde fliegen, damit die Zentrifugalkraft stark genug ist, um die Erdanziehungskraft aufzuheben. Das Raumschiff und die Astronauten in ihm bewegen sich dann vollkommen und auf Dauer schwerelos.

## … und wie sehen »Außerirdische« aus?

Das weiß keiner, weil noch kein Mensch ein Lebewesen von einem anderen Stern gesehen oder fotografiert hat. Manchmal haben Leute zwar schon behauptet, solche Außerirdische gesehen zu haben. Aber beweisen konnten sie es nicht. Viele Fotos, auf denen angeblich Außerirdische zu sehen sein sollen, haben sich nämlich als Fälschungen herausgestellt. Weltraumforscher sind aber sicher, dass es irgendwo anders im Universum auch noch

Leben gibt. Und deshalb haben sie schon mal überlegt, wie Lebewesen von anderen Sternen aussehen könnten. Die Wissenschaftler meinen, dass Außerirdische wahrscheinlich so ähnlich aussehen müssten wie die Menschen. Denn damit es auf einem anderen Planeten Leben gibt, müsste es in einer fernen Welt auch Sonnenlicht, Wasser und Sauerstoff geben. Um sehen und hören zu können, müssten die »Marsmenschen« außerdem Augen und Ohren haben. Und die würden wahrscheinlich auch an der höchsten Stelle des Körpers, am Kopf, sitzen. Weil man nur dann weit sehen und gut hören kann. Vielleicht haben Außerirdische aber sogar Antennen am Kopf, weil sie sich eventuell ohne Telefon über Funk unterhalten können. Das klingt vielleicht unvorstellbar. Aber weil das Weltall allein mit seiner Unendlichkeit schon unvorstellbar ist, kann es durchaus sein, dass es dort noch viele unvorstellbare Sachen gibt.

## … und warum fallen wir nicht 'runter, wenn die Welt eine Kugel ist?

Das liegt an der Erdanziehungskraft. Sie hält die Füße – wie ein Magnet ein Stück Eisen – auf der Erdoberfläche. Und sie sorgt auch dafür, dass man wieder auf dem Boden landet, wenn man hochspringt. Diese Anziehungskraft entsteht dadurch, dass die Erde milliardenfach schwerer ist als der menschliche Körper und dadurch, dass sich die Erde ständig dreht. So kommt es, dass jeder Gegenstand, der einem aus den Händen rutscht, zu Boden fällt. Außerdem steuert die Anziehungskraft der Erde auch das Gleichgewichtsorgan im Ohr. Jeder weiß, dass da, wo er mit den Füßen steht, unten ist. Wegen der Erdanziehungskraft und weil für jeden da, wo der Boden ist, unten ist, hat keiner auf der Welt das Gefühl, ständig mit dem Kopf nach unten herumzulaufen. Obwohl ja eigentlich die Menschen auf der anderen Seite der Erdkugel mit den Köpfen nach unten hängen. Aber für sie müssten demnach wir ja auch mit dem Kopf nach unten hängen. Und das Gefühl hat bestimmt noch nie jemand gehabt?

*Unser Gewicht hat mit der Erdanziehung zu tun. Der Mond hat eine wesentlich geringere Anziehungskraft. Wenn ein Mensch auf der Erde 70 Kilogramm wiegt, dann wären es auf dem Mond 60 Kilogramm weniger.*

87

### … und was geschieht wenn man in die Erde hineinbohrt?

Unsere Erde ist so ähnlich aufgebaut wie ein Überraschungsei. Die äußere Schale aus dunkler Schokolade ist der Boden, auf dem die Menschen stehen. Man nennt ihn *Erdkruste*. Sie ist an manchen Stellen nur fünf, an anderen Stellen dagegen bis zu 100 Kilometer dick. Unter dieser harten Erdkruste aus Sand, Steinen und Felsen befindet sich der Erdmantel. Er besteht aus flüssigem, glühenden Gestein. Und ganz in der Mitte der Erdkugel, im Erdinnern, kommen der äußere und der innere Kern. Beide bestehen aus flüssigem bzw. aus festem Metall. Dieses flüssige Metall hat eine Temperatur von über 6 000 Grad Celsius.

### … und kann man durch die Erde hindurchbohren?

Eigentlich müsste es gehen. Denn wenn man dasselbe bei einer Kugel aus Knetgummi machst, also einen Bleistift auf der einen Seite hineinstich, kommt er ja auch auf der anderen Seite wieder heraus. Aber mit der Erde würde das nicht funktionieren. Um einmal durch die Erde zu bohren, müsste man erst mal einen Bohrer haben, der etwa 13 000 Kilometer lang ist. Den gibt es natürlich gar nicht. Denn das ist eine Strecke, die 16-mal so lang ist wie die Entfernung zwischen Hamburg und München. Aber auch dann, wenn es den Bohrer gäbe, käme man nicht hindurch. Denn bei den hohen Temperaturen im Erdinnern würde jedes Material, das es auf dieser Welt gibt, einfach schmelzen.

*Ein wenig hell ist es nachts durch den Mond. Tatsächlich kann man dann auch ganz schwach einen Regenbogen sehen, denn genauso wie das Sonnenlicht tagsüber, wird das Mondlicht in der Nacht durch die Tropfen in seine farbigen Bestandteile gespalten.*

### … und warum ist es am Tag hell und in der Nacht dunkel?

Dass es Tag und Nacht gibt, liegt daran, dass sich die Erde innerhalb von 24 Stunden einmal um sich selbst dreht. 24 Stunden sind genau so lang, wie eine Nacht und ein Tag zusammen dauern. Und Tag ist immer auf der Seite der Erde, die gerade zur Sonne gedreht ist. Auf der genau gegenüberliegenden Seite, die dann von der Sonne weggedreht ist, ist zur selben Zeit Nacht. Die Sonne scheint also den ganzen Tag irgendwo auf der Welt. Sie ist auch da, wenn es bei uns dunkel wird. Am leichtesten kann man sich das vorstellen, wenn man einen kleinen Ball vor eine eingeschaltete Schreibtischlampe hält. Die Lampe ist jetzt die Sonne. Und wenn man nun anfängt, den Ball langsam zu drehen, bekommt die Stelle, die eben noch von der Lampe hell beleuchtet wurde, immer weniger Licht, je weiter man sie dreht. Das ist die Seite der Erdkugel, auf der es jetzt langsam Nacht wird. Auf der anderen Seite dagegen wird es Tag, weil diese Seite langsam ins volle Licht der Lampe gedreht wird. Wenn jetzt ein winzig kleines Männchen auf der Rückseite des kleinen Balls stünde, könnte er die Lampe irgendwann nicht mehr sehen. Die »Sonne« wäre für ihn verschwunden, obwohl sie weiterhin da ist – nur auf der anderen Seite des Balls. Auf ihrem Flug um die Sonne legt die Erde übrigens in 24 Stunden eine Strecke von rund 2,5 Millionen Kilometer zurück.

*Unsere Sonne gehört zusammen mit vielen anderen Sonnen zu einer riesigen Ansammlung von Sternen, die man »Milchstraße« nennt. Nachts kann man sie als weißes Band über dem dunklen Himmel sehen.*

## … und warum ist die Sonne so hell?

Unsere Sonne ist ein glühender Ball aus Gas, der wie ein riesiger Ofen ständig brennt. Das macht sie schon seit Milliarden Jahren und wahrscheinlich reicht ihr Gas als Brennstoff noch für weitere Milliarden Jahre. Die Temperatur auf der Sonnenoberfläche ist so hoch, dass sie alle Materialien auf der Erde sofort schmelzen lassen würde. Und die Sonne ist viel größer als die Erde. Im Sonnenball hätte die Erde 333 000 mal Platz. Also wenn die Erde nur so groß wäre wie ein Reiskorn, wäre die Sonne immer noch größer als eine Wassermelone.

## … und weshalb gibt es Sommer und Winter?

Die Erde dreht sich um sich selbst, deshalb gibt es den Tag und die Nacht.
Aber die Erde dreht sich auch bei ihrem Flug durch das Weltall immer um die Sonne. Bis sie einmal um die Sonne geflogen ist, dauert es genau ein Jahr. Die Erde hängt aber ein bisschen schief im Weltraum. Wissenschaftler sagen dazu: Die Achse,

März

Dezember

Sonne

Juni

Umlaufbahn
der Erde

September

um die sich die Erde dreht, steht nicht genau senkrecht zur Sonne. Deshalb bekommt nicht jede Stelle der Erde zu jeder Zeit gleich viel vom Sonnenlicht ab. Die nördliche Erdhalbkugel bekommt von Juni bis August mehr Sonne. Dadurch erwärmt sie sich stärker – in dieser Zeit ist zum Beispiel in Europa, in Nordamerika oder in Russland und China Sommer. Die südliche Erdhalbkugel dagegen bekommt in dieser Zeit weniger Sonne als die nördliche. Deshalb ist zum Beispiel in Südafrika, in Australien, Neuseeland, Chile und Argentinien von Juni bis August Winter. Warm ist es also deshalb im Sommer, weil die Tage lang sind und die Sonne auch lange auf die Erde scheinen kann.

## … und wo sind der Süd- und der Nordpol?

Am Südpol jedoch wird es sechs Monate lang überhaupt nicht hell. Deshalb herrscht dort tiefster Winter, während zur selben Zeit bei uns auf der Nordhalbkugel Sommer ist und es sechs Monate lang genau am Nordpol gar nicht dunkel wird. Das kann man sich alles fast gar nicht vorstellen.

*Am Äquator ist man am weitesten vom Erdmittelpunkt weg. Die Anziehungskraft ist also am geringsten. Wer also ein paar Gramm weniger wiegen möchte, ohne zu hungern, muss zum Äquator fahren und sich dort auf die Waage stellen.*

## … und was ist der Äquator?

Als Äquator bezeichnet man die Stelle, wo die Erde am dicksten ist. Den Äquator muss man sich wie einen Ring um die Erdkugel vorstellen. Der Äquator verläuft quer durch den Kongo in Afrika, durch Ecuador im Norden Südamerikas und knapp unter Singapur vorbei durch Indonesien. In diesen Gegenden, durch die der Äquator läuft, gibt es keinen Sommer und Winter, denn dort fällt immer die gleiche Menge an Sonnenlicht auf die Erde. Aber je weiter man sich auf der Erde vom Äquator aus nach Norden oder Süden bewegt, desto stärker wirken sich die Jahreszeiten aus.

Am Äquator dauern Tag und Nacht das ganze Jahre immer genau zwölf Stunden.

## … und wo kommen die Berge her?

Tief unter unseren Füßen und dem Boden, auf dem wir stehen, ist die Erde flüssig. Denn im Erdinnern ist es über 6000 Grad heiß, da schmelzen alle Steine und alles Metall. Hart an unserer Welt ist nur der Boden auf dem wir stehen. Deshalb nennt man ihn die *Erdkruste*. Und diese Erdkruste schwimmt sozusagen auf einem großen Meer von flüssigen Steinen und Metallen, das tief darunter liegt – so ähnlich wie eine Eisdecke auf dem Wasser. Aber die Erdkruste besteht nicht aus einem einzigen Stück harter Schale, sondern aus mehreren Stücken, die nebeneinander schwimmen. So wie manchmal viele Eisschollen nebeneinander auf dem Wasser schwimmen. Und genauso, wie Eisschollen manchmal zusammenstoßen, sich gegenseitig untertauchen oder auch übereinander schieben, so bewegen sich auch die Erdschollen der Erdkruste. Nur sind die Erdschollen natürlich viel größer als Eisschollen. Aber auf den Erdschollen sitzen ganze Kontinente mit Bergen und Flüssen. Wenn nun so eine riesige Erdscholle von einer anderen hochgeschoben wird, dann können plötzlich ganz hohe Berge entstehen. Und wenn eine heruntergedrückt wird, dann kann es eine viele tausend Meter tiefe Rinne geben. Solche Rinnen befinden sich an einigen Stellen auf dem Meeresboden.

*Der heiße Erdkern kühlt niemals aus.*

## … und warum liegt auf hohen Berggipfeln Schnee?

Natürlich gibt es nicht nur dort Schnee, sondern auch auf dem flachen Land und in den Städten. Der schmilzt aber, sobald es wärmer wird. Und wenn der Frühling kommt, wird auch der Schnee seltener und schließlich ist er ganz verschwunden. In

91

den hohen Bergen jedoch bleibt der Schnee manchmal sogar den ganzen Sommer über liegen. Denn es wird immer kälter, je höher man ins Gebirge kommt. Bergsteiger, die hoch hinaus wollen, ziehen sich deshalb stets warm an. Denn auch bei strahlendem Sonnenschein friert man leicht. Das liegt vor allem daran, dass die Luft da oben ziemlich dünn ist. Auch das Atmen fällt immer schwerer. Die meisten Bergsteiger, die in den höchsten Bergen der Erde, zum Beispiel im Himalaya-Gebirge, das über 8000 Meter hoch ist, unterwegs sind, nehmen aus diesem Grunde die Luft zum Atmen z.B. in Sauerstoffflaschen mit. Nur wenige Menschen können auch ohne diesen Luftvorrat auskommen. Und überall, wo es wenig Luft gibt, kann auch nur wenig Luft von der Sonne erwärmt werden. Die Wärme verteilt sich dann ebenso »dünn« wie die Luft selber. Es wird also nicht richtig warm, deshalb kann der Schnee nicht schmelzen. Wegen der Temperaturunterschiede in den hoch und tief gelegenen Luftschichten fällt im Gebirge auch Schnee, der zur selben Zeit im Tal schon als Regen ankommt.

## … und warum kommt manchmal aus Vulkanen glühende Lava?

*Die Erde um einen Vulkan herum ist sehr fruchtbar. Deshalb siedeln sich hier gerne Menschen an. Aber die Gefahr bleibt, denn auch wenn ein Vulkan schon lange nicht mehr ausgebrochen ist, kann er plötzlich wieder aktiv werden.*

Tief im Erdinneren ist das Gestein nicht mehr fest, sondern es wird durch die hohen dort herrschenden Temperaturen und den großen Druck flüssig. Das dünn- oder zähflüssige Gestein nennt man *Magma*. Es kommt in einer Tiefe von 2 bis 50 Kilometer Tiefe vor. Wenn Druck und Temperatur dort unten gleich bleiben, bleibt das Magma normalerweise auch dort, wo es ist. Wenn sich aber wegen irgendeines Ereignisses im Erdinnern der Druck ändert oder die Temperatur, muss sich das Magma einen anderen Ort suchen, weil der Raum zu eng wird. Das geht anderen flüssigen Stoffen und Gasen genauso. Drückt man beispielsweise auf den Kolben einer Luftpumpe, tritt Luft aus. Bei der Magma ist das ähnlich: Es sucht sich einen Weg durch Schlote und Spalten empor zur Erdoberfläche. Wenn es dort austritt, wird es *Lava* genannt. Lava ist zwischen

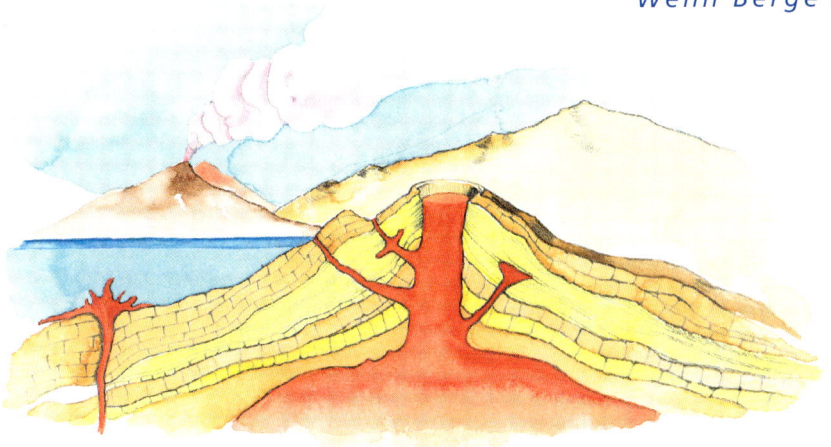

700 Grad Celsius und 11000 Grad Celsius heiß. Und weil die Lava so heiß ist, glüht sie natürlich. Die Austrittsstellen an der Erdoberfläche heißen *Vulkane*. Aus manchen Vulkanen fließt gleichmäßig Lava, andere Vulkane brechen regelrecht aus. Das geschieht vor allem dann, wenn der Zufluss von Magma immer wieder unterbrochen wird. Das Magma erkaltet dann wieder und bildet Pfropfen. Und beim nächsten Mal muss sich der Druck erst soweit erhöhen, dass diese Pfropfen unter Getöse wieder hinausfliegen. Der Vulkan explodiert förmlich und schleudert Lava, Gase, Asche und feste Steine aus seinem Inneren empor. Warum Vulkane plötzlich nach manchmal mehr als 100 Jahren wieder ausbrechen, darauf haben selbst Vulkanforscher keine vernünftige Antwort.

## … und warum gibt es Erdbeben?

Die Erdkruste darf man sich nicht als feste harte Schale vorstellen. Sie besteht aus mehreren riesengroßen Platten, die auf der flüssigen Schicht des Erdinneren schwimmen – wie Eisschollen auf dem Wasser, nur sehr viel größer. Und diese Platten, auf denen ganze Kontinente Platz haben, bewegen sich. Zwar langsam, aber unaufhaltsam. Dort, wo diese Platten nebeneinander oder übereinander liegen, reiben sie sich gegeneinander. Da die Kanten der Platten aber nicht glatt sind, sondern ganz viele Zacken und Ecken haben, können sie sich nicht »wie geschmiert« bewegen.

*Neben den Erdbeben gibt es auch »Seebeben«. Dabei wird der Meeresgrund erschüttert. Die Folge sind riesige Wellenberge, die Hunderte Kilometer breit sind und ganze Küstengegenden verwüsten können.*

93

★ **Versuch**

Versuche doch mal, zwei ungehobelte Holzbretter gegeneinander zu drücken und zugleich zu verschieben (ziehe aber Handschuhe an, damit du keine Holzsplitter in die Haut bekommst). Vermutlich wirst du feststellen, dass kein gleitendes Rutschen zustande kommt. Die Bretter bewegen sich vielmehr eher in mehreren ruckartigen Verschiebungen. Die hervorstehenden Späne der Bretter verhaken sich ineinander und bewegen sich zuerst nicht. Erst dann, wenn du genügend Druck ausübst, kann der Widerstand überwunden werden. Dann löst sich die Spannung, und die Bretter bewegen sich schnell und ruckartig – bis zum nächsten Widerstand.

*Die Stärke der Erdbeben wird mit Instrumenten gemessen. Dabei geht es um die Energiewellen, die sich vom Zentrum des Bebens aus fortsetzen. Sehr energiereiche Beben haben Werte zwischen 8,5 und 9. Davon gibt es jährlich etwa zwei. Dagegen gibt es 50 000 leichte Beben pro Jahr in einer Stärke von 3 und 4.*

Die Erdplatten verhaken sich, und weil der Druck beim Stillstand immer weiter wächst, kommt irgendwann der Punkt, an dem der Widerstand überwunden ist und sich die Platten ruckartig voneinander lösen. Sie bewegen sich dann ein kleines Stück weiter. Dieses Ruckeln nehmen die Menschen als Erdbeben wahr. Eine solche Stelle gibt es zum Beispiel in Amerika, im US-Bundesstaat Kalifornien: Der San-Andreas-Graben. Dort bewegen sich zwei solcher Platten aneinander vorbei. Deshalb gibt es da ziemlich häufig Erdbeben – mal kleinere und mal größere, die schwere Zerstörungen bewirken können und die Menschen in Angst und Schrecken versetzen. Solche durch zwei Platten verursachte Erdbeben nennt man *tektonische Beben*. Es gibt auch Beben, die durch den Einsturz großer unterirdischer Hohlräume herbeigeführt werden. Diese Art von Beben kommt aber viel seltener vor. Erdbeben ereignen sich übrigens oft auch auf dem Meeresboden. Sie werden dann als *Seebeben* bezeichnet.

## … und warum ist es in der Wüste so heiß?

Die meisten Wüsten der Welt liegen auf der Erdkugel dort, wo die Kugel am dicksten ist. Diese Stelle nennt man den *Äquator*. Dort scheint das ganze Jahr hindurch immer gleich viel Sonne auf den Boden. Es gibt also keinen Winter mit kurzen Tagen, sondern immer nur Sommer. Außerdem ist der Äquator die Stelle der Erde, die der Sonne am nächsten kommt. Weil die Sonne nun den ganzen Tag über fast senkrecht am Himmel steht und es keine Bäume gibt, die Schatten werfen, empfindet man den Tag in der Wüste als besonders heiß. Aber die Nacht in der Wüste kann auch bitterkalt werden, weil sie nämlich genauso lang ist wie der Tag. Am kältesten wird es übrigens niemals mitten in der Nacht, sondern morgens kurz vor Sonnenaufgang. Das liegt daran, dass die Erde am Abend und in der Nacht noch vom Sonnenlicht des Tages aufgeheizt ist und deshalb die Wärme langsam wieder abstrahlt. Deshalb wird es so lange immer kälter, bis die Sonne erst morgens wieder wärmende Strahlen auf die Erde schickt.

## … und warum gibt es in einer Wüste keine Bäume und soviel Sand?

Wenn es irgendwo sehr wenig regnet, vertrocknen Bäume und Pflanzen. Denn sie brauchen Wasser. Wenn aber nun alle Pflanzen und Bäume vertrocknet sind, können ihre Wurzeln die Erde nicht mehr festhalten. Außerdem geben vertrocknete Pflanzen der Erde keinen Schatten mehr. Die Erde wird von der Sonne ausgetrocknet und kann vom Wind weggepustet werden. Das nennt man *Erosion*. Und am Ende bleibt nur noch eine riesige Sandfläche übrig. Der Sand in der Wüste ist übrigens deshalb so hell, weil er keinen Humus enthält. *Humus* nennt man abgestorbene kleine Pflanzenteile, von denen sich zum Beispiel Regenwürmer ernähren. Aber auch Pflanzen ernähren sich davon. Sie saugen die im Humus enthaltenen Nährstoffe über ihre Wurzeln aus dem Boden. Dunkle Erde wie in Gärten oder Parks zeigt also, dass dort Humus enthalten ist. Dort können Pflanzen wachsen. Auch in den Sandkisten auf Spielplätzen ist übrigens kaum Humus enthalten – deshalb ist dieser Sand fast ebenso hell wie in der Wüste. Und es gibt einen guten Grund, warum man in diesem Sand keinen Humus haben will: Sonst würde nämlich eine Sandkiste auf dem Spielplatz in kürzester Zeit mit allerlei Pflanzen zuwachsen.

*Sand liegt nur in einem Siebtel aller Wüsten auf der Erde. Die meisten bestehen aus Schotter, Geröll und Felsen. Nur ein einziger Kontinent hat keine Wüsten, und das ist Europa. Sogar die Antarktis ist eine Wüste, nämlich eine Eiswüste.*

# ÜBER KABELSALAT UND BRENNENDE BIRNEN

Technische Geräte übernehmen heute schon viele unserer alltäglichen Handgriffe. Wir schalten Maschinen ein, wenn wir waschen, saubermachen, uns fortbewegen, ja sogar, wenn wir uns die Zähne putzen wollen.

Die Welt ist verkabelt und vernetzt. Am genialsten jedoch ist der Computer. Mit ihm kann man rechnen, schreiben, malen, spielen. Er kann Flugzeuge und Schiffe lenken und ganze Fabriken in Gang halten.

Ein bisschen unheimlich ist das schon. Wieso wissen alle die Geräte, was sie tun sollen, und woher wissen sie, wie das geht?

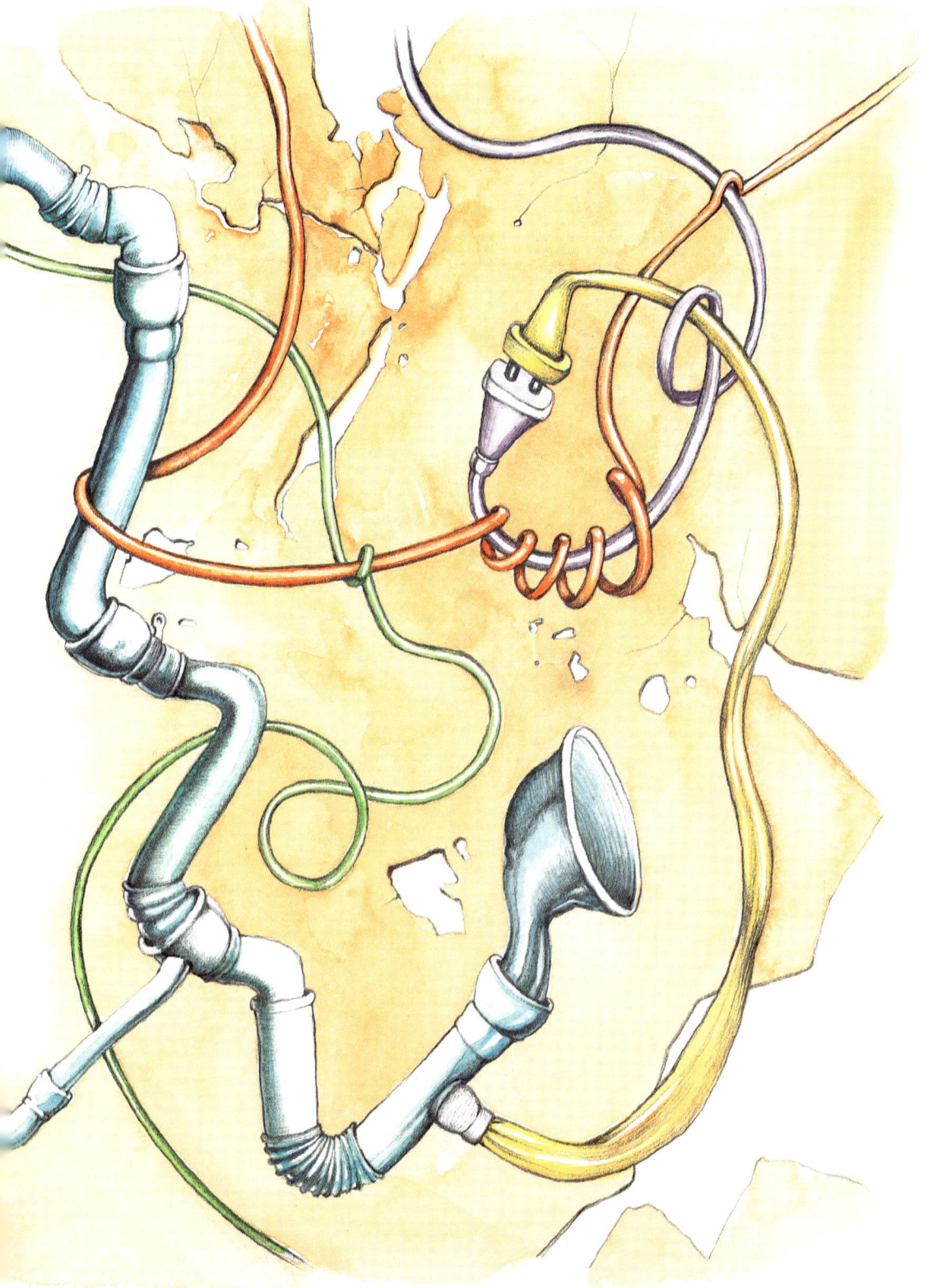

# Woher kommt das Licht in die Glühbirne?

Die unsichtbare Kraft der Elektrizität, die Funktionsweise von Telefon, Radio, Fernseher und Fotokamera sind Ausgangspunkt zahlreicher Kinderfragen zu technischen Phänomenen, die es altersgerecht zu beantworten gilt.

## Wie kommt der Strom aus der Steckdose?

Hinter den beiden Löchern, die man in der Steckdosen sehen kann, sind Drähte angeschlossen. Und durch diese Drähte fließt elektrischer Strom, ungefähr so wie Wasser, das durch einen Gartenschlauch fließt. Aber den elektrischen Strom kann man nicht sehen, denn es sind nur winzig kleine Teile, die nicht mal unter einem Mikroskop erkennbar wären. Diese Teile nennt man *Elektronen*. Und sie sind normalerweise in dem festen Metall eingefangen, aus dem der Draht besteht. Aber wenn man diesen Draht berührt, beispielsweise mit der Hand, dann können die Elektronen herauskommen. Dann springen sie unsichtbar durch unseren ganzen Körper. Man spricht von einem *elektrischen Schlag*. Das tut sehr weh, man fühlt sich plötzlich glühend heiß, fällt um und kann auch daran sterben. Denn diese Elektronen bringen den Körper so durcheinander, dass das Herz vor Schreck aufhören könnte, zu schlagen. Denn der Strom in einer normalen Steckdose hat etwa so viel Kraft wie ein Moped. Ein elektrischer Schlag ist deshalb ungefähr so stark, wie ein Moped, das plötzlich aus der Steckdose herausbraust und einen überfährt. Deshalb darf

*Fast überall ist Strom mit dabei: Licht, Radio, Computer, Toaster, Föhn, heiße Würste usw.*

man niemals in die Steckdose fassen und kein Kabel an einer blanken Stelle anfassen.

Wird der Strom, der in einem Draht fließt, aber mit einem anderen Draht verbunden, der z. B. in einer Glühlampe steckt, kann man damit viele nützliche Sachen machen. Denn mit seiner Kraft kann er Licht bringen oder Maschinen bewegen.

## … und wie kommt der Strom in die Steckdose?

Strom wird in einem **Elektrizitätswerk** erzeugt. Dort wird zum Beispiel mit einem Feuer aus Gas, Öl oder Kohle viel Wasser so heiß gemacht, dass es zu Dampf wird. Der Dampf treibt dann die Schaufelräder von großen Maschinen an. Man nennt sie *Generatoren*. Und in diesen Generatoren sitzen große Magnete, die sich ganz schnell um Drähte aus Metall bewegen. Dadurch kitzeln die Magnete winzig kleine Teile in den Drähten. Diese Teile sind die Elektronen, die mit bloßem Auge unsichtbar sind. Aus ihnen besteht elektrischer Strom. Von den Elektrizitätswerken wird der Strom durch große Leitungen, die an hohen Masten hängen, zu uns in die Städte gebracht. Und am Ende dieser Leitungen sind viele Kabel angeschlossen, durch die der Strom erst in die einzelnen Stadtteile und dann in unsere Wohnungen verteilt wird.

*Früher dachte man, Strom fließt wie Wasser, daher der Name. Aber eigentlich verhält sich Strom wie eine Reihe von Murmeln. Stößt man die erste fest an, bewegt sich die letzte. Eine Bewegung wird weitergegeben.*

Strom kann man jedoch auch aus Wind machen. Das funktioniert fast genauso wie im Elektrizitätswerk. Nur dass die Generatoren nicht durch Dampf bewegt werden, sondern durch die sich bewegenden Flügel eines **Windrades**.

Außerdem kann man auch mit der Sonne Strom erzeugen, die **Solarenergie**. Dazu lässt man Licht auf ein ganz besonderes Material fallen, dass man *Solarzellen* nennt. Dieses Material schickt dann die Elektronen durch den Draht, der den Strom zu uns bringt. **Kernkraftwerke** erzeugen ebenfalls Strom, sind aber für die Umwelt nicht ungefährlich.

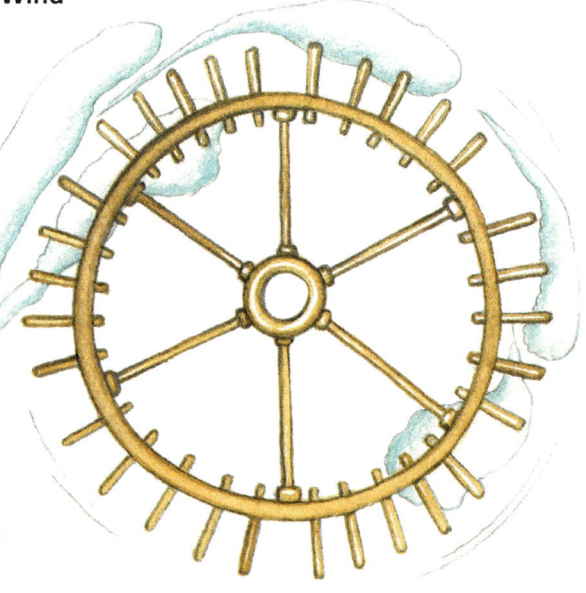

## … und wieso bringt Strom eine Lampe zum Leuchten?

*Obwohl der Metallfaden in der Lampe glüht, fängt er nicht an zu brennen. In der Glühbirnegibt es nämlich keine Luft. Und nur mit Sauerstoff kann eine Flamme entstehen. Die Birnen sind zum Teil mit einem Gasgemisch gefüllt, das ein Feuer sofort ersticken würde.*

Wenn man sich eine Glühlampe genau anschaut, kann man darin einen feinen Draht erkennen. Mit dem Druck auf einen Lichtschalter macht man dem Strom den Weg durch das Kabel und durch diesen feinen Draht in der Lampe frei. Eigentlich ist dieser Draht aber viel zu dünn, für den vielen Strom. Deshalb drängeln und schubsen sich die Elektronen, aus denen der Strom besteht, ganz fürchterlich auf ihrem Weg durch den engen Draht. Dadurch wird der Draht immer wärmer und schließlich so heiß, dass er zu glühen beginnt. Dieses Glühen ist es am Ende, das so viel Licht gibt, dass man mit einer Glühlampe im Dunkeln lesen kann. Erfunden wurde die Glühlampe vor über 100 Jahren, 1879, von dem Amerikaner Thomas Alva Edison. Bis dahin gab es in den meisten Wohnungen nur Kerzen und Petroleumlampen.

## … und wieso sind Stromkabel so dick?

Stromkabel sind natürlich immer viel dicker als beispielsweise der feine Draht in einer Glühlampe. Sie würden nämlich sonst genauso heiß werden wie der Glühlampendraht und könnten auch zu glühen beginnen, wenn sich der Strom hindurch schlängelt. Je mehr Strom man durch ein Kabel schicken will, desto dicker muss es sein. Und jetzt wird sicher auch klar, warum man mit Strom heizen kann? Es ist ganz einfach: Man muss nur viele dünne Drähte nehmen und Strom hindurchleiten. Das lässt die Drähte so heiß werden, dass sie Wärme spenden.

## … und wieso kann Strom auch den Kühlschrank kalt machen?

Ein Kühlschrank funktioniert durch Verdunstung. Das ist gar nicht so leicht zu verstehen.

### ★ Versuch

Fächle einfach mal mit deiner Hand durch die Luft. Und nun nimmt deine Zunge und lecke einmal über den sauberen Rücken dann Hand. Nun fächle mit ihr noch einmal durch die Luft. Bestimmt hast du gespürt, daß die Hand dort, wo du sie angeleckt hast, sich plötzlich viel kälter angefühlt hat. Das liegt daran, dass sich die Spucke von deinem Handrücken unsichtbar in der Luft verteilt hat. Wir sagen dazu, daß sie *verdunstet* ist. Diese Verdunstung erzeugt also Kälte.

Eine kleine Pumpe, die man manchmal brummen hören kann, presst eine spezielle Flüssigkeit durch viele kleine Röhrchen des Kühlschranks. Und im Eisfach, wo der Kühlschrank am kältesten ist, befindet sich ein dickeres Rohr, in dem die Flüssigkeit verdampfen und dadurch Kälte erzeugen kann. Weil der Kühlschrank aber richtig kalt sein soll, füllt man die Röhrchen des Kühlschranks nicht mit normalem Wasser, sondern mit Chemikalien, die beim Verdunsten noch mehr Kälte erzeugen.

*Unter Verdunstung versteht man den Übergang einer Flüssigkeit in den gasförmigen Zustand. Warmes Wasser verdunstet schneller als kaltes. Auch Meerwasser verdunstet, steigt als Gas auf und verdichtet sich zu Wolken.*

### … und wie geht das Licht im Kühlschrank an?

Es geht nur an, wenn die Türe geöffnet wird. Denn an der Türe ist ein kleiner Schalter. Und der macht das Licht an, sobald die Türe nicht mehr geschlossen ist. Ist die Tür zu, muss das Licht ja nicht brennen – weil man bei geschlossener Tür gar nichts suchen kann. Außerdem will schließlich keiner die Wärme einer Lampe, die brennt, ausgerechnet im Kühlschrank haben.

Hinzu kommt, dass man mit dieser Vorrichtung Strom sparen kann und damit auch gleich etwas für die Umwelt tut. Denn um Strom zu erzeugen, wird Kohle, Gas oder Erdöl verbrannt. Bei der Verbrennung entsteht aber immer Rauch, der die Luft verschmutzt. Je weniger Strom also verbraucht wird, desto weniger Rauch gibt es und desto weniger Luftverschmutzung.

## … und warum ist die Herdplatte auch noch heiß, wenn sie abgeschaltet ist?

*Wer über die Entstehung von Wärme Bescheid weiß, kann eine Menge Energie sparen. Denn mit der Wärme von der ausgeschalteten Herdplatte lässt sich noch eine Menge anfangen, wie z.B. Reis fertigkochen. Und der Strom ist dabei schon lange abgeschaltet.*

Inzwischen ist sicher klar geworden, dass man mit elektrischem Strom nicht nur Bewegungen und Licht erzeugen kann, sondern auch Wärme. Eigentlich entsteht überall dort, wo elektrischer Strom hindurchfließt, immer auch Wärme. Bei anderen elektrischen Geräten ist die Wärme aber unerwünscht, weil dadurch Energie verlorengeht. Genauer gesagt: Ein Teil des elektrischen Stromes geht in Form von Wärme verloren. Mit diesem Teil kann man dann keinen Motor mehr antreiben oder eine Glühlampe zum Leuchten bringen. Oft soll der Strom aber auch Wärme erzeugen, nämlich bei einem elektrischen Wasserkocher, in der Waschmaschine oder bei einer elektrischen Herdplatte. Dort fließt der Strom durch Widerstände, die sich besonders darauf verstehen, den Strom in Wärme umzuwandeln. Diese elektrischen Widerstände sind in den Herdplatten eingebaut. Die Herdplatten sind aus Metall, weil Metall nicht nur Strom gut leitet, sondern auch Wärme. Wärme ist aber nicht anderes als die Bewegung von Atomen, den unsichtbar kleinen Teilen, aus dem alle Stoffe bestehen. Je wärmer ein Stück Metall wird, desto schneller und heftiger bewegen sich seine Atome. Das ist auch beim Wasser so. Füllt man Wasser in eine Wärmflasche, dauert es eine ganze Weile, bis das Wasser kalt ist. Man sagt, das Wasser speichert die Wärme. Die Teilchen, aus denen das Wasser besteht, die einzelnen Moleküle, schwingen und bewegen sich. Nach und nach geben sie ihre Bewegung an die sie umgebende Dinge weiter: die Bettdecke, die Luft, den Bauch. Diese Dinge werden dabei auch warm, aber dadurch verlieren die Teilchen selber an Schwung. Sie werden langsamer und langsamer – bis sich das Wasser wieder kalt anfühlt. Je mehr Wasser in der Flasche ist und je heißer es ist, um so länger dauert es, bis das Wasser wieder abgekühlt ist. Die Herdplatte ist ziemlich dick. Dort gibt es also viele Atome, die auch viel Wärme aufnehmen können. Wenn der Strom der Herdplatte abgeschaltet ist, fließt zwar keine elektrische Energie mehr durch den Widerstand, aber auch das Metall ist in der

Lage, die Wärme noch einige Zeit zu speichern. Die Atome schwingen noch weiter. So wie ein Pendel, das einmal angestoßen ist und noch einige Zeit danach weiter pendelt. Die Atome der Platte geben also ihre Wärmebewegung nach und nach an die sie umgebende Luft (oder an den Kochtopf) ab und werden dabei selbst immer langsamer. Und je dicker die Platte ist und je heißer sie war, desto länger braucht sie, um abzukühlen.

### … und wie kommt der Strom in die Batterie?

In einer Batterie befinden sich zwei völlig verschiedene Metalle. Eines dieser Metalle steckt voller Elektronen. Das andere ist ganz schwach. Und deshalb möchte das eine Metall seine Kraft mit dem anderen teilen, indem es seine Elektronen-Kraftprotze dorthin schickt. Man sagt, dass die eine Seite der Batterie *positiv* und die andere *negativ* geladen ist. Wer einmal in ein Spielzeug mit Batterie hineinschaut, sieht, dass dort, wo sie eingesetzt werden soll, ein + (plus) steht. Hier muss die positiv geladene Seite der Batterie sitzen. Auf der anderen Seite sieht man das – (minus). Hier muss die negative Seite der Batterie sitzen. Deshalb gibt es auch immer mindestens eines dieser Zeichen auf jeder Batterie, denn sonst wüsste man nicht, wie man

*Mit wieder-aufladbaren Batterien kann man Müll vermeiden, der schwer zu entsorgen ist. Alte Batterien sind Sondermüll und dürfen nicht in den allgemeinen Abfall wandern. In sehr vielen Geschäften stehen inzwischen Behälter für gebrauchte Batterien.*

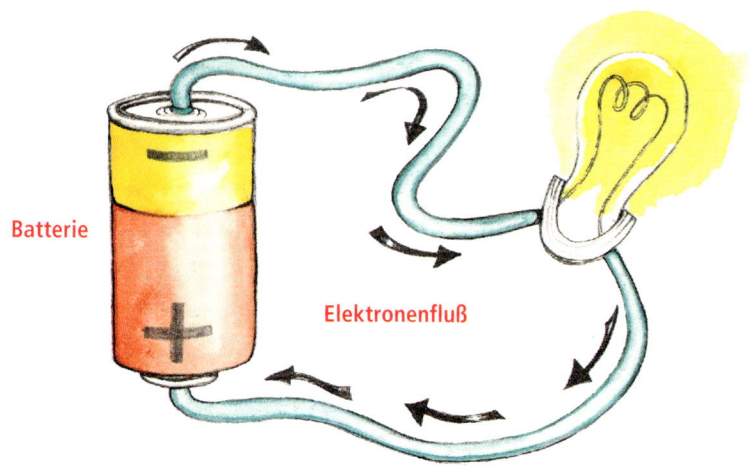

Batterie

Elektronenfluß

sie einsetzen sollte. Wenn nun die Batterie richtig im Spielzeug eingesetzt ist und der Schalter einschaltet wird, kann die Kraft aus dem einen Metall in das andere fließen. Diese Kraft ist der Strom, der Lampen zum Leuchten bringen oder dafür sorgen kann, dass sich ein Motor dreht. Irgendwann aber hat das eine Metall so viele Elektronen in das andere Metall geschickt, dass in beiden Seiten der Batterie gleich viel Kraft steckt. Dann kriecht kein Elektronenstrom mehr durch den Draht, eine Lampe geht aus, ein Motor bleibt stehen. Die Batterie ist *entla-den*, weil das starke Metall seine ganze Kraft an das schwache abgegeben hat. Jetzt braucht man eine neue Batterie.

### … und warum bestehen elektrische Leitungen aus Metalldraht?

Elektrischer Strom fließt dann, wenn sich die Elektronen bewegen, jene winzigen Teilchen, die eigentlich zum Atom gehören und unsichtbar sind. Wie Wasser durch einen Schlauch fließt, fließen auch Elektronen durch den Draht. Und das funktioniert, obwohl der Draht nicht hohl ist. Die Elektronen sind nämlich so klein, dass sie zwischen den einzelnen Atomen des

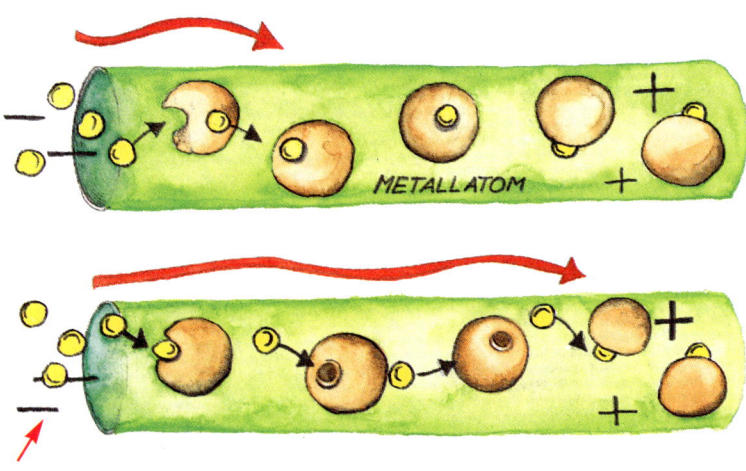

METALLATOM

Drahtes bequem hin- und herflitzen können. Würde man die Atome des Drahtes mit Hilfe eines Mikroskops millionenfach vergrößern, könnte man sehen, dass zwischen den einzelnen Atomen eine Menge Platz ist. Normalerweise bleiben die Elektronen ja bei ihrem Atom. Sie sausen immer drumherum. Bei Metallen ist es aber so, dass die Elektronen nicht besonders fest an ihr Atom gebunden sind. Sie können sich relativ leicht lösen und zu freien Elektronen werden – bis sie von einem anderen Atom eingefangen werden, das dann gleichzeitig ein anders abgibt. Die Elektronen gehen gewissermaßen zwischen den Atomen spazieren. Und wenn man von außen weitere Elektronen in den Draht hineinpresst, beispielsweise von einer Batterie, bringt man alle Elektronen im Draht dazu, in dieselbe Richtung zu marschieren. Die Elektronen wandern nämlich in die Richtung, wo es an Elektronen mangelt. Obwohl: Ganz genauso ist es nicht, weil die Elektronen sich selber ziemlich langsam bewegen. Ein Elektron macht Platz für ein anderes, dieses wiederum Platz für noch ein anderes usw. Und dieser Vorgang geht rasend schnell vor sich. Deshalb geht das Licht im Zimmer auch sofort an, sobald man den Schalter betätigt. Würde man andere Stoffe als Metall, zum Beispiel Kunststoff, Glas, Porzellan oder Holz, als Draht verwenden, bliebe die Lampe dunkel. Hier können keine Elektronen frei fließen, weil sie lieber bei ihren Atomen bleiben.

*Es gibt Stoffe, die Elektrizität leiten und solche, die sie nicht leiten. Die nennt man »Isolatoren«. Dazu gehören Glas, Bernstein, Holz oder bestimmte Kunststoffe. Wenn man also einen leitenden Stoff mit Holz umgibt, ist er isoliert. Oder er wird mit Kunststoff umgeben, wie die Stromkabel.*

## … und weshalb kann ein Telefon klingeln?

In den modernen Telefonen sitzt ein kleiner Lautsprecher mit einer *Membran*. So nennt man ein dünnes Material, das sich mit einer Art kleinem Motor bewegen lässt, wenn man Strom durch die Drähte des Telefons schickt. Bewegt sich die Membran des Lautsprechers ganz schnell vor und zurück, gibt sie jedesmal auch der Luft vor dem Lautsprecher einen kleinen Stoß. Die Luft beginnt sich zu bewegen. Und Luft, die sich bewegt, nennt man *Schallwellen*. Sie werden als Töne wahrgenommen. So ist es übrigens auch, beim In-die-Hände-Klatschen. Die Luft zwischen den Handflächen will schnell weg –

und das ist das Klatschgeräusch. Wenn nun viele Leute zusammen und durcheinander klatschen, entsteht ein Geräusch, das sich wie Rauschen oder Brausen anhört. Denn je nachdem, wie schnell Luft bewegt wird, entstehen verschiedene Schallwellen, die man als unterschiedliche Geräusche wahrnehmen kann. Auch die Stimme erzeigt solche Schallwellen, und zwar mit den Stimmbändern, mit denen die ausgeatmete Luft in verschiedene Schallwellen gebracht wird. Und genau das geschieht mit der Membran des Lautsprechers, wenn sie durch elektrischen Strom bewegt wird. Wird sie langsam hin und her bewegt, erzeugt sie langsame Schallwellen mit tiefen Tönen. Wird sie schnell bewegt, entstehen hohe Töne. Abhängig davon, wie die Membran eines Lautsprechers mit Strom hin und her bewegt wird, klingelt das Telefon laut oder leise.

### … und wie kommt die Stimme aus dem Telefon?

*In den Kabeln zwischen den Telefonen war früher Kupfer. Heute sind es Glasfaserkabel. Die Signale werden durch Lichtblitze weitertransportiert. Es können also Signale schneller und in größerer Anzahl übertragen werden.*

Das ist ganz ähnlich wie mit dem Klingeln. Dort, wo man hineinspricht, ist das Mikrofon mit einer Membran. Sie wird durch die Schallwellen der Stimme bewegt. Dadurch entstehen winzig kleine Stromstöße, die durch das Kabel von einem Telefon bis zum anderen transportiert werden. Dort macht der Lautsprecher nun genau das Gegenteil von dem, was vorher im Mikrofon passiert ist: Er verwandelt die kleinen Stromstöße wieder in Schallwellen, die als die Stimme des anderen zu hören ist.

### … und wie gelangt die Stimme von einem zum anderen?

Das Telefon verwandelt die Schallwellen in elektrische Stromstöße und macht daraus auf der anderen Seite wieder hörbare Geräusche. Denn Strom kann man über Tausende von Kilometern durch ein Kabel leiten, das auf seinem weiten Weg sogar geknickt oder eingebuddelt sein kann.

## ★ Versuch

Ein ganz einfaches Telefon kannst du dir übrigens auch selbst bauen. Dafür benötigst du zwei leere, saubere Joghurtbecher. In den Boden beider Becher wird vorsichtig ein kleines Loch gestochen. Dabei hilft dir bestimmt ein Erwachsener, damit du dich nicht verletzt. Du legst die beiden Becher mit den durchlöcherten Unterseiten gegeneinander und ziehst einen ganz langen stabilen Bindfaden hindurch. Ans Ende dieser Bindfäden machst du dicke Knoten. Die müssen in jedem der beiden Becher auf der Innenseite am Boden liegen. Jetzt kannst du einen dieser Becher in die Hand nehmen, mit dem anderen macht es dein »Telefonpartner« genauso. Dann geht ihr so weit auseinander, bis der Bindfaden zwischen den beiden Bechern straff gespannt ist. Wenn nun einer in seinen Becher hineinspricht, und der andere hält seinen Becher ans Ohr, kann er über unser selbst gebautes Telefon die Stimme des anderen aus dem Becher hören. Wie kommt das? Weil der Becher, in den wir hineinsprechen, die Schallwellen der Stimme auffängt. Und durch den straff gespannten Bindfaden werden diese Schallwellen bis zum anderen Becher weitergeleitet. Dessen Boden wird dadurch bewegt. Und genauso wie die Membran eines Lautsprechers gibt er nun die Stimme des anderen wieder. Dieses Telefon funktioniert aber nur, wenn die Schnur zwischen beiden Bechern straff gespannt ist und nirgendwo anstößt. Denn dann können die Schallwellen nicht bis zum anderen Becher hindurchlaufen. Für große Entfernungen wären solche Telefone also nicht zu gebrauchen

*Alle telefonischen Mitteilungen werden in elektrischen Strom umgewandelt, über eine Leitung gelenkt und am Ende wieder in die Stimme zurückverwandelt. Aber nicht nur Stimmen, sondern auch Bilder, Videos und Computerdaten können auf diese Weise übermittelt werden.*

## … und woher weiß das Telefon, mit wem ich sprechen will, wenn ich eine bestimmte Nummer wähle?

Jede Telefonnummer gibt es nur einmal auf der Welt – auch wenn es eventuell in zwei völlig verschiedenen Städten zweimal eine Nummer geben sollte, die 1234567 lautet. Denn bevor man die eigentliche Nummer wählt, wählt man eine Nummer, die einen mit einer anderen Stadt oder einem Funktelefon verbindet. Das ist die *Ortsvorwahl*, die jede Stadt hat.

Und auch jedes Funktelefon hat eine *Netzvorwahl*. Diese Vorwahlen beginnen immer mit einer Null. Wer jedoch jemanden in einem anderen Land anrufen will, muss eine *Landesvorwahl* wählen. Die beginnt immer mit zwei Nullen. Jedes Land hat eine eigene Vorwahl. An den Nummern »erkennt« also das Telefon, ob man jemandem in einem fremden Land, in einer anderen Stadt oder nur im Haus nebenan anrufen will. Möchte man nur mit jemandem in der Nachbarschaft telefonieren, nennt man das ein *Ortsgespräch*. An den ersten Ziffern, die dann gewählt werden, »erkennt« das Telefon, in welchen Stadtteil das Gespräch gehen soll. Und die weiteren Ziffern entscheiden dann darüber, in welcher Straße, in welchem Haus und in welcher Wohnung das Telefon schließlich klingelt.

### … und wieso können Telefone ohne Kabel funktionieren?

*Funkstationen können Telefonverbindungen schaffen – zu fast allen Ländern dieser Erde. Nur auf die Zeitverschiebung muss man ein wenig achten, denn wenn es bei uns Abend ist, ist es woanders mitten in der Nacht. Und da wird der Angerufene nicht erfreut sein.*

In den Funktelefonen sitzen Batterien. Daher bekommt das Funktelefon, zu dem man auch Handy sagt, seinen Strom. Und genau wie ein Telefon, das an ein Kabel angeschlossen ist, wird im Funktelefon die Stimme in Stromstöße umgewandelt. Das besondere an Funktelefonen jedoch ist, dass die Stromstöße nicht durch ein Kabel geschickt werden, sondern durch die Luft. Das geht über *Funkwellen*, die so ähnlich sind wie Lichtstrahlen – nur dass man Funkwellen nicht sehen kann. Und anders als Lichtstrahlen können Funkwellen auch durch Mauern dringen. Jedes Handy hat eine kleine Antenne, von der die Funkwellen weggeschickt werden. Große Antennen, die überall im Land verteilt aufgestellt sind, fangen die Funkwellen der Telefone auf und verwandeln sie wieder in ganz normale Stromstöße. Sie werden entweder durch Kabel zu einem Kabeltelefon geschickt oder bis zu einer großen Antenne in der Nähe des angerufenen Handys. Wenn ein Handy angerufen wird, werden aus den Stromstößen wieder Funkwellen gemacht, zur Antenne des Handys geschickt und dort wieder in Stromstöße und zuletzt in hörbare Töne zurückverwandelt. Anrufen kann man ein Funktelefon aber nur, wenn es eingeschaltet ist. Aber das ist nicht nur nötig, damit es Strom aus den Batterien hat, sondern es sendet ein paar Funkwellen zu großen Antennen, die überall im Land verteilt sind. Daher »wissen« diese Antennen, in welche Gegend sie die Funkwellen schicken müssen, um das jeweilige Handy zu erreichen.

### … und warum kann ich den anderen am Telefon hören und manchmal auch über Bildschirm sehen?

Bei den normalen Telefonen und Handys wird nur die Sprache in elektrische Stromstöße verwandelt und dann von einem zum anderen Apparat übertragen. Um den anderen sehen zu können, ist eine Kamera eingebaut. Sie verwandelt Bilder in Stromstöße, die durch Kabel oder Funkwellen an einen anderen Ort übertragen und dort wieder in Bilder zurückverwandelt werden können. Dann ist das übertragene Bild auf einem Bildschirm zu sehen. Das Telefon muss also eine Kamera und einen Bildschirm haben, damit sich die beiden Menschen, die damit telefonieren, sehen können.

### … und warum kann ich die Leute im Fernsehen angucken?

In einem Fernsehstudio werden die Bilder mit einer Kamera in elektrische Impulse verwandelt. Und die können dann über eine Antenne durch die Luft geschickt werden. Das geht so ähnlich wie beim Funktelefon. Jeder Fernseher ist durch ein Kabel auch mit einer Antenne verbunden. Diese Antenne fängt die Funkwellen auf und im Fernsehapparat werden daraus wieder Bilder gemacht. Genau dieselben, die die Kamera im Fernsehstudio vorher in Stromstöße verwandelt hat. Über die Funkwellen können also Bilder und auch Sprache oder

*Die Bilder von einer Fernsehkamera im Studio kommen als elektrische Funkwellen an der Hausantenne an, werden zu einem Fernsehbild »rückübersetzt«, und – da ist »Die Sendung mit der Maus«.*

Musik durch die Luft geschickt werden. Und wenn die Funkwellen den Fernseher nicht über die Antenne erreichen können, kann er auch keine Bilder mehr machen.

### ★ Versuch

Bitte deine Eltern einfach mal, bei eingeschaltetem Fernseher ganz kurz das Antennenkabel herauszuziehen und es anschließend wieder hineinzustecken. Du wirst sehen: Für kurze Zeit ist kein Bild zu sehen, weil der Fernseher keine Funkwellen mehr bekommt, aus denen er Bilder machen kann.

Deshalb können einen die Leute im Fernsehen auch nicht sehen, denn dafür müsste auch zu Hause eine Kamera stehen, die das Bild in elektrische Impulse verwandelt und dann ins Fernsehstudio schickt.

### … und wie kann ich Filme auf Video aufnehmen?

*Etwas anderes ist es mit den Bildtelefonen. Da gibt es eine winzige Kamera am Telefon des Sprechers und des Empfängers. Und beide Telefone haben auch einen kleinen Bildschirm. Das ist toll für Leute, die sich nicht so oft sehen können, weil sie weit auseinander wohnen.*

Die Funkwellen, mit denen Filme übertragen werden, kann man auf Video aufnehmen. Dazu werden alle Funkwellen, in denen Bilder und Musik steckt, auf ein langes Band oder auf eine Scheibe gemalt – so ähnlich, wie man Bilder auf ein Malblock zeichnen und sie dann immer wieder anschauen kann. Wenn man es will, werden die Funkwellen vom Videoband oder von der Videoplatte wieder in sichtbare Bilder verwandelt. Genauso können übrigens auch Musik und Stimmen auf Musikkassetten oder CDs aufgezeichnet und dann immer wieder angehört werden.

### … und wie kommen die verschiedenen Programme zustande?

Es gibt viele verschiedene Sendungen, die ständig als Funkwellen durch die Luft geschickt werden. Alle diese Funkwellen sind anders, haben unterschiedliche Längen. Man sagt, sie haben verschiedene *Frequenzen*. Wenn man nun ein bestimmtes Programm sehen möchte, schaltet man den Fernseher darauf ein. Und er sucht sich aus den unendlich vielen Funkwellen nur die mit genau der Länge aus, die zu diesem Programm

gehören. Nur diese verwandelt er in Bilder. Schaltet man dann auf ein anderes Programm um, sucht sich der Fernseher aus den vielen Funkwellen nur diejenigen heraus, deren Länge zum neu eingestellten Programm gehört. Der Film läuft zwar in dieser Zeit weiter, aber der Fernsehapparat verwandelt ihn nicht mehr in Bilder. Was der Fernsehapparat zeigt, liegt also nur an dem, der ihn bedient. Denn der sagt ihm, welche der vielen Funkwellen er in Bilder verwandeln soll.

## … und warum sind die Leute im Fernsehen immer so klein?

Die Größe der Menschen im Fernsehen hängt ausschließlich von der Größe des Fernsehers ab. Denn mit den Funkwellen kann man große und kleine Bilder entstehen lassen – je nachdem wie der Bildschirm beschaffen ist. Wer Menschen wirklich in Lebensgröße und größer sehen will, muss in ein Kino gehen. Da werden die Bilder aus den Filmen mit Lichtstrahlen auf eine riesengroße Wand gemalt. Das ist die Leinwand. Und sie ist oft noch viel größer als eine Wand in einem Zimmer zu Hause.

## … und wie kann ein Fotoapparat Fotos machen?

Das Allerwichtigste am Fotoapparat ist der Film.

### Der Film

Der Film ist chemisch vorbereitet, so dass er lichtempfindlich ist. Dazu eignen sich Silberverbindungen gut. An den Stellen am Film, wo Licht auftrifft, gibt es eine chemische Reaktion. Die lichtempfindliche Schicht auf dem Film wird verändert. Und zwar umso stärker, je heller das Licht ist. Später werden die weniger und unbelichteten Stellen der Filmschicht mit einer chemischen Lösung gewissermaßen herausgewaschen. Dann hat man ein sogenanntes *Negativ*. Das nennt man so,

*Der Film in einer Sofortkamera ist so vorbehandelt, dass er sich selbstständig entwickelt und gleich als »Positiv« sichtbar wird. Das dauert nur ein paar Minuten.*

weil die Stellen, die viel Licht abbekommen haben, nun dunkel sind. Die anderen Stellen sind hell. Belichtet man nun ein ebenso lichtempfindliches Fotopapier durch diese Negativ hindurch, bekommen die Stellen, wo es auf dem Negativ dunkel ist, weniger Licht ab, die anderen mehr. Wieder werden die unbelichteten oder weniger belichteten Stellen chemisch ganz oder teilweise herausgewaschen. Die belichteten Stellen bleiben dunkel. Man hat nun ein *Positiv*. Das nennt man so, weil es genau die Lichtverhältnisse wiedergibt, die dem fotografierten Motiv entspricht. Die Herstellung von farbigen Fotos ist etwas komplizierter, funktioniert aber im Prinzip genauso. Der Fotoapparat sorgt also nur dafür, dass Licht auf den Film fällt. Alles andere wird im Fotolabor chemisch erledigt.

### Der Fotoapparat

*Der Film wird im Fotolabor entwickelt, und dann wird das Negativ auf ein Photopapier projiziert. Das Fotopapier kommt in das »Entwicklerbad«. Wenn das Bild gut darauf zu erkennen ist, wird das Papier in ein »Stoppbad« gelegt. Sofort hört die Entwicklung auf. In Labors geht das alles natürlich automatisch.*

Die Teile an und in der Kamera kümmern sich darum, dass nicht zu viel und nicht zu wenig Licht hindurchgelassen wird. Trifft nämlich zu viel Licht auf den Film, werden nach und nach alle Stellen auf dem Film belichtet, so dass man die dunklen Stellen kaum noch unterscheiden kann. Das Bild ist überbelichtet, sagt man. Bei zu wenig Licht ist das Gegenteil der Fall. Dass genau die richtige Lichtmenge auf den Film trifft, dafür ist der *Verschluss* zuständig. Der ist meist automatisch gesteuert. Man stellt die Belichtungszeit ein, drückt auf den Auslöser. Dadurch öffnet sich für kurze Zeit der Verschluss, der sich zwischen Linse und Film befindet. Nun kann Licht durch ihn hindurch auf den Film fallen. Dann schließt er sich wieder. Mit der sogenannten *Blende* wird bestimmt, wie groß der Öffnungsdurchmesser sein soll, durch den das Licht fällt. Damit wird zwar auch die einfallende Lichtmenge geregelt. Wichtiger aber ist noch, dass die Einstellung der Blende Einfluss darauf hat, ob auch der fotografierte Hinter- oder Vordergrund im Foto nachher scharf abgebildet werden. Manchmal nämlich soll nur der fotografierte Gegenstand oder die Person scharf zu sehen sein. Alles andere ist nicht so wichtig und kann ruhig verschwommen bleiben. Mehrere Linsen, die zusammen ein *Objektiv* bilden, sorgen dafür, dass man Gegenstände in unterschiedlicher Entfernung noch scharf fotografieren kann. Aber grundsätzlich kann man auch ohne eine Kamera Fotos machen. Dazu bräuchte man nur einen Schuhkarton, in der ein winziges Loch gebohrt wird, durch die das Licht fällt.

## … und wieso wird die Heizung warm?

Eine Zentralheizung, wie wir sie in den meisten Wohnhäusern finden, ist folgendermaßen aufgebaut:
Es gibt den Heizkörper. Der Heizkörper ist an Rohre angeschlossen, die mit Wasser gefüllt sind. Jede Heizung hat an der rechten oder linken Seite einen dicken Knauf. Den Knauf nennt man *Ventil*. Dreht man dieses Ventil auf, kann Wasser aus den Rohren durch den Heizkörper fließen. Das Wasser ist warm, und diese Wärme verteilt sich dann vom Heizkörper aus im Raum.

### ★ Versuch

Wie das warme Wasser in den Heizkörper fließt, nachdem du das Ventil aufgedreht hast, kannst du übrigens genau fühlen. Erst wird das Rohr warm, das zum Ventil führt. Und danach erwärmt sich ganz langsam der Heizkörper, weil immer mehr heißes Wasser hindurchfließt. Durch ein zweites Rohr, das ebenfalls an den Heizkörper angeschlossen ist, fließt dann das Wasser wieder aus dem Heizkörper heraus. Du kannst auch mal dieses zweite Rohr anfassen. Es ist viel kälter als das Rohr, das direkt zum Ventil führt. Denn wenn das Wasser wieder aus dem Heizkörper herausfließt, hat es schon ganz viel von seiner Wärme verloren.

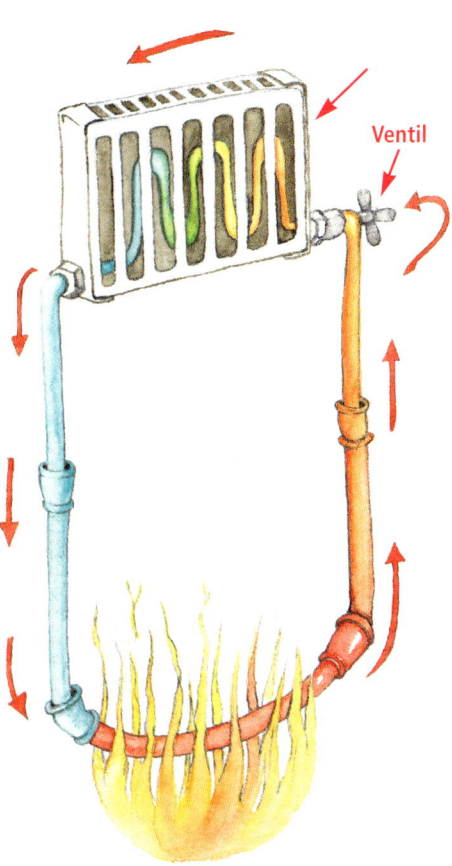

Ventil

Kessel

*Es gibt auch Haushalte, die mit Feuer in einem offenen Kamin heizen. Diese Wärme ist besonders angenehm.*

113

So wird das Wasser erwärmt:
Das Heizungswasser wird meistens im Keller über einem Feuer erwärmt, das mit Öl oder Gas brennt. Über den Flammen befindet sich ein Rohr mit Wasser. Und das wird von den Flammen heiß gemacht. So einen Ofen, in dem Feuer brennt und Rohre mit Wasser erwärmt, nennt man *Kessel*. Manchmal steht so ein Kessel aber gar nicht im Keller eines Hauses, sondern es gibt einen riesengroßen Kessel für einen ganzen Wohnblock, eine ganze Straße oder sogar einen ganzen Stadtteil. Darin wird das Wasser für die Heizung in den einzelnen Wohnungen erwärmt. Das Gebäude, in dem so ein großer Kessel steht, nennt man *Heizkraftwerk*.

Wenn ein Ventil »mitdenkt«:

*Ganz besondere Öfen sind »Hochöfen«. Sie sind bis zu dreißig Meter hoch und werden auch nicht einfach zum Heizen gebraucht. In diesen Öfen wird aus Eisenerz, einem metallhaltigen Gestein, das Eisen herausgeschmolzen. Dafür braucht man viel Hitze.*

Viele Ventile veranlassen automatisch, dass die Heizung warm oder kalt wird. Und zwar durch ein kleines Stück Metall im Innern, das bei Kälte kleiner und bei Wärme größer wird. Dieses Stück Metall verstopft das Rohr, das ans Ventil angeschlossen ist. Wenn es nun im Raum ganz kalt ist, zieht sich der Metallstopfen zusammen und an ihm vorbei kann warmes Heizungswasser durchs Ventil und in die Heizung fließen. Ist es im Raum warm genug, wird der Metallstopfen im Ventil wieder größer. Er verschließt das Rohr, und es strömt kein neues Heizungswasser mehr hinein. So lange, bis es dem Ventil wieder zu kalt wird, sich der Stopfen wieder zusammenzieht und erneut warmes Wasser nachlaufen kann.

## … und warum fühlen sich Rohre aus Metall immer so kalt an?

Die Metallrohre, die zur Heizung führen oder durch die im Badezimmer das Wasser fließt, sind meistens aus Kupfer oder Stahl gemacht. In diesen Metall ist fast keine Luft enthalten. Anders als zum Beispiel bei Holz oder Kunststoff. Denn da sind fürs Auge unsichtbar viele winzig kleine Luftbläschen enthalten. Diese Luft wirkt wie eine Isolierschicht. Wenn man ein Stück Metall anfasst, wird die Wärme von den Fingern sehr schnell vom Metall weitergeleitet und verteilt sich überall im

Metall. Das Metall saugt die Wärme von den Fingern auf – sie werden kalt. Wenn man ein Stück Holz anfasst, kann sich die Wärme nicht auf das ganze Holz verteilen. Denn überall sitzen die kleinen Luftblasen, die für die Wärme wie eine Sperre wirken. Dadurch kann die Wärme nicht so schnell wie beim Metall aus den Fingern gesaugt werden. Man hat das Gefühl, dass sich das Holz wärmer anfühlt als das Metall.

### ★ Versuch
Dass Metall ein guter Wärmeleiter ist und Holz ein schlechter, kannst du leicht feststellen. Kratze mal mit einem Holzlöffel und einem aus Metall ein bisschen festes Speiseeis aus einem Becher und stelle dann beide Löffelstiele in einen Trinkbecher, den du mit heißem Wasser gefüllt hast. Aber bitte Vorsicht und sich nicht verbrühen! Der Stiel steckt also nun im Becher und der Löffel mit dem Eis schaut aus dem Becher heraus. Und nun beobachte mal, an welchem Löffel das Eis zuerst schmilzt. Es wird der Metallöffel sein. Denn er leitet die Wärme aus dem Wasser schneller als der Holzlöffel zum Eis – es schmilzt früher.

### … und warum haben manche Fenster doppelte Scheiben und andere nur einfache?
Genauso wie Metall leitet Glas die Wärme sehr gut. Und eben auch Fensterglas. Allerdings kann dadurch die Wärme aus einem Zimmer ganz schnell durch das Glas an die kalte Luft draußen weitergeleitet werden. Wenn man aber zwei Fensterscheiben dicht voreinander setzt, befindet sich dazwischen eine Luftschicht. Und diese Luftschicht lässt die Wärme nicht so schnell hindurch wie das Glas. Sie ist wie eine Sperre zwischen der warmen Fensterscheibe innen und der kalten Scheibe außen. Man sagt, diese Schicht *isoliert* die warme von der kalten Scheibe. Deshalb nennt man solche Fenster mit zwei Scheiben auch *Isolierglas-Fenster*. Hergestellt wird Glas aus Quarzsand, Kalk, Soda und anderen Bestandteilen. Diese Mischung wird erhitzt, und man bekommt die flüssige Glasschmelze, aus der dann Gegenstände gegossen oder geblasen werden.

*Früher hatten die Menschen kein Glas. Deshalb wohnten sie in fensterlosen Häusern. Später wurden die Öffnungen in der Hauswand durch Pergament, das sind enthaarte Tierhäute, verschlossen.*

*Im Herbst muss aus den Wasserleitungen und -hähnen im Freien das Wasser ausgelassen werden. Denn wenn es zu Eis gefriert, dehnt es sich aus und könnte selbst die stabilen Metallrohre sprengen.*

### ★ Versuch

Geh einmal mit nur einem Pullover im Winter nach draußen. Mit Sicherheit wird es dich frieren. Zieh nun einen Pullover drüber. Wahrscheinlich wird es nun schon besser. Und schließlich kommt noch ein Pullover dazu. Das reicht wahrscheinlich, damit dir warm wird, denn zwischen den Pullovern befindet sich eine Luftschicht, die dich zusätzlich wärmt. Diese Luft wirkt dann ebenfalls wie eine Isolierschicht. Ist es draußen sehr kalt, dann ist es deshalb besser, du ziehst mehrere Shirts und Pullover übereinander. Sie wärmen dich besser als nur ein dicker Pullover.

### … und wie lange dauert es, bis die Wasserleitung leer ist?

Normalerweise wird es niemand schaffen, eine Wasserleitung leer zu machen.

Denn die Wasserleitung mit dem Wasserhahn am Ende ist ein langes Rohr, das in ein großes Becken führt. Aus diesem Becken wird Wasser von Pumpen in das Rohr gepresst.

Das Wasser in den Becken kommt aus unterirdischen Flüssen. Sie fließen an vielen Stellen tief im Boden, auf dem wir stehen. Das Wasser kann sich dort wie in Rohren zwischen harten Felsen und Steinschichten fortbewegen. Dieses Wasser ist ganz sauber, weil es durch Erde und Felsen, die darüber liegen, gut vor Schmutz geschützt ist. Man nennt es *Grundwasser*. An manchen Stellen werden diese unterirdischen Flüsse angebohrt und das Grundwasser mit Pumpen nach oben gesaugt. In einem Wasserwerk werden dann kleine Sand- und Metallteilchen, die vorher drin waren, aus dem Grundwasser herausgefiltert. Und dann kommt es in große Becken und von dort über die Leitung in die Wohnungen. Also auch wenn das Wasser ganz lange läuft, wird vom Wasserwerk immer neues nachgepumpt. Doch leider ist an vielen Stellen der Welt das Grundwasser schon nicht mehr ganz sauber. Und schmutziges

Wasser macht Menschen krank. Sauberes Trinkwasser ist deshalb etwas sehr Kostbares. Und deshalb sollten wir sehr sparsam damit umgehen und den Wasserhahn immer so schnell wie möglich wieder zudrehen.

## ... und warum sind Computer so schlau?

Eigentlich sind Computer gar nicht schlau, sondern sie sind sogar ziemlich dumm. Denn ein Computer kann gar nichts von selbst – er kann immer nur das, was ihm Menschen vorher beigebracht haben oder was sie ihm gerade sagen. Der Computer kann noch nicht einmal Zahlen richtig voneinander unterscheiden oder verschiedene Buchstaben. Das haben ihm die Menschen beigebracht, die man *Programmierer* nennt. Sie haben alle Zahlen und alle Buchstaben in eine Computersprache zerlegt. Und diese Computersprache besteht nur aus den Worten »nein« und »ja« – aber weil der Computer selbst die nicht unterscheiden kann, hat man statt dieser Worte die Ziffern »Eins« und »Null« gewählt. Jede Zahl und jeden Buchstaben, die man in den Computer eintippt, »versteht« der Computer nur als eine ganz lange Kette von Nullen und Einsen. Eine Null bedeutet dann immer, dass durch die kleinen Drähte im Computer kein Strom fließt, eine Eins bedeutet, dass Strom fließt. Und weil das geht, kann der Computer genauso schnell diese langen Ketten von Nullen und Einsen miteinander vergleichen oder aus zwei Ketten eine neue bilden, die dann zum Beispiel das Ergebnis einer Rechnung ist. Aber all das haben ihm die Programmierer vorher beigebracht. Und was ein Computer nicht auf diese Weise gelernt hat, das kann er auch nicht. Deshalb kann kein Computer schlauer sein als die Menschen, die ihn programmiert haben. Du kannst dir zum Beispiel merken, dass ein Lolly süßer schmeckt als eine Zitrone. Der Computer würde so etwas nie erkennen – ein Mensch müsste es ihm vorher sagen. Und deshalb ist ein Computer eigentlich ziemlich dumm.

*Gut, dass Computer nicht klüger sind als Menschen, sonst würden sie einfach die Macht übernehmen und tun und lassen, was ihnen gefällt. Wahrscheinlich gäbe es bald nichts mehr zu essen, denn ein Computer braucht ja nur Strom als Nahrung, damit er funktioniert und kein Brot oder Obst.*

## … und warum ist das ABC auf den Tasten vom Computer so durcheinander?

*Früher brachte man die Buchstaben mit Gänsekielen, Meißeln oder Griffeln auf Rinde, Holz, Tontafeln, Leder oder Papyrusrollen. Heute benutzt man Bleistifte, Füller, Kugelschreiber, Schreibmaschinen oder Computer. Und geschrieben bzw. vom PC ausgedruckt wird auf Papier*

Bevor es Computer gab, musste man alle Briefe mit der Hand oder mit einer Schreibmaschine schreiben. So eine Schreibmaschine hatte viele Tasten. Und wenn man auf eine Taste gedrückt hatte, wurde dadurch ein Hebel mit einem Buchstaben, auf dem Farbe war, auf das Papier gedrückt. So wurden die Buchstaben sichtbar. Um aber den Hebel mit einem Buchstaben auf das Papier zu drücken, brauchte man Kraft, und es dauert eine Weile, bis der Buchstabenhebel aus seiner Ruhelage das Papier erreicht hatte. Nun gibt es aber in jeder Sprache Buchstaben, die viel häufiger als andere benutzt werden. Deshalb hatte man die Schreibmaschinen so gebaut, dass die Hebel mit den besonders häufig benutzten Buchstaben möglichst weit auseinander lagen. Weil sie sich sonst immer ineinander verhakt hätten. Die Folge war, dass die Buchstaben auf den Tasten nicht in der Reihenfolge vom ABC lagen, sondern bunt durcheinander gewürfelt wurden. Aber daran konnte sich jeder, der Schreibmaschine schreiben lernen wollte, schnell gewöhnen. Denn bei jeder Schreibmaschine lagen die Buchstaben an derselben Stelle. Und damit jeder, der einmal gelernt hatte, mit der Schreibmaschine zu schreiben, nun nicht wieder umlernen musste, hat man die Anordnung der Buchstabentasten beim Computer so gelassen. Obwohl man sie heute auch nach dem ABC ordnen könnte. Denn beim Computer gibt es keine Hebel mehr, die sich verhaken könnten. Denn da wird jeder Buchstabe von der Tastatur nicht mehr mechanisch, sondern elektrisch weitergegeben.

## … und wie kommen die Buchstaben in die Bücher?

Sie werden auf die Seiten gedruckt. Heute läuft das über Computer, aber früher fertigte man dazu kleine Stempel in Form der Buchstaben an. Vor 2000 Jahren in China waren sie aus Holz, und als bei uns der Buchdruck vor 550 Jahren von Johannes Gutenberg erfunden wurde, nahm man Metall dafür. Diese *Lettern* wurden zu Wörtern zusammengefügt und gedruckt.

## … und warum muss man manche Uhren aufziehen, andere aber nicht?

Jede Uhr hat irgendetwas, das sozusagen regelmäßig den Takt angibt. Nur so weiß die Uhr, wie schnell sie ticken muss. Bei einer großen Standuhr ist es ein Pendel, das gleichmäßig hin und her schwingt. Dieses Pendel nennt man *Perpendikel*. In der Taschenuhr dreht sich eine Scheibe, die an einer Feder befestigt ist, immer abwechselnd links- und rechtsherum. Das ist die sogenannte *Unruh*. Bei vielen Armbanduhren funktioniert das ebenso. Wird ein normales Pendel, zum Beispiel mit einer Schnur an einem Deckenhaken befestigt und in Schwung gebracht, hört es nach einiger Zeit einfach auf zu schwingen. An einer Uhr würde das auch der Fall sein. Die vielen Zahnräder in der Uhr und das Pendel müssen vor allem selbst irgendwie gelagert sein, damit sie an Ort und Stelle bleiben. Diese Lager bilden aber einen Widerstand, der immer wieder überwunden werden muss. Das ist wie mit dem Vorderrad eines Fahrrades, das in Schwung versetzt wird. Es hört auch nach kurzer Zeit auf, sich zu drehen. Denn seine Achse bildet einen Widerstand, weil sich dort die drehbaren und festen Teile aneinander reiben. Soll das Pendel oder die Unruh in einer Uhr sich aber trotz des Widerstandes weiterbewegen, muss es immer wieder neu angeschubst werden. Bei einer Uhr, die man aufzieht, wird durch dieses Aufziehen eine Feder gespannt. Und diese Feder gibt ihre Kraft nach und nach ab. Sie treibt die Zahnräder an, damit sich die Zeiger weiter bewegen. Außerdem liefert sie die Energie nach, die wegen des Reibungswiderstandes der Zahnräder und des Pendels verlorengeht.

Bei Uhren, die man nicht aufzieht, muss es trotzdem etwas geben, das die nötige Energie nachliefert. Oft ist das eine Batterie, deren Strom durch einen Magneten fließt und Kraft erzeugt. Diese Kraft treibt dann die Unruh an und die kleinen Zahnräder. Die Batterie kann aber auch durch eine sogenannte *Fotozelle* ersetzt werden. Diese Zelle wandelt Licht in Strom um. Und viele Uhren bekommen ihren Strom einfach aus der Steckdose.

*Sonnenuhren und Sanduhren muss man nie aufziehen. An einer Sonnenuhr kann man die Stunden eines ganzen Tages ablesen – aber nur, wenn die Sonne scheint. Eine Sanduhr zeigt in der Regel nur etwa fünf Minuten an. Bei einer Stunde wäre es schon ein riesiges Gefäß, und man müsste es dauernd umdrehen.*

# STACHLIGER KAKTUS UND ZARTE BLUME

»Warum ist die Banane krumm? Wenn sie gerade wär', dann wär's keine Banane mehr.« Diesen Spruch kennen wahrscheinlich die meisten – die richtige Antwort aber wohl die wenigsten. Aber nicht nur, wenn es um Bananen geht, sondern auch bei Fragen zum Wald vor der Haustür, müssen wir immer wieder passen. Packen Sie die Gelegenheit beim Schopf, informieren Sie sich, und sprechen Sie mit Ihren Kindern über das Grün der Wälder, über die vielen Farben und Formen von Blumen, über kristallklare Gewässer, über die Jahreszeiten, machen Sie Ausflüge mit dem Fahrrad und verbinden Sie damit doch einfach eine kleine Lektion in Umweltschutz.

# Warum ist die Banane krumm?

Auch in der Pflanzenwelt begegnen uns die vielfältigsten Lebewesen. Kinder erleben den Lebensrhythmus in der Natur und suchen nach einleuchtenden Erklärungen für das, was sie mit ihren eigenen Augen sehen.

## Warum verlieren Bäume im Herbst ihre Blätter?

*Über seine grünen Blätter erhält der Baum Nahrung. Die Blätter verwandeln das Sonnenlicht mit Wasser und Kohlendioxid, einem Bestandteil der Luft, in Stärke. Stärke wird auch zum Backen verwendet. Frag' einmal deine Mutter.*

Im Herbst werden die Tage kürzer. Dadurch wird die Erde nicht mehr so stark erwärmt, und die Bodentemperatur sinkt. An beidem, vor allem aber an der geringeren Lichtmenge, erkennen die Bäume, dass es Winter wird. Der Winter mit Frost aber ist für die Bäume und anderen Pflanzen eine sehr gefährliche Zeit. Denn sobald der Boden gefroren ist, können sie mit ihren Wurzeln kein Wasser mehr aus der Erde saugen, um die Blätter zu versorgen. Darum beginnt der Baum, sich im Herbst auf eine Art Winterschlaf vorzubereiten. Ebenso, wie der Baum bisher Nährstoffe und Flüssigkeit in seine Blätter transportiert hat, schaltet er jetzt in den »Rückwärtsgang«. Er saugt Nährstoffe wieder durch Zweige und Äste zurück und speichert sie in tiefer gelegenen Schichten der Baumrinde und in den Wurzeln. Durch den Wind trocknen gleichzeitig die Blätter aus. Und dort, wo sie mit ihrem Stiel am Zweig sitzen, bildet sich eine kleine Narbe. Diese Narbe soll verhindern, dass beim Abfallen des völlig vertrockneten Blattes eine offene Stelle am Baum zurückbleibt.

## … und warum werden Blätter braun, bevor sie herunterfallen?

Der grüne Farbstoff in den Blättern fängt das Sonnenlicht ein, das jeder Baum zum Leben benötigt. Außerdem sind aber immer auch gelbe und rote Farbstoffe in den Blättern enthalten. Nur kann man die normalerweise nicht sehen, weil das leuchtende Grün stärker ist als die anderen Farben. Wenn sich der Baum dann im Herbst auf seine Winterruhe vorbereitet, wird wegen des weniger werdenden Sonnenlichts der grüne Farbstoff zurückgebildet. Und jetzt sind auch die anderen Farbstoffe zu sehen, gelbe und rote, die zusammen dem Blatt seine braune Farbe geben. In einem besonders sonnigen Herbst bildet sich das Grün übrigens nur sehr langsam zurück. Dann lässt die Sonne die Blätter lange in den verschiedensten gelben und rötlichen Farbtönen leuchten. Wenn der Herbst aber kalt und regnerisch ist, gibt es keine so bunte Färbung des Laubes. Dann werden die Blätter viel schneller braun.

*Bei Tieren, die einen Winterschlaf halten, sinkt die Körpertemperatur und Atem und Puls werden ganz langsam. So brauchen sie wenig Energie und können von dem im Herbst angefressenen Fett leben.*

## ... und warum muss man die heruntergefallenen Blätter zusammenfegen?

Das muss man gar nicht, denn dafür gibt es eigentlich gar keinen Grund. Jedenfalls nicht im Garten. Nur auf den Straßen stören die Blätter wirklich. Denn sie können die Siele verstopfen, durch die das Wasser der herbstlichen und winterlichen Regengüsse ablaufen soll. Bei verstopften Sielen aber fließt das Wasser zum Beispiel durch Kellerfenster in die Häuser und kann dort Schäden anrichten. Auch auf der Fahrbahn sind Blätter gefährlich. Denn auf einem Teppich aus feuchten Blättern kann ein Auto leicht ins Rutschen kommen. Und es kann darauf auch nicht schnell genug bremsen, wenn vielleicht ein kleiner Hund über die Straße läuft. Deshalb ist es sinnvoll, die Blätter von den Straßen zu entfernen. Im Garten aber sollte man die Blätter besser liegenlassen. Denn das vom Baum gefallene Lauf bildet auf dem Boden eine schützende Schicht, unter der auch an kalten Wintertagen viele kleine Tiere überleben können, zum Beispiel Würmer und Käfer. Aber auch Igel mögen größere Haufen von getrockneten Blättern. Dort bereiten sie sich ein warmes Bett für ihren Winterschlaf. Die am Boden liegenden Blättern werden außerdem von winzig kleinen Lebewesen zersetzt, die man Mikroorganismen nennt. Sie verwandeln das alte Laub in Humus. Und der dient dann wieder als Nahrung für neue Pflanzen, die im Frühling sprießen. Wenn jemand also seinen Garten von herabgefallenen Blättern befreit, nimmt er deshalb der Erde die natürliche Nahrung und den natürlichen Schutz für viele kleine Tiere weg. Besonders klug ist das nicht.

## … und warum sind die Tannenbäume immer grün?

*Fichte und Tanne kann man an ihren Zapfen erkennen. Bei der Fichte hängen die Zapfen nach unten, bei der Tanne stehen sie aufrecht. Außerdem wachsen die Nadeln der Fichte rund um den Zweig, und bei der Tanne sitzen sie in zwei Reihen oben drauf.*

Die Tanne, die Fichte oder auch die Kiefer nennt man *Nadelbäume*. Denn ein bisschen sehen ihre Blätter ja wie kleine oder auch große Nadeln aus. Die Nadeln sind von einer hauchdünnen Wachsschicht umhüllt. Dadurch können sie nicht, wie die Blätter der anderen Bäume, im Winter austrocknen. Und der Baum kommt mit viel weniger Wasser aus als ein Laubbaum, über dessen grüne Blätter viel Feuchtigkeit verdunstet. Deshalb ist es auch für Nadelbäume nicht so gefährlich, wenn sie mal für ein paar Wochen aus gefrorenem Boden kein Wasser mehr mit den Wurzeln heraussaugen können. Und Nadelbäume können wegen ihres geringeren Wasserverbrauchs auch noch dort wachsen, wo es für andere Bäume viel zu trocken ist. Allerdings verliert auch eine Fichte oder Kiefer immer wieder ein paar alte Nadeln, die dann durch neue ersetzt werden. Nur geschieht dies nicht auf einen Schlag und im Herbst, wie bei den Laubbäumen. Und es gibt auch bei uns einen Nadelbaum, der genauso wie die Laubbäume im Herbst seine Blätter erst gelb färbt und sie anschließend abwirft: Das ist die *Lärche*. Wenn andere Nadelbäume plötzlich braun werden und ihre Nadeln verlieren, hat das meistens einen anderen Grund: Sie vertrocknen, weil ihre Wurzeln nicht mehr genug Wasser aus dem Boden saugen können. Oder sie sind krank geworden. Das kommt leider sehr oft vor und liegt an dem Schmutz, der durch viele Schornsteine und Auspuffgase der Autos in die Luft gelangt. Dieser Schmutz wird vom Regen aus der Luft herausgespült und sickert in den Waldboden ein. Das nennt man dann *sauren Regen*. Im Boden bleiben die Gifte zurück und werden von den Wurzeln der Bäume aufgesaugt, die den

Baum langsam sterben lassen. Manchmal wird versucht, das durch Kalk zu verhindern – das ist ein weißes Pulver, das auf den Waldboden gestreut wird und den sauren Regen für die Bäume unschädlich machen soll. Aber das ist nur eine Notlösung. Eine wirkliche Hilfe für die Bäume wäre es nur, wenn die Menschen dafür sorgen, dass weniger Schmutz in die Luft kommt.

## … und warum sind nicht alle Pflanzen grün, zum Beispiel Pilze?

Das liegt daran, dass sich diese Pflanzen anders ernähren. Die meisten Pflanzen benötigen für ihre Ernährung Sonnenlicht und fangen dieses mit dem grünen Farbstoff ihrer Blätter ein. Pilze aber ernähren sich nicht mit Hilfe des Sonnenlichts, deshalb haben sie den grünen Farbstoff nicht. Pilze leben von dem, was andere Pflanzen vorher hergestellt haben. Deshalb wachsen Pilze zum Beispiel oft auf alten, verfaulten Baumstämmen. Die Reste von dem, was sich der Baum früher mit seinen grünen Blättern als Nahrung geholt hat, genügt den Pilzen, um selbst zu wachsen.

## … und warum wachsen unter Nadelbäumen fast nie andere Pflanzen?

Dafür gibt es vor allem zwei Gründe. Zum einen fällt durch die Äste und Zweige eines Nadelbaums kein Sonnenlicht mehr auf den Boden in der Nähe des Stamms. Um wachsen zu können, braucht aber jedes junge Pflänzchen Sonnenlicht. Ein zweiter Grund ist, dass direkt unter einem Nadelbaum auch seine im Laufe der Jahre abgestorbenen und heruntergefallenen Nadeln liegen. Die aber verfaulen viel, viel langsamer als normale Blätter von Laubbäumen. Und so bilden sie eine weitere fürs Licht fast undurchlässige Schicht auf der Erde. Bei einem Waldspaziergang kann man leicht selbst feststellen, wie wenig Licht Nadelbäume noch auf die Erde fallen lassen. In einem

*In einem Nadelwald wachsen Tannen und Fichten. In einem Laubwald Buchen, Birken oder Eichen. Gibt es sowohl Nadel- als auch Laubbäume in einem Wald, spricht man von einem »Mischwald«.*

125

Wald aus lauter Nadelbäumen ist es nämlich immer viel dunkler und kälter als in einem Wald aus Laubbäumen – selbst wenn in beiden Wäldern die Bäume genauso dicht oder weit auseinander stehen.

## … und wie können Bäume und Blumen Kinder kriegen?
### Eine Pflanze befruchtet sich selbst

*Staubbeutel werden in der Umgangssprache auch »Staubgefäße« genannt. Sie sitzen am Ende des »Staubfadens«. Alles zusammen nennt man »Staubblatt«.*

Ganz anders als bei Menschen und Tieren hat eine junge Pflanze oft nicht zwei Elternteile, also Vater und Mutter. Viele Pflanzen können sich nämlich selbst befruchten. Das geschieht durch die Samen oder Pollen, die in den Blüten heranwachsen. Dazu sitzt in der Blüte ein kleines Säckchen, das man *Staubbeutel* nennt. Außerdem gibt es in der Blüte einen sogenannten Blütenstempel, der aus Fruchtknoten besteht. Landet ein Pollenkorn auf dem Blütenstempel, nennt man das *Bestäubung*. Das Pollenkorn dringt in den Fruchtknoten ein und befruchtet dort die Eizellen. Ist das geschehen, ist neuer befruchteter Samen entstanden, aus dem dann junge Pflanzen wachsen können. Dazu muss der Samen aber vom Wind oder von Vögeln auf die Erde getragen werden, wo er die für sein Wachstum wichtige Feuchtigkeit und Wärme findet. Dann dauert es nicht lange, bis das Samenkorn keimt. Das heißt, es schickt seine ersten winzigen Wurzeln in die Erde. Dafür, dass die Samenkörner den Blütenstempel erreichen, sorgen übrigens oft Insekten. Sie tragen an ihren Körpern den Samen zum Stempel und sorgen so dafür, dass die Bestäubung geschehen kann. Aber auch der Wind kann die Pollenkörner mitreißen und dann zum Stempel einer Blüte tragen, wo die Befruchtung stattfindet. Manche Blüten produzieren extra deshalb ganz klitzekleine Samenkörnchen mit Flügeln daran, die der Wind gut forttragen kann.

*Staubbeutel, Stempel, Eizelle*

### Ein Teil der Pflanze bildet Wurzeln

Es gibt aber auch Pflanzen, die sich nicht durch Samen vermehren, sondern bei denen schon ein abgerissener oder abgeschnittener Pflanzenteil ausreicht, eine neue Pflanze wachsen zu lassen.

### ★ Versuch

Wenn ihr Zypergras oder Papyrus, wie die Pflanze auch genannt wird, zu Hause habt, bitte deine Mutter, dir einen Stängel abzuschneiden. Stecke ihn kopfüber in ein Glas mit Wasser. Du wirst sehen, nach kurzer Zeit bilden sich schon Wurzeln. Dann kannst du den Stängel mit den Wurzeln in einen Blumentopf mit Erde einsetzen.

### … und wie sehen die Samenkörner aus, die dann zu neuen Pflanzen werden?

Das ist ganz unterschiedlich und hängt auch davon ab, wie die jeweilige Pflanze ihren Samen verbreiten will. Viele überlassen das dem Wind. Und zu denen gehört zum Beispiel der kräftig gelb blühende Löwenzahn, dessen Blüte nach der Bestäubung zu einer Pusteblume wird. Wer sich die einzelnen weißen Pustefäden aber einmal genau anschaut, kann an deren unterem Ende ein winzig kleines dunkles Samenkörnchen erkennen. Der Pustefaden wirkt nun wie ein Flügel und sorgt dafür, dass der Wind ihn mit seinem Samenkorn über große Entfernungen mitreißen kann. Bei anderen Pflanzen sind die Samen dagegen sehr groß und schwer und fallen meistens nur in die unmittelbare Nähe des Stammes. Diese Samenkörner kennst du als Eicheln oder Kastanien. Wieder andere Samenkörner kann man essen: zum Beispiel die von Weizen, Gerste und Hafer, aus denen man Brot backen kann. Auch die Samen von Sonnenblumen, Sesam oder Mohn sind essbar – sie sind ebenfalls im Brot. Und auch im Kerngehäuse eines Apfels stecken Samen. Es sind die kleinen braunen Kerne. Gräbt man sie in die Erde ein, kann daraus ein neuer Apfelbaum wachsen.

*Das Zypergras ist nach der Insel Zypern benannt, eine der größten Inseln im Mittelmeer. Dort ist es sehr heiß und trocken. Deshalb wachsen auch die Zitrusfrüchte besonders gut, die dann in andere Länder verkauft werden.*

127

### ★ Versuch

Am besten kannst du das Wachstum einer Pflanze mit Kresse-
samen beobachten. Solche Samen gibt es in fast jedem Garten-
geschäft. Wenn du diese Samen auf ein stets feucht gehaltenes
Stück Watte streust und auf eine warme Fensterbank mit viel
Licht stellst, sprießen schon nach wenigen Tagen winzig kleine
Kressepflanzen.

### ... und was essen die Blumen und Pflanzen?

Alle Pflanzen brauchen zum Leben Wasser und Licht – die
einen mehr, die anderen weniger. Das Wasser ziehen sich die
Pflanzen über ihre Wurzeln aus dem Boden. Und in dem Wasser, das die Pflanze aufnimmt, sind immer auch viele Minerali-
en enthalten. Über die Blätter holen sich die Pflanzen außerdem Kohlendioxid aus der Luft. Das ist ein unsichtbares Gas,
das zum Beispiel beim Verbrennen von Papier oder Holz entsteht. Aus diesem Gas, den Mineralstoffen des Bodens und
dem Sonnenlicht bildet die Pflanze das Material, aus dem sie
selbst besteht. Diesen Vorgang nennt man *Photosynthese*. Und
dabei produziert eine Pflanze außerdem Sauerstoff, den wir
Menschen und auch die Tiere zum Atmen brauchen. Deshalb
ist es ganz gefährlich, wenn zum Beispiel die großen Urwälder
abgeholzt werden, die es noch in einigen Teilen der Welt gibt.
Denn dann können die Pflanzen in diesen Urwäldern keinen
Sauerstoff mehr liefern, den wir alle zum Leben brauchen.

### ... und warum tut es weh, wenn ich eine Brennnessel anfasse?

*Die Brennnessel gilt als Unkraut und trägt weiße Blüten. Ganz junge Brennnessel-blätter schmecken als Salat sehr gut. Natürlich brennen diese Blättchen noch nicht.*

Weil die Brennnessel über einen ganz raffiniert arbeitenden
Selbstschutz verfügt. Damit will sie sich zum Beispiel davor
schützen, von manchen Tieren gefressen zu werden. An der
Unterseite der Brennnesselblätter sitzen ganz viele feine
Haare, an deren Spitzen sich winzige mit einer scharfen Flüs-
sigkeit gefüllte Kügelchen befinden. Am oberen Ende haben
diese Kügelchen eine ganz scharfe, harte Spitze. Bei einer
Berührung mit der Haut oder der Zunge eines Tieres ritzt die

scharfe und harte Spitze zunächst die Haut ein kleines bisschen an. Außerdem zerplatzt das kleine Kügelchen, und die Flüssigkeit kommt heraus. Wenn sie nun auf die schon angeritzte Stelle der Haut kommt, wird die Haut rot, fängt an zu jucken und zu brennen. Es ist also nicht nur der Pflanzensaft, der die Haut reizt, sondern richtig wirken kann er erst, weil die Haut an der Stelle zunächst fast unsichtbar eingeritzt wurde und der Saft in diese fast unsichtbar kleine Wunde eindringen kann.

### … und warum wachsen Palmen nur da, wo wir Urlaub machen?

Alle Pflanzen haben sich der Umgebung angepasst, in der sie wachsen – auch den Temperaturen. Ein normaler Laubbaum zum Beispiel würde dort, wo es wenig regnet, sehr schnell vertrocknen. Denn über seine Blätter gibt er viel Wasser an die Luft ab. Viele Palmen, die in den heißen Ländern wachsen, haben dagegen nur ein paar Blätter, über die sie nur sehr wenig Wasser verlieren. Außerdem sind bei manchen Palmen die Blätter wie kleine Trichter geformt. Wenn es dann mal regnet, werden die Wassertropfen von diesen Blättern eingefangen, und sie fallen ganz dicht am Stamm auf die Erde. So kann die Palme dafür sorgen, dass kostbares Wasser nicht irgendwo versickert, sondern dicht an den Wurzeln bleibt, von wo aus es die Pflanze dann aufsaugen kann. Und oft haben die Palmen auch einen ganz harten, holzigen Stamm, an dessen unterem Ende gar keine Blätter wachsen. Dadurch schützt sich die Palme vor Tieren, die gern junge Blätter oder auch saftige Rinde von Stämmen abknabbern. Denn an solchen Stellen wäre der Stamm verletzt, der Pflanzensaft würde herauslaufen und die Pflanze müsste vertrocknen.

*Palmen sind wichtige »Nutzpflanzen«, das heißt, wir brauchen sie, um etwas herzustellen oder um unsere Nahrung mit ihren Früchten zu ergänzen. Das ist bei der Dattel-, Öl- und Kokospalme der Fall.*

### … und warum sind Kakteen so stachlig?

Auch Kakteen gehören zu den Pflanzen, die sich ihrer Umwelt perfekt angepasst haben. Denn sie wachsen meistens in Wüstenregionen, wo es oft monatelang nicht regnet. Deshalb können die Kakteen ganz viel Wasser speichern, fast wie ein

Schwamm. Regnet es mal, saugen sie sich voll und können dann lange aus ihren eingebauten Wasserspeichern leben. Die Stacheln sind ein Schutz gegen Tiere. Das ist wichtig, weil es dort, wo Kakteen wachsen, kaum andere Pflanzen gibt. Ohne Stacheln würden Kakteen also gefressen werden. Außerdem aber wollen die Kakteen ihren großen Wasservorrat schützen – denn auch auf den könnten es Tiere abgesehen haben.

### … und warum gibt es in der Wüste keine Pflanzen?

*In Savannen wächst vor allem hohes Gras, einzelne Büsche und Bäume, auch in Gruppen. Zum Beispiel wächst dort der Affenbrotbaum, dessen Früchte die Affen so gerne fressen. Neben Affen leben in Savannen auch Zebras, Löwen, Giraffen und Elefanten.*

Damit aus einem Samenkorn eine Pflanze wachsen kann, braucht das Samenkorn Feuchtigkeit. In der Wüste aber ist es meistens sehr trocken. Dann können die kleinen Samenkörnchen nicht keimen. Wenn es allerdings in der Wüste mal regnet, dann fangen oft schon nach wenigen Stunden viele kleine Pflänzchen an zu sprießen. Denn dann ist die notwendige Feuchtigkeit vorhanden. Und Samenkörnchen, die dann dort wachsen können, sind fast immer vorhanden. Weil sie vom Wind auch in die Wüste getrieben werden. Es gibt aber auch Pflanzen, die sich an ganz besonders ungemütliche Gegenden perfekt angepasst haben. In den Steppen oder Savannen Afrikas zum Beispiel fällt oft monatelang kein Regen. Aber in der Zeit großer Trockenheit kommt es dort oft zu Buschfeuern durch Blitzeinschläge. Die Samen einiger Pflanzen erwachen dann erst bei solchen Feuern zum Leben, weil die Hitze ihre harten Samenschalen aufplatzen lässt, ohne sie aber zu zerstören. Oft setzt dann nach solchen Feuern ein heftiger Regen ein. Der bringt die Feuchtigkeit zum Keimen. Und die Asche der vorher verbrannten Pflanzen enthält dann die Nährstoffe, von denen sich die keimenden Samen ernähren.

### … und warum wachsen bei uns keine Apfelsinen und Zitronen an den Bäumen?

Zitronen- und Apfelsinenbäume brauchen sehr viel Sonnenlicht und Wärme sowie einen besonders nährstoffreichen Boden. Weil es z. B. in den nördlichen Ländern Europas nicht genug Sonne und Wärme gibt, fühlen sich diese Bäume dort nicht wohl und tragen dann auch keine Früchte. Man kann sich aber auf der Fensterbank in einem sonnigen Zimmer auch exotische Pflanzen ziehen. So nennt man es, wenn man aus Samenkörnern neue Pflanzen wachsen lässt.

## … und warum müssen Pflanzen gegossen werden?

Über ihre Stämme oder Stiele holen sich die Pflanzen Wasser und Nährstoffe aus der Erde. Über die Blätter geben Pflanzen das Wasser dann wieder an die Luft ab. Trennt man zum Beispiel Blumen von ihren Wurzeln, müssten sie vertrocknen. Deshalb werden Schnittblumen in der Wohnung in eine mit Wasser gefüllte Vase gestellt, aus der sie sich dann über ihre Stiele mit Feuchtigkeit versorgen können. Die Wurzeln der Pflanzen sorgen aber außerdem auch dafür, dass Bäume, Sträucher oder Blumen fest in der Erde sitzen und nicht vom Wind umgerissen werden können. Andererseits halten die ganz feinen Wurzeln der Pflanzen wiederum die Erde fest. So verhindern sie, dass Erde vom Regen weggespült oder vom Wind weggepustet werden kann.

## … und wie alt können Pflanzen werden?

Es gibt einige Pflanzen, die nur einen einzigen Sommer lang leben. Dann verteilen sie ihren Samen und sterben. Im nächsten Jahr nehmen neue Pflanzen ihren Platz ein, die aus den im Jahr zuvor produzierten Samen wachsen. Sträucher und Obstbäume dagegen werden im Schnitt bis zu 25 Jahre alt. Dann sind ihre Zweige so hart verholzt, dass kaum noch Nährstoffe hindurchfließen können. Die meisten Bäume aber werden älter als 100 Jahre, Riesentannen, Ulmen und Buchen sogar älter als 200 Jahre. Zu den am längsten lebenden Bäumen gehört der Mammutbaum, der in Nordamerika wächst. Er kann bis zu 2500 Jahre alt werden und so hoch wie ein Haus mit fünf Stockwerken. Der Stamm dieses Baumes wird so dick, dass man einen Tunnel hindurchbauen könnte, durch den dann ein Personenwagen passen würde.

*Die Pflanzen in Balkonkästen sollte man abends oder morgens gießen. Denn die Wassertropfen auf den Blättern wirken in der heißen Mittagssonne wie Vergrößerungsgläser und die Pflanzen verbrennen an dieser Stelle.*

131

### … und warum fließt in den Adern von Blättern kein Saft?

Wenn man die Blätter eines Baumes mit den Fingern eines Menschen vergleicht, müsste dort tatsächlich Saft hindurchfließen. Denn auch bei uns fließt das Blut ja bis in die Spitze aller Finger. Aber zwischen dem Blut des Menschen und dem Saft der Pflanzen gibt es einen ganz großen Unterschied. Bei den Menschen nämlich wird das Blut benötigt, um Sauerstoff und Nährstoffe in alle Winkel des Körpers zu transportieren. Pflanzen aber nehmen zum Beispiel die für sie lebenswichtigen Bestandteile der Luft direkt dort auf, wo sie benötigt werden – nämlich in den Blättern. Die Blätter müssen also gar nicht wie unsere Finger vom Saft durchströmt werden.

### … und warum wachsen Pflanzen immer nach oben?

*Ohne Licht kann eine Pflanze nicht überleben. Denn mit Hilfe des Lichts gewinnt sie ihre Nährstoffe. Deshalb setzt sie alles daran, zum Licht zu kommen, und sprengt dabei sogar Mauern.*

Zum Wachsen braucht eine Pflanze nicht nur Wasser und Mineralien aus dem Boden, sondern auch Sonnenlicht. Deshalb hat jede Pflanze das Bestreben, nach oben zu wachsen. Dorthin, wo das meiste Licht herkommt. Bei Pflanzen, die zu Hause auf der Fensterbank in einem Topf wachsen, kann man oft besonders gut sehen, wie sich eine Pflanze nach dem Licht richtet. Meistens hat sie nämlich auf der Seite, von der das Licht kommt, viel mehr Blätter als auf anderen. Oder die Blätter drehen sich zum Licht, um möglichst viel davon abzubekommen. Ein weiterer Grund dafür, warum Pflanzen immer nach oben wachsen, ist die Befruchtung der Samen. Je höher sich der Pflanzenkopf oder die Blüten aus der Erde erheben, desto leichter können Insekten oder der Wind die Pollen bei der Bestäubung mitnehmen und auf die Blütenstempel setzen.

### … und wie kommt es, dass Pflanzen auch durch Asphalt wachsen können?

Die Pflanzen wachsen immer dem Licht entgegen, und sie »wissen« sogar auch in absoluter Dunkelheit, wo unten und oben ist. Das bewirkt die Schwerkraft der Erde, die auch dafür sorgt, dass die Menschen von der Erdkugel nicht herunterfallen und im Weltraum herumpurzeln. Wenn jetzt unter Beton oder Asphalt Samenkörner liegen, brauchen sie also zunächst mal nur Wärme und Feuchtigkeit zum Keimen. Dabei wachsen sie automatisch nach oben, und entwickeln so viel Kraft, dass sie sogar Beton oder Asphalt hochdrücken können. Noch mehr Kraft haben die Wurzeln größerer Bäume. Weil sie ganz langsam wachsen, können sie im Laufe der Zeit sogar schwere Gehwegplatten allmählich anheben.

### … und wie können Pflanzen an Häusern hochwachsen?

Viele Pflanzen wollen hoch hinaus und dem Licht entgegen wachsen – aber einigen hat die Natur dafür viel zu dünne Stängel mitgegeben. Deshalb haben diese Pflanzen, zu denen zum Beispiel Efeu oder auch wilder Wein gehört, andere Möglichkeiten zum Aufsteigen gefunden. Sie klammern sich mit ihren Wurzeln, an denen Saugnäpfe sitzen, an Hauswänden fest und wachsen daran hoch. Oder sie schlängeln sich an einem Baumstamm nach oben. Die Saugnäpfe der Pflanzen, die an Hauswänden wachsen, sind bei genauem Hinschauen übrigens gut zu erkennen. Oft ist es sogar, vorteilhaft, wenn ein Haus von Pflanzen bewachsen ist. Denn diese grüne Wand vor der Mauer sorgt dafür, dass es auch im Winter im Haus mollig warm ist, ohne dass man viel heizen muss. Außerdem bietet so eine grüne Wand auch ein Zuhause für viele Insekten und Vögel.

### … und warum kommt Flüssigkeit aus einem Baum, wenn man seinen Stamm anritzt?

Die Flüssigkeit, die aus einem verletzten Baum herausläuft, nennt man Baumharz. Sie ist sehr klebrig – vor allem bei Nadelbäumen. Bricht ein Ast ab oder wird der Stamm beschädigt, tritt sie innerhalb kurzer Zeit aus. Der Baum versucht damit, die ihm zugefügte Wunde schnell zu verschließen. Ähnlich wie das Blut bei einem Menschen trocknet das Harz an der Luft sehr schnell und dichtet damit die verletzte Stelle ab. So kann der Baum dort nicht austrocknen oder von Pilzen und kleinen Insekten befallen werden, die ihm vielleicht schaden. An dem

*Harz braucht man zur Herstellung von Seifen, Lacken und Terpentinöl. Von den Händen und der Kleidung lässt sich frisches Harz nur schlecht entfernen.*

133

*Wenn man einen Gummibaum anschneidet, fließt ein spezieller Saft, der Kautschuk heraus. Wird er mit Schwefel vermischt und erhitzt, bekommt man weichen Gummi. Die meisten Produkte aus Gummi sind jedoch künstlich hergestellt.*

klebrigen Harz vor allem der Nadelbäume bleiben übrigens schon mal kleine Insekten haften. Und es kann passieren, dass sie ganz vom nachfließenden Harz umschlossen werden. Das war schon vor Zigtausenden von Jahren so. Und heute findet man noch manchmal an Meeresstränden solche Harztropfen aus längst abgestorbenen Wäldern lange vergangener Zeiten. Diese Harztropen nennt man *Bernstein* oder auch *das Gold des Meeres*. Denn im Laufe der vielen Jahre hat sich das Harz gold-gelb bis hellbraun verfärbt. Es wird gern als Schmuckstück getragen. Bäume mit einem ganz besonderen Harz kommen übrigens aus Südamerika. Da werden diese Bäume absichtlich angeritzt und das Harz in Gefäßen aufgefangen – denn es han-delt sich dabei um Kautschuk. Früher brauchte man unbedingt Kautschuk, um daraus Gummi herzustellen. Die Reifen der ersten Autos waren also genau genommen aus Baumharz gemacht, dem allerdings noch ein paar andere Stoffe hinzuge-fügt wurden. Heute verwendet man dafür kaum noch natürli-ches Kautschuk, sondern man stellt es künstlich her.

### … und warum haben Nüsse immer eine harte Schale?

Damit wollen die Nussbäume ihre empfindlichen Samen schüt-zen. Denn der Samen ist bei der Nuss das, was innerhalb der holzigen Schale sitzt und was man als Kern essen kann. Andere Pflanzen schützen ihre Samenkerne, indem sie darum herum Fruchtfleisch bilden, wie bei-spielsweise Apfelsinen oder Zitronen. Fruchtfleisch und Kerne sind durch eine Schale mit vielen Bitter-stoffen geschützt. Für Raupen oder Käfer schmeckt diese Scha-le so eklig, dass sie sich nicht in die Frucht bohren, wie es zum Beispiel Würmer bei Äpfeln oder Pflaumen tun. Fällt so eine Frucht dann vom Baum, beginnt sich das Fruchtfleisch nach kurzer Zeit zu zersetzen. Dabei bildet es Nährstoffe, die den im Fruchtfleisch eingebetteten Kernen als erste Nah-rung für ihr eigenes Wachstum dienen. Außerdem wird es in einer vom Baum gefallenen Apfelsine oder Zitrone durch diese Zersetzung ganz warm. Man sagt, die Frucht *verfault*. Aber diese Wärme hilft den Kernen dabei, schneller zu keimen. Will man aus einer Nuss, einer Pflaume oder Kirsche selbst ein neues Pflänzchen ziehen, geht das übrigens viel schneller, wenn man den harten Kern zunächst vorsichtig mit einem Nussknacker öffnet. Dann nimmt man das darin befindliche Samenkorn heraus und pflanzt nur dieses in feuchte Erde ein.

## … und warum ist die Banane krumm?

Die Antwort darauf kann man leicht erkennen, wenn man sich nicht eine einzelne Banane, sondern eine ganze Bananenstaude anschaut. Denn die Banane ist eine Beerenfrucht und wächst in ähnlichen Trauben wie der Wein. Die einzelnen Bananen, bis zu 16 Früchte, sprießen in mehreren Kränzen, die an der Staude dicht übereinander liegen. Beim Wachsen streckt sich jede einzelne Banane nach oben zum Licht. Weil sie aber seitlich aus der Staude herauswachsen, müssen sich die Bananen auf dem Weg zum Licht stark krümmen. Dass die Banane krumm ist, liegt also nicht daran, dass niemand in den Urwald zog und die Banane gerade bog, wie einem mancher Witzbold weismachen möchte.

*Die Bananen, die wir essen, werden geerntet, wenn sie noch grün und hart sind. In großen Kisten werden sie dann per Schiff verschickt und reifen in der Zeit bis sie so gelb sind, wie wir sie kennen.*

## … und warum sind Bananen und viele andere Früchte süß?

Dafür gibt es zwei Gründe. Zum einen möchten viele Pflanzen, dass ihre Früchte den Tieren schmecken. Die meisten Tiere aber mögen Süßes. Das mag nun komisch klingen, aber viele Pflanzen wollen, dass ihre Früchte von Tieren gefressen werden. Denn oft steckt ja in der Furcht der Samen, zum Beispiel die Kerne beim Apfel. Wenn nun Tiere die Früchte und damit auch die Kerne fressen, werden im Magen der Tiere zwar die Früchte verdaut, die Kerne aber werden meistens unverdaut wieder ausgeschieden. Denn sie sind durch ihre Schale geschützt. Mit dem Kot der Tiere fallen sie irgendwo auf die Erde – und dort kann dann wieder eine neue Pflanze wachsen. Die Tiere tragen also auf diese Weise dazu bei, dass sich die Pflanze weit ver-

*Wir freuen uns auch über die süßen Früchte. Man kann daraus Kompott, Gelee, Marmelade, Saft und Wein machen.*

breitet. Ein Apfelbaum zum Beispiel könnte sonst nie in größerer Entfernung für Nachwuchs sorgen, denn seine dicken Früchte können nicht mit dem Wind fortgetragen werden, sondern fallen immer nur in die Nähe des Stammes. Ein weiterer Grund dafür, dass Früchte süß sind, ist der in ihnen enthaltene Fruchtzucker. Dieser Zucker aber dient als Dünger und Nahrung für die neuen Pflanzen, die aus dem in der Frucht enthaltenen Samen wachsen sollen.

### … und warum sind Blüten so schön bunt und duften?

Für viele Pflanzen ist es sehr wichtig, dass Insekten ihnen bei der Bestäubung ihrer Blüten helfen. Aber ein Insekt fliegt nicht einfach durch die Gegend, nur um den Pflanzen bei der Bestäubung zu helfen. Die Insekten sind deshalb unterwegs, um sich Nahrung zu suchen. Und diese Nahrung finden sie in den Pflanzen. Denn die Blüten enthalten süßen, klebrigen Saft, den man *Nektar* nennt und den die Insekten als Nahrung aufnehmen. Die Blüte ist also eine »Tankstelle« für Insekten. Und damit die Insekten diese Tankstellen leichter finden, locken die Pflanzen sie mit bunten Farben an – ebenso wie sich Autofahrer nach Tankstellenschildern richten. Überall dort, wo eine bunte Farbe leuchtet, erweckt sie die Neugier der Insekten. Und aus der Nähe können die Insekten dann meistens auch schon den Duft der Pflanze und den Geruch des süßen Nektars wahrnehmen. Auch der Duft ist also ein Lockmittel für die Insekten. Haben sie eine Blüte erreicht, krabbeln sie ganz tief hinein, um Nektar zu saugen. Und dabei bleiben fast immer einige Pollen am Körper des Insekts hängen. Fliegt das Insekt nun zur nächsten Blüte und krabbelt dort hinein, können die Pollen dort abgestreift werden, auf den Stempel gelangen und diese andere Pflanze bestäuben.

## … und warum drängeln sich oft so viele Bienen vor einer Blüte?

Weil eine Biene der anderen »erzählen« kann, wo es in der Nähe besonders leckeren Nektar aus einer Blüte zu saugen gibt. Wenn eine Biene eine Futterquelle entdeckt und dort Nektar abgeholt hat, fliegt sie zu ihrem Nest zurück, dem Bienenstock. Dort führt sie einen Tanz auf, mal nach vorn, mal zu beiden Seiten, mal wieder zurück. Diese Tanzfigur sieht aus wie eine Acht. Und aus der Tanzbewegung können die anderen Bienen erkennen, wo sich die neue Futterquelle befindet. Die verschiedenen Tanzschritte der Biene verraten, in welche Richtung geflogen werden muss und wie weit. Dabei machen es sich die Bienen ganz einfach und geben immer die Richtung der Blüte nach dem Sonnenstand an. Das ist übrigens auch der Grund, warum man nach Einbruch der Dunkelheit keine Bienen mehr auf Blüten findet. Sie hätten ohne Sonne erstens ein Problem, die Blüte zu finden. Und sie wüssten anschließend auch nicht, in welche Richtung sie den Rückflug antreten müssen.

## … und warum sieht man mittags mehr Blüten als am frühen Morgen?

Das liegt daran, dass sich viele Blüten nachts schließen. Sobald die Dunkelheit einbricht, legen sich die Blütenblätter schützend über ihre wichtigen Fortpflanzungsorgane. Denn die werden nachts sowieso nicht benötigt, weil dann kaum Insekten unterwegs sind und die Blüte bestäuben könnten. Sobald die Sonne aufgeht, öffnen sich die Blüten wieder und erstrahlen dann um die Mittagszeit am schönsten. Eine der Blumen, bei der das besonders gut zu beobachten ist, ist der gelb blühende Löwenzahn, zu dem man auch *Kuhblume* sagt, und der nach der Bestäubung zur Pusteblume wird. Andere Blumen schließen ihre Blüten sogar, wenn es zu regnen beginnt. Auch damit wollen sie ihre wichtigen Fortpflanzungsorgane schützen. Eine solche Blume ist die Mimose, die man als Topfpflanze auch in manchen Blumengeschäften kaufen kann.

*Berührt man die Blätter einer Mimose vorsichtig mit der Fingerspitze, rollt sie sie gleich zusammen. Deshalb sagt man auch von einem Menschen, er sei empfindlich wie eine Mimose, wenn er leicht beleidigt ist.*

137

## … und warum müssen Blüten verwelken?

Die Blüten der Pflanze sind ja nur dazu da, für die Vermehrung zu sorgen. Die Pflanze aber benötigt sehr viel Kraft, um die Blüten zu entwickeln und strahlen zu lassen. Sobald eine Blüte nun ihre Aufgabe erfüllt hat und die Bestäubung abgeschlossen ist, beginnt sie zu verwelken. Denn jetzt schickt die Pflanze keine Kraft mehr in die Blüten, sondern verwendet ihre ganze Energie, um den nach der Befruchtung entstehenden Samen zu entwickeln. Manche Blüten blühen nur wenige Stunden, wie zum Beispiel die der Erdnuss.

### ★ Versuch

*Die meisten Kakteen blühen nur sehr kurz. Die »Königin der Nacht« blüht nur eine Nacht lang und dann jahrelang nicht mehr. Aus den Blüten einiger dieser stachligen Pflanzen werden auch Früchte*

Nimm einmal ein paar Erdnüsse vom Gemüsestand, entferne die Schale und die braunen Häutchen, stecke die Nüsse in Töpfe mit feuchter Blumenerde und bedecke sie mit Erde. Bekommen die Samen genug Sonne, Feuchtigkeit und Wärme, keimen sie. Es wachsen daraus Pflanzen. Du musst aber gut aufpassen, wenn sich an der Pflanze Knospen bilden. Denn daraus werden nur für wenige Stunden Blüten. Gleich danach verlängert sich der Blütenstiel. Er wächst im Boden zur Erde zurück. Und dort bilden sich an seinem Ende dann wieder Samen, nämlich neue Erdnüsse.

Die meisten Blumen blühen aber mehrere Tage lang, Rosen zum Beispiel eineinhalb bis zwei Wochen. Obstbäume oder Strauchpflanzen stehen sogar wochenlang in Blüte. Denn diese Pflanzen haben sehr viele Blüten. Und durch die lange Blütezeit will die Pflanze erreichen, dass möglichst viele Blüten bestäubt und Samen produziert werden.

## … und wie ist das mit fleischfressenden Pflanzen, gibt's die wirklich?

Ja, die gibt es wirklich. Und eine der bekanntesten davon ist eine Moorblume, nämlich der *Sonnentau.* Ein Moor muss man sich wie eine matschige Wiese vorstellen, bei der der Boden unter jedem Schritt und Tritt gluckert. Im Boden des Moores und in seinem Wasser aber kommt einer von der vielen unsichtbar kleinen Stoffe für die Ernährung der Pflanzen so gut wie nicht vor. Dieses Nahrungsmittel der Pflanzen nennt sich *Stickstoff*. Deshalb hat der Sonnentau einen ganz besonderen Trick entwickelt, um sich diese für ihn wichtige Pflanzennahrung zu besorgen. Er lockt mit Duftstoffen Fliegen an, die selbst auf der Nahrungssuche sind und sich dann auf seine Blätter setzen. Die aber sind mit einer klebrigen Flüssigkeit bedeckt und halten die Fliege fest. Nach einiger Zeit stirbt die Fliege und wird von der Pflanze mit ihrem Saft verdaut. Dabei entsteht der benötigte Stickstoff, den die Pflanze nun über ihre Blätter aufnimmt. Ist die Fliege verdaut, trocknet an dieser Stelle der Pflanzensaft auf dem Blatt ein und die unverdauten Reste der Fliege fallen einfach zu Boden. Eine andere Pflanze, die ebenfalls Insekten fängt und sich dadurch ernährt, kommt aus Amerika. Das ist die *Venus-Fliegenfalle*, die es auch bei uns manchmal in Blumengeschäften zu kaufen gibt. Sie hat aufgeklappte Blätter, die die Fliegen ebenfalls durch einen besonderen Duft anlocken. In diesen Blättern sitzen viele kleine Härchen. Sobald die von einer Fliege oder mit dem Finger berührt werden, klappen die Blätter zu. Den Finger kann man natürlich leicht herausziehen. Aber die Fliege wird darin gefangen und ebenso wie beim Sonnentau vom Pflanzensaft zersetzt.

## … und wie vertragen sich verschiedene Pflanzen miteinander?

Den meisten Pflanzen ist es ziemlich egal, wer in ihrer Nachbarschaft wächst. Aber es gibt auch einige Pflanzen die ganz toll miteinander auskommen und sich sogar gegenseitig helfen. Die Gärtner machen sich das zunutze. Wollen sie Möhren oder Karotten anbauen, pflanzen sie zum Beispiel gern Zwiebeln dazwischen. Der Grund ist, dass der Geruch von Zwiebelpflanzen die Möhrenfliegen vertreibt, die sonst das ganze junge Gemüse wegfressen können. Es gibt aber auch Pflanzen, die sich nicht vertragen. Dazu gehören Zitronen- oder Apfelsinenbäume. Wo sie wachsen, können keine anderen Bäume gedeihen.

*Auch die Salbeipflanze vertreibt alle anderen Pflanzen. Ebenso wie Zitronen- oder Apfelsinenbäume gibt auch Salbei Stoffe ab, die andere Pflanzen fernhalten.*

# BEGEGNUNGEN IN DEN TIEFEN DES MEERES

Fahren Sie mit Ihren Kindern im Urlaub ans Meer oder am Wochenende zum Baden an einen See? Oder sitzen Sie manchmal mit ihnen in der Badewanne? Dann kennen Sie Fragen dieser Art sicher: Wo hört das Meer auf und wie kommt das Wasser in den See und wo sind die Fische im Winter und wieso schwimmt das Plastikschiffchen und so weiter. Ist das nicht wunderbar, endlich einmal Zeit zu haben, um sich mit den Kindern darüber zu unterhalten, gleichzeitig etwas zu lernen und mit einem Eis in der Hand im warmen Sand zu liegen. Und lange Fahrten in die Ferien vergehen bei solchen Gesprächen auch viel schneller.

# Warum ist das Wasser nass?

Wasser ist Leben. Das kostbare Nass bedeckt fast drei Viertel unseres Planeten. Es löscht nicht nur unseren Durst, sondern ist auch einer der wichtigsten Rohstoffe für die Industrie und Lebensraum für unzählige Pflanzen und Tiere.

## Wie kommt eigentlich das Wasser in die Flüsse?

Die Flüsse bekommen ihr Wasser aus dem Regen oder aus dem Schnee, der auf das Land fällt, durch das der Fluss fließt. Viele Flüsse beginnen zunächst als kleiner Bach irgendwo in den Bergen. Dort beginnt im Frühjahr der viele Schnee langsam in der Sonne zu schmelzen. Das Wasser fließt dann in den winzigen Bach und überall, wo der Bach entlang fließt, kommt weiteres Wasser hinzu. Das ist Regen oder weiterer geschmolzener Schnee. So wird der kleine Bach allmählich immer größer und breiter. Außerdem trifft er auch noch auf viele andere Bäche, mit denen er sich vereinigt. Irgendwann ist der kleine Bach dann so groß und so voll mit Wasser, dass man ihn *Fluss* nennt.

*Die Wasserschicht, die pro Jahr aus dem Meer verdunstet, ist ganze zwei Meter stark. Über die Flüsse und den Regen kommt das Wasser wieder zurück.*

## Wie kommt eigentlich das Wasser in das Meer?

Das Meer bekommt sein Wasser aus den Flüssen, die dorthin fließen. Denn jeder Fluss auf unserer Welt endet irgendwo in einem Meer. Manchmal treffen auch mehrere Flüsse aufeinander, um ihr Wasser gemeinsam ins Meer zu leiten. Dann sagt man, dass der Fluss zu einem ganz breiten *Strom* geworden ist. Denn jeder Fluss auf unserer Welt endet irgendwo in einem

Meer. Manchmal treffen auch mehrere Flüsse aufeinander, um ihr Wasser gemeinsam ins Meer zu leiten. Dann sagt man, dass der Fluss zu einem ganz breiten *Strom* geworden ist.

### ... und warum läuft das Meer nicht über?

Das Wasser, das von den Flüssen in die Meere fließt, wird von der Sonne erwärmt und steigt in die Luft auf. Später fällt es dann als Regen oder Schnee wieder auf die Erde. Und dort wird es dann wieder von den Bächen eingesammelt und über die Flüsse in die Meere gebracht. Und dort beginnt die Verdunstung von neuem, das Wasser wird wieder von der Sonne in die Luft geholt. Weil sich diese Vorgänge immer wiederholen, nennt man dies einen *Wasserzyklus* oder *Wasserkreislauf*. Eben deshalb wird die Wassermenge im Meer nicht andauernd größer, und deshalb kann das Meer auch nicht überlaufen.

### ... und wo werden die Wellen gemacht?

Die Wellen entstehen im Meer durch verschiedene Strömungen und durch den Wind.

### ★ Versuch

Wie der Wind Wellen macht, kannst du leicht selbst ausprobieren. Puste mal auf eine Schüssel mit Wasser. Sofort lässt der Wind, der als Atem aus deinem Mund kommt, auf der Wasseroberfläche kleine Wellen entstehen.

Im Meer kommen noch Strömungen hinzu. Strömungen entstehen dadurch, dass sich das Wasser immer in riesigen Kreisen zwischen kalten und warmen Gebieten hin und her bewegt. Deshalb kann es auch vorkommen, dass man beim Baden in warmem Meereswasser plötzlich mal eine kalte Strömung spürt. Wenn jetzt solche Strömungen und der Wind in die gleiche Richtung gehen, entstehen Wellen. Im tiefen Wasser sind die Wellen kaum zu sehen. Erst wenn das Wasser flacher wird, also zum Beispiel am Strand, kann man Wellen richtig erkennen. Das liegt daran, dass sich das Wasser an der Oberfläche

*In den Meereswellen steckt ein riesiges, noch weitgehend ungenutztes Energiepotential. Vielleicht werden schon bald Wellenkraftwerke elektrischen Strom daraus gewinnen, und die Umwelt muss nicht länger geschädigt und ausgebeutet werden..*

143

schneller bewegen kann als unten, wo der flacher werdende Meeresgrund das Wasser, das Richtung Strand fließt, abbremst. Die obere Schicht des Wassers wird schneller als die untere, sie überholt die untere Schicht. Wir sagen dazu, dass sich die Wellen überschlagen oder brechen.

### … und warum schmeckt das Wasser im Meer salzig?

*Für manche Länder ist die technisch aufwändige Entsalzung des Meerwassers die einzige Möglichkeit, um den wachsenden Trinkwasserbedarf der Bevölkerung zu decken.*

Vor ungefähr fünf Milliarden Jahren ist unsere Welt entstanden. Und alles begann damit, dass unvorstellbar viel Regen auf die Erdoberfläche fiel. Es regnete über Tausende von Jahren, tagein und tagaus. Dadurch kam soviel Wasser auf den Boden, dass es nicht mehr verdunsten konnte. Es sammelte sich an den tieferen Stellen der Erde. Und so entstanden die Meere. Der dauernde Regen aber spülte von den Bergen ganz viel Sand weg, der durch Bäche und Flüsse mitgerissen wurde. Denn das Wasser grub sich seinen Weg zu den tiefer gelegenen Stellen auf der Erde. So wurde die Erdoberfläche vor allem vom Wasser immer mehr verändert. Auf seinem Weg riss das Wasser aber nicht nur Erde mit, sondern auch Salz und Mineralien. So gelangte das Salz ins Meer. Und es bleibt dort auch.

### … und warum schmeckt das Regenwasser dann nicht salzig?

Wenn die Sonne auf das Meer scheint und das Wasser verdunstet, bleibt das Salz zurück. Dieses Regenwasser, das dann durch Bäche wieder ins Meer zurückfließt oder in der Erde versickert, ist also verdunstetes Wasser aus dem Meer, aber ohne Salz. Deshalb nennen wir es *Süßwasser*.

### … und wo bleibt das Wasser, wenn ich den Stöpsel aus der Badewanne ziehe?

Dort, wo man die Wanne beim Baden mit einem Stöpsel verschließt, ist ein Rohr angeschraubt. Und solche Rohre gibt es auch an Toiletten und an allen Waschbecken. Man nennt sie *Abwasserrohre*. Das auslaufende Wasser fließt nun durch diese

Rohre zu größeren Rohren, die sich tief unter
unseren Straßen befinden. In diesen dicken
Rohren kommt das Wasser aus vielen Wohnungen und Häusern zusammen und fließt zu einem
Klärwerk. Dort wird das Wasser wieder saubergemacht, was nicht ganz leicht ist. Weil alles, was mit
dem Wasser durch die Abflussleitungen gespült wird,
wieder herausgeholt werden muss. Vom Klärwerk soll
das Wasser nämlich wieder in einen Fluss und später ins
Meer geleitet werden. Und wenn man da den ganzen
Schmutz aus allen Wohnungen und Toiletten einfach so hin-
einfließen lassen würde, wären die Meere bald furchtbar
schmutzig und eklig. Niemand könnte mehr darin baden, und
alle Fische würden sterben. Deshalb sollte man nicht noch
zusätzlichen Schmutz in die Waschbecken oder Toiletten werfen, zum Beispiel Essenreste, Wattestäbchen, Plastiktüten
oder Papiertaschentücher. Für die Klärwerke ist es viel
einfacher, wenn solcher Schmutz gleich in der Müllton-
ne landet. So kann jeder selbst dabei mithelfen, dass die
Flüsse und Meere sauber bleiben.

## … und warum geht man nicht unter, wenn man auf dem Meer schwimmt?

Das liegt daran, dass der Körper eines jeden Menschen sehr viel
Luft enthält. Dadurch ist er viel leichter als das Wasser, das zur
Seite geschoben wird, wenn ein Mensch hineingeht. Man sagt,
dass jeder Körper, den man ins Wasser legt, Wasser verdrängt.
Und alle Dinge, die leichter sind als das Wasser, das sie verdrän-
gen, schwimmen auf der Wasseroberfläche.

*Der Auftrieb ist die Kraft, die dafür sorgt, dass selbst schwere eiserne Schiffe auf dem Wasser schwimmen können.*

### ★ Versuch

Nimm eine große Schüssel, die du zur Hälfte mit Wasser füllst.
Nun markiere mit einem Filzstift, bis zu welcher Stelle das Wasser am Rand der Schüssel geht. Und dann nimm eine ganz kleine Schüssel. Fülle sie nun auch mit Wasser und setze sie auf die
Wasseroberfläche in der großen Schüssel. Sie wird entweder

145

ganz oder doch zum größten Teil untergehen. Denn weil sie mit Wasser gefüllt ist, ist die kleine Schüssel ebenso schwer wie das Wasser, das sie verdrängt. Wieviel Wasser sie verdrängt, kannst du am Rand der großen Schüssel erkennen. Denn dort ist die Wasseroberfläche jetzt höher als die Stelle, die wir uns eben gemerkt haben.

Nun setzen wir unser kleines Experiment fort. Wir kippen das Wasser aus der winzigen Schüssel und setzen sie noch einmal in die große Schüssel. Und jetzt schwimmt sie. Denn sie wiegt nun viel weniger als das Wasser, das sie verdrängt.

Genauso wie mit den beiden Schüsseln ist es mit dem menschlichen Körper und dem Meer. Bestünde er ganz aus Wasser, würde er zum Beispiel beim Baden im Meer sofort untergehen, Weil der Körper aber leichter ist als Wasser, schwimmt er.

## … und wie kommt es, dass riesengroße Schiffe aus Eisen schwimmen können?

*Die Wasserverdrängung eines Schiffes ist ein Maß für seine Größe. Sie wird in Raumtonnen (RT) angegeben.*

Auch ein Schiff schiebt ganz viel Wasser zur Seite, wenn man es ins Wasser eintauchen lässt. Und ein Schiff ist zwar groß und schwer und aus dickem Eisen gebaut. Aber innen ist es hohl. Und mit seinen hohen Seitenwänden können die Schiffe ganz tief ins Wasser eintauchen und viel Wasser zur Seite verdrängen. Dieses Wasser, das da vom Schiff verdrängt wird, ist viel schwerer, als das Schiff selbst. Deshalb kann das Schiff auf dem Wasser schwimmen, ohne unterzugehen. Und vielleicht kann sich jetzt jeder auch vorstellen, warum ein Schiff untergeht, wenn man ein Loch hineinbohrt oder wenn es wie die »Titanic« gegen einen Eisberg stößt, dadurch ein Loch bekommt und Wasser in den Schiffsbauch läuft. Irgendwann ist nämlich das ganze Schiff mit Wasser voll gelaufen. Dann gibt es keinen Unterschied mehr zwischen dem Gewicht des mit Wasser gefüllten Schiffes und dem Wasser, das es verdrängt. Die Folge ist, dass das Schiff nicht mehr schwimmen kann und untergeht. Schwimmen können deshalb immer nur solche Sachen, die leichter sind als das Wasser, das sie verdrängen. Leicht ist zum Beispiel Holz oder auch ein mit Luft gefüllter Wasserball. Schwerer als Wasser ist dagegen eine Kugel, die ganz und gar aus Eisen besteht. Deshalb können Steine oder auch Eisenkugeln nicht schwimmen.

### ★ Versuch

Nimm einmal zwei gleich große Kugeln Knetmasse. Aus der einen baust du ein kleines Schiff, indem du ein flache Schale daraus formst. Lege nun erst die Kugel in eine Schüssel mit Wasser. Sie geht ganz oder sehr weit unter. Die andere, aus der du ein Schiff geformt hast, aber schwimmt auf der Oberfläche. Beide Kugeln sind zwar gleich schwer. Aber die, aus der du ein Schiff geformt hast, verdrängt mehr Wasser als die andere. Und dieses verdrängte Wasser ist schwerer als die Kugel. Deshalb kann sie als Schiff schwimmen.

### … und warum können wir nur im Winter übers Wasser laufen?

Im Winter sinkt die Außentemperatur oft auf unter Null Grad ab. Wasser beginnt bei einer Temperatur von Null Grad zu gefrieren. Es wird fest, denn es verwandelt sich in Eis. Wenn sich das Eis aber in Wasser verwandelt, friert zugleich auch viel Luft mit ein. Dadurch wird Eis leichter als Wasser und kann auf der Wasseroberfläche schwimmen, ohne unterzugehen. Und auf ganz dickem Eis können wir deshalb sogar übers Wasser gehen.

*Während sich alle anderen Stoffe beim Abkühlen zusamenziehen, ist es beim Wasser ganz anders: Die selbe Menge Eis nimmt gut ein Zehntel mehr Raum ein als das flüssige Wasser, aus dem es entstanden ist.*

### ★ Versuch

Dazu kannst du ein kleines Experiment machen. Fülle ein paar Eiswürfel aus dem Kühlschrank in ein Glas und lasse dann soviel Wasser hineinlaufen, dass dein Glas bis zum Rand voll ist. Die Eiswürfel schwimmen jetzt an der Oberfläche, sind ein

147

Stück unter Wasser und schauen ein Stück aus dem Wasser heraus. Wenn das Eis nach einer Weile geschmolzen ist, ist das Glas
aber trotzdem nicht übergelaufen. Das liegt daran, das die Eiswürfel zum Teil aus Luft bestehen, und die kann das Glas nicht
zum Überlaufen bringen. Die Eiswürfel haben nur so viel Platz
im Wasser weggenommen, wie sie selbst an Wasser enthalten
haben.

### … und wo sind die Fische, wenn das Wasser gefroren ist?

Wenn ein tiefer See im Winter gefroren ist, dann befindet sich
unter der dicken Eisschicht immer noch genug Wasser,
in dem die Tiere und Pflanzen leben können.
Denn ganz unten am Grund des Sees
ist das Wasser immer vier Grad
warm. Zu warm also, um dort zu
Eis zu werden. Das liegt daran, dass
Wasser in unterschiedlichen Temperaturen auch ein unterschiedliches Gewicht hat. Und

**Knochenfisch**

zum Glück für die Fische ist das Wasser mit einer Temperatur von vier Grad am schwersten – so schwer, dass es ganz
nach unten sinkt und dort flüssig bleibt, auch wenn die Oberfläche friert. Dort können die Fische also überleben. Wichtig ist
jedoch, dass irgendwo in der Eisschicht noch ein Loch ist, durch
das Sauerstoff ins Wasser kommen kann. Denn dieser Sauerstoff verteilt sich als winzig kleine Bläschen im Wasser. Diese
Bläschen filtern die Fische mit ihren Kiemen wieder aus dem
Wasser heraus – und so können sie auch unter Wasser Sauerstoff einatmen. Wenn aber nirgendwo ein Loch im Eis ist, dann
ist irgendwann der ganze Sauerstoff im Wasser verbraucht.
Dann müssten die Fische ersticken. In kleinen Gewässern,
wo kein Loch im Eis ist und kein Wasser mit
frischem Sauerstoff hinzuströmen kann,
können die Fische also ersticken, jedoch kaum erfrieren. Dazu müsste es schon so kalt sein, dass sich
das ganze Wasser bis zum Boden des Sees oder
Teiches in einen einzigen Eisblock verwandelt.

*Ein Stein, der auf
einer Eisfläche
liegt, sinkt mit der
Zeit ins Eis ein. Er
erwärmt sich
nämlich, weil er
als dunkler
Gegenstand die
Wärme der Sonne
aufnimmt. Die
helle Eisfläche
wirft die Strahlen
wieder zurück.*

148

**(Knorpelfisch)
Rochen**

(Kiefer- und Schuppenlosen) Neunaugen

## … und wie kommen die Fische ins Wasser?

Vor ungefähr 570 Millionen Jahren ist das Leben im Meer entstanden. Zunächst lebten dort nur winzige Bakterien und einzellige Lebewesen. Aber zu jener Zeit gab es auf der Erde schon sowohl furchtbare Gewitter als auch Sonnenlicht. Durch die Blitze, die in das Wasser schlugen, und durch das Sonnenlicht entwickelten sich aus diesen ersten, winzig kleinen Wasser-Lebewesen später Schwämme, Würmer, Quallen und sonstige einfache Formen von *Meeres-Lebewesen*. Erst vor ungefähr 450 Millionen Jahren entstanden dann daraus Lebewesen, die sich schwimmend fortbewegen konnten. Sie hatten schon ein Maul, um kleinere Meeres-Lebewesen fressen, Kiemen, um sich Sauerstoff zum Atmen aus dem Wasser holen und Flossen, um sich damit fortbewegen zu können. Später konnte man drei große Fischgruppen unterscheiden, die *Knorpelfische*, deren Skelett aus Knorpel besteht (Haie und Rochen), die *Knochenfische* mit Knochenskelett (z.B. Heringe, Kabeljau, Makrele, Karpfen, Hecht) und die kiefer- und schuppenlosen *Neunaugen*, die ein Knorpelskelett haben und ihre Nahrung aufsaugen.

## … und warum haben Fische kein Fell?

Ein Fell findet man fast nur bei Landtieren. Es soll die Tiere bei tiefen Temperaturen vor dem Erfrieren schützen. Denn in den vielen feinen Haaren des Fells wird Luft festgehalten, die vom Körper erwärmt wird und die kalte Außenluft nicht bis an die Haut herankommen lässt. Auch die ersten Menschen hatten noch ein Fell. Aber die Fellhaare sind den Menschen im Laufe der Jahrtausende ausgefallen. Deshalb müssen sie sich heute mit dicker Kleidung vor der kalten Außenluft schützen. Die dicke Kleidung funktioniert dabei genauso wie die Fellhaare. Zwischen den Kleidungsstücken ist Luft, die vom Körper erwärmt wird und isolierend gegen die kalte Außenluft wirkt. Bei den Fischen wäre es aber ganz schön blöd, wenn sie ein Fell mit ganz viel Luft darin hätten, um ihren Körper zu wärmen. Dann könnten sie wegen der vielen Luft nämlich gar nicht rich-

*Wenn Fische sehr bunt sind, neigen sie bei Gefahr eher dazu anzugreifen, als sich zu verstecken. Denn durch ihre Farben können sie Feinde erschrecken. Unscheinbar gefärbte Fische jedoch können sich besser im Graubraun von Riffen oder Gewächsen verbergen.*

tig tief im Wasser schwimmen, sondern würden immer an der Oberfläche treiben. Außerdem brauchen die Fische gar kein wärmendes Fell. Denn nur der Mensch und Säugetiere haben im gesunden Zustand immer die gleiche Körpertemperatur. Deshalb heißen sie *Warmblüter* oder *Gleichwarme*. Und sie müssen ihren Körper bei Kälte davor schützen, dass er auskühlt und nicht mehr richtig funktioniert. Fische hingegen sind *Kaltblüter* oder werden auch als *wechselwarme Lebewesen* bezeichnet. Das heißt, dass die Temperatur des Fischblutes sich der Wassertemperatur anpasst. Der Fisch hat somit keine gleichbleibende Körpertemperatur. Ein wärmendes Fell wäre also für den Fisch sogar schlecht. Weil er seine Temperatur dann nicht mehr an die des Wassers anpassen könnte, in dem er sich bewegt. Außerdem würden lange und durch das Wasser schwer gewordene Fellhaare den Fisch bei seiner schwimmenden Fortbewegung behindern. Sein Körper ist deshalb meistens von einer glatten Haut oder von glatten Schuppen bedeckt, die die Fischhaut schützen und mit denen der Fisch schnell schwimmen kann.

### ... und wie können Tiere im Wasser atmen?

#### Fische

*Es gibt etwa 25 000 Arten von Fischen. Sie leben zum Teil im Süßwasser, wie unsere Seen es sind, und zum Teil im Salzwasser, also im Meer.*

Fische sind die einzigen Lebewesen, die ihren Kopf zum Atmen nicht aus dem Wasser halten müssen. Denn sie haben keine Nase, durch die sie den Sauerstoff in die Lungen einatmen. Fische haben statt dessen *Kiemen*, die meistens an beiden Seiten des Kopfes sitzen. Mit diesen Kiemen können sie sehr kleine, kaum sichtbare Luftbläschen aus dem Wasser herausfiltern. Wie das funktioniert, kann man bei den Fischen in einem Aquarium gut beobachten. Die Fische machen beim Schwimmen ihr Maul immer auf und zu. Das ist ein Teil ihrer Atmung. Wenn das Fischmaul geöffnet wird, fließt viel Wasser hinein. Dann macht der Fisch automatisch sein Maul wieder zu. Das Wasser im Maul

wird dann zwischen die Kiemen gedrückt. Und dort holt sich das Blut des Fisches die kleinen Bläschen mit dem lebenswichtigen Sauerstoff aus dem Wasser. Während der Fisch sein Maul immer noch geschlossen hält, verteilt das Blut den Sauerstoff im ganzen Körper. Das vorher aufgenommene Wasser fließt durch die Kiemenöffnungen wieder hinaus und alles beginnt von vorne. Es gibt aber auch Fische, die zum Atmen an die Wasseroberfläche kommen müssen, wie etwa der Lungenfisch.

## Säugetiere

Es gibt natürlich viele andere Lebewesen im Wasser, die atmen müssen. Wale oder Delphine zum Beispiel sind keine Fische, sondern Säugetiere. Sie atmen wie der Mensch die Luft durch eine Lunge. Deshalb müssen Wale, zu denen auch die Delphine gehören, immer wieder an die Oberfläche kommen, um durch ein Loch an der hinteren Oberseite des Kopfes Luft einzuatmen. Wer schon mal im Fernsehen Wale oder Delphine beim Atmen beobachtet hat, hat bestimmt gesehen, wie beim Auftauchen ein dicker Strahl Wasser aus dem Atemloch der Tiere zu kommen scheint. Doch das ist gar kein Wasser, sondern es ist nur die ausgeatmete Luft. Und die ist ganz warm. Denn sie hat sich im Körper der Wale oder Delphine auf deren Körpertemperatur erwärmt und nimmt viel Feuchtigkeit als kleinste Dampftröpfchen mit. Diese Feuchtigkeit in der Atemluft wird dann beim Ausatmen der Tiere ebenso sichtbar wie sie es beim Ausatmen eines Menschen im Winter wird. Denn auch hier sieht man die Feuchtigkeit in der Atemluft als Dampf. Auch andere Tiere, die auf dem Wasser oder darin leben, zum Beispiel Enten, Biber oder Fischmarder, müssen immer an der Oberfläche Luft holen. Halten sie den Kopf unter Wasser, schließen sich kleine Häutchen an ihren Atemöffnungen, damit kein Wasser in die Lungen kommt.

*Kaum zu glauben, aber die riesigen Wale ernähren sich von winzig kleinen Lebewesen im Wasser, die man Plankton nennt. Meist sind es Algen und Krebse. Die Wale saugen das Wasser ein und spucken es wieder aus. In ihren »Barten«, eine Art Kamm im Maul, bleibt das Plankton hängen.*

## … und wie können die Fische schwimmen?

Die allermeisten Fische bewegen sich dadurch, dass sie sich mit ihren Flossen im Wasser, in dem sie schwimmen, abstoßen. Einige Flossen sind dazu da, den Fisch vorwärts zu bewegen, die anderen Flossen zur Steuerung. Deshalb gibt es Rückenflossen, Brustflossen, Seiten- flossen und Schwanzflossen. Die Schwanzflosse wird meistens zur Fortbewegung kräftig hin und her geschlagen und ist bei den meisten Fischen das Hauptantriebsorgan. Bei Walen allerdings steht die Schwanzflosse nicht senkrecht, son- dern waagerecht. Durch kräftiges Auf- und Abschlagen bewegt sich das Säugetier durch das Wasser. Andere Meeres- bewohner dagegen schlängeln sich durchs Wasser, sie sind schwanzlos, wie z.B. der Aal. Das Seepferdchen hat nur eine Rückenflosse, mit dem es in aufrechter Haltung schwimmen kann. Dadurch, dass der Fisch die Flossen ständig bewegt, kann er auch nicht untergehen. Er kann sich vielmehr aussuchen, in welcher Tiefe er durchs Wasser schwimmen möchte. Außerdem haben die meisten Knochenfische eine mit Gas gefüllte Schwimmblase im Körper. Sie macht es ihnen möglich, im Was- ser zu schweben. Das Gas in dieser Schwimmblase kommt aus den umliegenden Blutgefäßen. Es ist eine Mischung aus Sauer- stoff, Stickstoff und Kohlendioxid. Die Fische können sich sogar auf bestimmte Wassertiefen einstellen, indem sie mehr Gas in diese Schwimmblase strömen lassen oder Gas herauslassen. Die Haie allerdings haben keine solche Schwimmblase, da sie zu den pausenlosen Schwimmern ge- hören. Würden sie sich nicht bewe- gen, müssten sie auf den Meeres- boden sinken.

*Die meisten Fische können im Wasser richtig schweben. Sie bewegen sich nicht, sinken und steigen nicht. Damit das klappt, haben sie eine Schwimmblase, die sie mit mehr oder weniger Gas füllen können.*

In einigen Meeren gibt es sogar fliegende Fische. Sie haben eine sehr kräftige Schwanzflosse, mit der sie blitzschnell durch das Wasser schwimmen können. Dabei werden sie so schnell, dass sie sogar plötzlich aus dem Wasser herausschießen. Sie breiten dann ihre großen Brustflossen wie Flügel aus und gleiten durch die Luft übers Wasser. Manche dieser fliegenden Fische können sogar bis zu 200 Meter lange Luftsprünge machen.

## ... und wo schlafen die Fische?

Schlafende Tiere und auch Menschen erkennt man daran, dass sie ihre Augenlider geschlossen halten. Fische aber haben keine Augenlider. Deshalb sind die Fischaugen immer geöffnet. Einen richtig festen Schlaf wie bei uns gibt es für Fische nicht. Einige Fische sind aber nachts ruhiger und schweben nur ganz langsam fast wie schlafend durchs Wasser. Dies kann aber kein tiefer Schlaf sein, denn bei der kleinsten Störung sind sie sofort wach und beginnen, mit oder gegen die Strömung zu schwimmen.

## ... und können Fische auch riechen oder hören?

Obwohl sie keine richtige Nase haben, ist der Geruchssinn bei vielen Fischen hoch entwickelt. Einige Meeresbewohner, zum Beispiel Haie, können Blut im Wasser sogar über kilometerweite Entfernungen wahrnehmen. Fische haben außerdem keine äußeren Ohren, aber ein inneres Ohr. Bei einigen Süßwasserfischen ist dieses Organ über kleine Knochen mit der Schwimmblase verbunden. Durch diese Verbindung werden Schallwellen aufgenommen, wobei die Schwimmblase wie ein Verstärker wirkt. Auch über die Haut können Fische durch ein besonderes Kanalsystem Bewegungen und Erschütterungen wahrnehmen. Dieses Wahrnehmungssystem nennt man *Seitenlinien*.

*Seepferdchen leben in warmen Meeren. Drei der 25 Arten gibt es im europäischen Mittelmeer.*

153

### … und was essen die Fische?

Fische ernähren sich, wie andere Tiere auch, sehr unterschiedlich. Es gibt Pflanzenfresser, die zum Beispiel nur an Seegras oder Algen knabbern. Dann gibt es Allesfresser, die sich von Plankton ernähren. So nennt man winzig kleine Pflanzenteile oder kleine Lebewesen, die im Wasser schwimmen. Andere Fische sind Fleischfresser, die sich von kleineren Fischen ernähren.

*Die meisten Haie sind klein und menschenscheu. Sie leben auf dem Meeresgrund und fressen Fische. Der größte Hai, der Walhai, wird über zehn Meter lang, und der frisst, wie der Wal, nur ganz kleine Meerestiere.*

### … und warum fressen Haie Menschen?

Haie gelten als die gefährlichsten Räuber der Meere. Sie haben messerscharfe Zähne, mit denen sie auch große Fische festhalten und totbeißen können. Sie können die Bewegungen anderer Fische oder das Blut von einem verletzten Fisch oder auch von Menschen über kilometerlange Entfernungen wahrnehmen. Dafür haben sie ganz feine Nasen. Allerdings ernähren sich sogar die größten Haie nicht von Menschen, sondern eigentlich nur von Fischen. Gefährlich können der Tigerhai, der Menschenhai und der Hammerhai werden, denn sie sind stark genug, einen Menschen zu töten. Allerdings erkennen sie auch, dass ein Mensch ziemlich groß ist. Deshalb greifen auch diese Haie Menschen nur an, wenn sie sich gefährdet fühlen und sich verteidigen wollen oder wenn der Mensch verletzt ist, der Hai das Blut riecht und den Menschen für Beute hält. Einige Haiforscher meinen, dass es sogar für den Hai sozusagen eher ein Unfall ist, wenn er auf einen Menschen losgeht. Denn Menschen gehören gar nicht zur natürlichen Beute dieser Tiere, und wahrscheinlich schmecken Menschen den Haien gar nicht. Auf der ganzen Welt werden in jedem Jahr nur etwa zehn Menschen nachweislich von Haien getötet. Das Risiko, von einem Auto auf der Straße überfahren zu werden, ist deshalb viele tausend Male größer, als von einem Hai verspeist zu werden. Leider werden Haie überall auf

(Knorpelfisch) Hai

der Welt gejagt und getötet. Dabei erfüllen sie eine wichtige Aufgabe: sie sorgen dafür, dass kranke oder verletzte Fische sich nicht quälen müssen.

## … und wo geht das Meer hin, wenn Ebbe ist?

An vielen Meeresküsten, z.B. am Atlantik, zu dem auch die Nordsee gehört, ändert sich der Wasserstand ungefähr alle sechs Stunden. Wenn das Wasser steigt, nennt man das *Flut*. Wenn das Wasser fällt und vom Strand zurückgeht, nennt man das *Ebbe*. Bei Ebbe können wir über den an einigen Stellen ganz trockenen, an anderen Stelle noch matschigen Meeresboden laufen. Diesen Meeresboden nennt man *Watt*. Ebbe und Flut zusammen nennt man die *Gezeiten*. Und dafür, dass sich die Wassermassen des Meeres in Bewegung setzen, sorgen die Anziehungskraft des Mondes und der Sonne. Sie halten das Wasser der Meere immer in Bewegung. Während an einer Stelle Flut ist, herrscht woanders Ebbe. Deshalb bleibt aber trotzdem immer die gleiche Menge an Wasser in den Meeren. Es wird nur mal hierhin und mal dorthin geschickt.

## … und warum ist das Meer manchmal blau, manchmal grau und manchmal grün?

Im Meer spiegelt sich die Farbe des Himmels wieder. Das hängt aber davon ab, wie die Sonne am Himmel steht. In der Sonne sind alle Regenbogenfarben enthalten. Steht die Sonne hoch am Himmel, erscheint der Himmel blau. Steht die Sonne tief, kann der Himmel viele Rottöne haben. Und wenn die Sonne von Wolken verdeckt ist, ist der Himmel grau. So kommt es, dass wir beim Blick auf das Meer manchmal ein wunderschönes Blau sehen können oder morgens und nachmittags durch das schräg vom Wasser zurückgeworfene Sonnenlicht den Eindruck gewinnen, das Meer wäre wie mit flüssigem Silber übergossen. Außerdem hängt die Farbe des Meeres auch von der Tiefe an der jeweiligen Stelle ab. Ganz tiefes Wasser sieht dunkelblau aus. Flaches Wasser mit einem Grund aus hellem Sand dagegen schimmert grünlich oder türkisfarben, weil der helle

*Fast dreiviertel der Erde ist von Meerwasser bedeckt. Die großen Weltmeere heißen Ozeane. Es gibt den »Stillen Ozean«, den »Atlantischen Ozean« und den »Indischen Ozean«.*

Sand das Sonnenlicht reflektiert. Bei Sturm sieht das Wasser grau aus, weil die Wellen viel Gischt mitreißen, die ihm dann seine graue Farbe geben.

### … und warum ist das Meer manchmal kalt und manchmal warm?

Die Meerestemperatur wird vor allem durch die geographische Lage bestimmt. Je näher das Meer am Äquator liegt, desto wärmer ist es. Das liegt daran, dass die Sonnenstrahlen dort fast senkrecht auf das Wasser fallen, also genau von oben. Nördlich und südlich vom Äquator aus gesehen fallen die Sonnenstrahlen dagegen schräg auf die gekrümmte Erdoberfläche. Das Sonnenlicht verteilt sich auf eine größere Fläche als am Äquator. Darum ist die Kraft, mit der das Licht dort Erde oder Wasserflächen erwärmen kann, nicht so groß. Das Wasser im persischen Golf z.B. erreicht Temperaturen bis zu 35 Grad Celsius. Im Mittelmeer, das schon weiter nördlich liegt, schwanken die Temperaturen zwischen 27 Grad Celsius im Sommer und 15 Grad Celsius im Winter. Und noch weiter im Norden, im Nordpolarmeer, liegen die Wassertemperaturen kaum über zehn Grad.

### … und warum friert mich, auch wenn ich aus ganz warmem Wasser komme?

*Im Prinzip funktionierst du wie ein Kühlschrank, der auch kalt wird, wenn Flüssigkeit verdunstet.*

Das hat mit der Verdunstung zu tun. Wenn nämlich ein kühler Wind weht, fühlt der vom Wasser nasse Körper eine andere Temperatur als das Thermometer zeigt. Denn der Wind lässt das Wasser auf der feuchten Haut verdunsten, und dabei entsteht die Kälte, die einem eine Gänsehaut macht. Der Unterschied zwischen gemessener Temperatur und gefühlter Temperatur kann oft fünf Grad betragen. Deshalb sollte man nach dem Schwimmen im Wasser die nasse Badekleidung ausziehen. Denn bis der Stoff getrocknet ist, dauert es lange, und in der Zwischenzeit ist diese Körperstelle dauernd kalt.

## … und warum spritzt das Wasser weiter, wenn ich mit dem Po zuerst hineinspringe?

Die Oberfläche vom Wasser ist ganz schön hart, wenn man aus großer Höhe hineinspringt. Man sagt, dass Wasser eine hohe Oberflächenspannung hat. Das merkt jeder, der ungewollt beim Springen in ein Schwimmbecken einen Bauchklatscher macht. Wenn man jedoch mit einem Kopfsprung ins Wasser taucht, zerteilt man die harte Wasseroberfläche, indem man sie zu den Seiten wegschiebt. Lässt man sich dagegen mit dem Po voraus ins Wasser plumpsen, trifft eine breite Fläche direkt von oben auf die Wasseroberfläche. Das Wasser wird nicht langsam zur Seite geschoben, sondern seine Oberfläche zerplatzt unter dem Aufprall. Und das Wasser spritzt in alle Richtungen weg.

*Das Prinzip von Wasch- oder Spülmitteln ist es, dass die Oberflächenspannung des Wassers aufgelöst wird und die Schmutzreste richtig benetzt und dadurch herausgewaschen werden können.*

## … und warum beschlagen Taucherbrillen immer?

Die Luft zwischen deiner Gesichtshaut und dem Glas der Taucherbrille ist warm. Und in dieser warmen Luft ist unsichtbar viel Feuchtigkeit vorhanden. Kommt diese Feuchtigkeit mit dem vom Wasser kalten Glas der Taucherbrille in Berührung, schlägt sie sich dort als feine Tröpfchen nieder – das Glas beschlägt. Taucher verwenden allerdings zwei Tricks, dieses Beschlagen zu vermeiden. Sie reiben die Innenscheibe der Brille vorher mit Spucke oder einer angeschnittenen Apfelscheibe ab. Dann perlt die Feuchtigkeit besser vom Glas ab. Die Brille beschlägt nicht so stark.

### ★ Versuch

Lege einmal ein paar Zahnstocher aus Holz in die Mitte einer mit Wasser gefüllten Schale. Bilde dabei einen Stern. Sie werden auf dem Wasser schwimmen. Dann träufelst du ein paar Tropfen Spülmittel in die Mitte. Damit wird die Oberflächenspannung gebrochen. Die Zahnstocher schwimmen sofort nach außen, wo sie von der stärkeren Spannung angezogen werden. Wenn du genau hinsiehst, kannst du erkennen, dass sich die Haut unter dem Gewicht sogar ein wenig dehnt.

# DURCH DIE LUFT UND PFEIL-GESCHWIND

Hand aufs Herz: Haben Sie sich nicht auch schon einmal besorgt gefragt, wieso ein Gefährt in die Luft steigen kann, das aus schwerem Metall gebaut ist und in das noch dazu viele Koffer und Menschen eingeladen werden. Nun können wir Erwachsene uns mit Hilfe der Technik so einiges erklären, aber wie müssen die Phänomene Flugzeug, Auto oder Zug auf unsere Kinder wirken. Dass sie dazu Fragen ohne Ende haben, ist nur allzu verständlich. Solche, die immer wieder gestellt werden – und die passenden Antworten dazu –, haben wir auf den folgenden Seiten zusammengestellt.

# Warum haben Flugzeuge Flügel?

Flugzeuge, Eisenbahnen, Autos – kaum etwas regt die Phantasie der Kinder mehr an als die modernen, technisch immer ausgefeilteren Verkehrsmittel durch die unsere Welt immer mehr zusammenwächst.

## Warum kann ein Drachen fliegen?

Die Luft kann, wenn sie sich schnell bewegt, ganz schön viel Kraft haben. Zum Beispiel kann jemand mit seiner Puste ein Blatt Papier vom Tisch fliegen lassen. Und an stürmischen Tagen hat man manchmal das Gefühl, als wolle einen die Luft umreißen. Der Drachen kann deshalb nur fliegen, wenn sich die Luft schnell genug bewegt. Dann bildet sich an der Unterseite des Drachens ein *Luftpolster*, auf dem der Drachen schwebt. Denn weil der Drachen fest an einer Schnur hängt, kann die Luft an seiner Unterseite nicht so schnell weg, sie trägt ihn. Aber nur so lange, wie die Schnur gut in den Händen gehalten wird. Lässt man los, wird der Drachen zwar noch eine Weile durch die Luft getragen, aber dabei trudelt er immer tiefer und fällt schließlich zu Boden. Denn wenn die Schnur weg ist, kann sich an seiner Unterseite kein tragendes Luftpolster mehr bilden. Die Luft strömt an allen Seiten gleich schnell am Drachen vorbei.

*Je langsamer ein Flugzeug ist, desto größere Flügel braucht es. Ein Düsenjäger hat nur noch kleine Stummelflügel, weil er so schnell ist.*

## … und warum haben Flugzeuge Flügel?

Im Gegensatz zum Drachen können Flugzeuge auch fliegen, wenn gar kein Wind weht. Denn sie haben Düsentriebwerke oder Propeller, die sie antreiben. Zunächst sausen sie auf der Startbahn dahin. Je schneller sie werden, desto stärker strömt die Luft an ihren Flügeln vorbei. Und wenn man sich einen Flügel von der Seite anschaut, dann ist er unten fast gerade und seine Oberseite hat er eine leicht gewölbte Form. Weil die Luft auf der Oberseite durch die Rundung des Flügels einen weiteren Weg zurücklegen muss als auf seiner Unterseite, wird sie dort schneller vorbeiströmen. Durch die höhere Luftgeschwindigkeit verringert sich der Luftdruck dort im Vergleich zur Flügelunterseite. Deshalb wird das Flugzeug durch die Luft an der Oberseite der Flügel praktisch in die Höhe gesaugt. Das, was da passiert, nennt man *Auftrieb*. Und dieser Auftrieb sorgt dafür, dass sich ein Flugzeug in der Luft halten kann. Er funktioniert aber nur, solange sich das Flugzeug schnell bewegt. Deshalb kann sich ein Flugzeug, bei dem Düsentriebwerke oder Propeller ausfallen, nicht mehr lange in der Luft halten. Kurz nach dem Start eines Flugzeugs oder vor der Landung verändert der Pilot die Form der Flügel. An der Rückseite der Flügel können nämlich Landeklappen ausgefahren werden. Dadurch entsteht mehr oder weniger Auftrieb. Der Auftrieb muss nämlich bei Start und Landung am größten sein, damit das Flugzeug sich auch bei einem langsameren Tempo in der Luft halten kann. Fliegt es dagegen ganz schnell und in großer Höhe, ist nur wenig Auftrieb erforderlich.

*Das erste Flugzeug wurde 1903 von zwei Amerikanern, den Brüdern Wright, gebaut und flog eine Minute lang durch die Luft. Das Flugzeug hieß »Flyer 1« (Flieger 1). Damit bewiesen sie, dass etwas fliegen kann, was schwerer als Luft ist.*

## … und warum müssen Vögel ihre Flügel bewegen?

Ohne Wind kann praktisch gar nichts fliegen. Das Stück Papier bleibt ganz ruhig auf dem Tisch liegen, wenn es nicht angepustet wird, die Drachen erheben sich nicht in die Luft, wenn kein Wind weht. Flugzeuge treiben sich selbst an, indem sie zuerst ganz schnell auf der Erde fahren. Aber auch Vögel brauchen zunächst mal eine Antriebskraft, nämlich Wind, um sich in die Luft erheben zu können. Nun haben Vögel aber keine Motoren. Deshalb müssen sie sich den zum Fliegen nötigen Wind selbst machen, indem sie ihre Flügel sehr schnell bewegen. Sie schlagen ein paarmal mit den Flügeln. Bei der Abwärtsbewegung spreizen sich meist die Flügel, um möglichst viel Luft nach unten zu drücken, bei der Aufwärtsbewegung falten sich die Flügel dagegen etwas zusammen, damit sie wenig Luftwi-

derstand überwinden müssen. Dabei bildet sich auf der Unterseite ein Luftpolster, das die Vögel nach oben trägt. Ähnlich wie ein Drachen, der vom Luftpolster getragen wird. Befindet sich ein Vogel aber erst mal in der Luft, funktionieren seine Flügel genau wie die eines Flugzeugs. Die Luft an der gebogenen Oberseite der Flügel muss einen viel längeren Weg zurücklegen als an der Unterseite, wodurch ein Unterdruck entsteht. Und so wird der Vogel vom Auftrieb in die Luft gezogen. Der Vogel muss dann nur noch ganz selten mit den Flügeln schlagen, um sein Tempo beizubehalten. Denn dafür, dass er nicht vom Himmel fällt, sorgt allein schon die Auftriebskraft der an seinen Flügeln vorbei strömenden Luft.

*Ein wenig fliegen hat der Mensch doch gelernt, und zwar beim Drachenfliegen mit »Paraglei-tern«. Das ist ein Fluggerät mit einem Gestell und dazwischen aufgespannten Tragflächen aus Stoff. Das Prinzip ist wie beim Segelfliegen – man gleitet durch die Luft.*

### … und wenn ich mir Flügel an die Arme mache – kann ich dann auch fliegen?

Nein, das klappt nicht. Das haben schon unheimlich viele Menschen versucht. Und alle sind dabei abgestürzt. Denn ein Mensch kann nicht schnell genug laufen, um sich von Flügeln an seinen Armen wie ein startendes Flugzeug in die Luft heben zu lassen. Allerdings hat es viele solcher Versuche vor über 100 Jahren gegeben, bevor das Flugzeug erfunden war. Und dem Deutschen Otto Lilienthal ist es damals tatsächlich gelungen, mit so einer Konstruktion von einem Hügel durch die Luft zu segeln. Aber er hat sich nicht einfach Flügel an die Arme geschnallt, sondern eine Flugmaschine gebaut, die so ähnlich wie eines der heute üblichen Segelflugzeuge funktionierte. Versuche wie dieser haben damals dabei geholfen, zum Beispiel die richtige Form für den Flügelbau zu finden und die ersten Motorflugzeuge überhaupt zu bauen.

## … und wie kann ein Segelflugzeug ohne Motor in der Luft bleiben?

Auch ein Segelflugzeug benötigt zunächst einmal Wind, der an den Flügeln Auftrieb erzeugt. Diesen für den Start notwendigen Wind erzeugt man dadurch, dass Segelflugzeuge ohne Motor mit einer Winde und an einem langen Seil schnell über den Boden gezogen werden. So lange, bis der Auftrieb der Flügel ausreicht, das Flugzeug vom Boden abheben zu lassen. Manchmal lassen sich Segelflugzeuge aber auch von einem Flugzeug mit Motor nach oben ziehen. Es gibt aber auch Segelflugzeuge mit Motor. Die können dann aus eigener Kraft starten. Ist so ein Segelflugzeug erst mal in der Luft, sucht der Pilot nach möglichst dunklen Flecken auf der Erde, zum Beispiel frisch gepflügten Äckern. Wenn die von der Sonne beschienen werden, erwärmt sich die Luft dort stärker als zum Beispiel über einer mit grünem Gras bewachsenen Wiese oder einem Boden aus hellem Sand. Warme Luft aber steigt schneller als kalte Luft nach oben zum Himmel empor. Und von solchen aufsteigenden Luftströmungen kann sich ein Segelflugzeug in großen Kreisen langsam und immer weiter nach oben tragen lassen. Denn Segelflugzeuge sind ganz besonders leicht gebaut. Diese Bewegungen von warmer Luft nennt man *Thermik*. Und sie ist dann am stärksten, wenn die Sonne scheint. So kommt es, dass man bei bewölktem Himmel oder regnerischem Wetter fast nie Segelflugzeuge am Himmel sieht.

## … und wie kann ein Hubschrauber fliegen?

Der Hubschrauber wird auch Drehflügler genannt. Denn seine *Rotorblätter* sitzen an einer Stange, die sich ganz schnell dreht. Dadurch, dass sich die Flügel schnell durch die Luft drehen, erzeugen sie selbst den nötigen Wind, um genau denselben Auftrieb an den Flügeloberseiten zu erzeugen wie bei ganz normalen Flugzeugflügeln. Und anders als ein Flugzeug mit starren Flügeln braucht der Hubschrauber deshalb nicht den Anlauf auf einer Startbahn, um genügend Luft an seinen Flügeln vorbei strömen zu lassen. Er kann also auf der Stelle

*Hubschrauber haben auch am Heck einen Propeller. Den brauchen sie unbedingt, weil sich der Hubschrauber sonst in der Luft um die eigene Achse drehen würde. Er sorgt also für die Stabilität.*

163

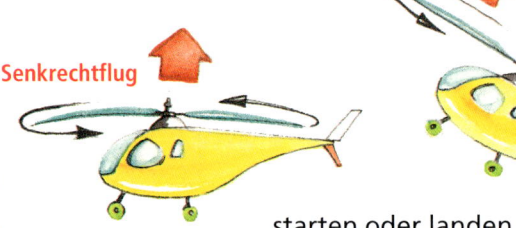

Senkrechtflug

Vorwärtsflug

Rückwärtsflug

starten oder landen. Außerdem kann der Pilot beim Hubschrauber die Rotorblätter verstellen. Dadurch kann er bestimmen, ob der Hubschrauber nur nach oben steigen oder auch nach vorne fliegen soll. Der Hubschrauber ist übrigens das einzige Flugzeug, das auch rückwärts fliegen kann. Dazu muss der Pilot nur die Rotorblätter anders einstellen. Auch die Vögel können nicht rückwärts fliegen, weil dann der Auftrieb an ihren Flügeln nicht mehr funktionieren würde. Nur eine Ausnahme gibt es: Der Kolibri kann wie ein Hubschrauber in der Luft stehend und sogar rückwärts fliegen. Er schafft das, indem er seine Flügel fast ebenso schnell bewegt wie der Hubschrauber seine Rotorblätter: 80-mal pro Sekunde kann ein Kolibri mit den Flügeln schlagen – so schnell wie kein anderer Vogel. Dafür braucht er allerdings soviel Kraft, dass sein Herz etwa 1 000-mal pro Minute schlagen muss – hundertmal so schnell wie bei einem Menschen, der läuft.

*Die Rotorblätter eines schnell fliegenden Hubschraubers funktionieren wie eine große runde Tragfläche.*

### … und wie fliegen Raketen?

Raketen haben keine Propeller und keine Düsentriebwerke wie Flugzeuge. Denn sie funktionieren nur dort, wo es Luft gibt. Im Weltraum aber gibt es keine Luft. Deshalb arbeiten die Motoren der Raketen nach dem *Rückstoßprinzip*. Aus der Rakete strömt Gas, das angezündet wird. Dadurch dehnt sich das brennende Gas blitzschnell aus, und die Rakete wird nach oben geschoben.

### ★ Versuch

Wie das Rückstoßprinzip funktioniert, kannst du mit einem Luftballon ausprobieren. Blase ihn auf und lass' ihn dann los. Die eingepresste Luft aus dem Ballon strömt ganz schnell aus der Öffnung und dehnt sich aus. Der Ballon wird schnell weggeschoben und fliegt am Ende in wilden Kurven durch das Zimmer. Der Rückstoß der Luft gibt ihm Schwung.

Damit die Raketen nun aber nicht wie der Ballon in wirren Kreisen durch die Luft schießen, haben sie kurze Stummelflügel. Sie helfen ihnen, eine gerade Flugbahn halten zu können. Außerdem kann man Raketen steuern, indem man aus verschiedenen Düsen des Motors unterschiedlich viel brennendes Gas ausströmen lässt. Dadurch lassen sich Raketen fast so präzise steuern wie ein Auto, das in eine Garage gefahren werden soll. Sonst wäre es zum Beispiel für Raumtransporter gar nicht möglich, an einer Raumstation zu laden, die im All um die Erde kreist.

Auch Silvesterraketen fliegen nach dem Rückstoßprinzip. Das in die Rakete gepresste Schwarzpulver verbrennt blitzschnell und sorgt damit für den Schub, der die Rakete steigen lässt. Und der lange Holzstab an der Rakete sorgt durch sein Gewicht dafür, dass die Rakete gerade in den Himmel steigt. Der Feuerstrahl, der hinten herauskommt, ist mehrere hundert Grad heiß. Also Vorsicht bei Silvesterraketen! Das Anzünden den Erwachsenen überlassen!

## … und warum können auch die Luftballons vom Jahrmarkt fliegen?

In diesen Luftballons ist gar keine Luft, sondern ein Gas. Sie müssten eigentlich *Gasballons* heißen. Dieses Gas, zum Beispiel Helium, ist leichter als Luft. Deshalb kann eine leichte Ballonhülle, die mit Gas gefüllt ist, vom Luftballon nach oben getragen werden. Das kann man sich natürlich schwer vorstellen. Aber Luft ist ja auch leichter als Wasser, weshalb Luftblasen in einem mit Wasser gefüllten Gefäß immer nach oben steigen. Und genauso ist es mit den Gasballons, die in der schwereren Umgebungsluft nach oben steigen können.

## … und woher weiß ein Pilot über den Wolken, wo er hinfliegen muss?

Um die Richtung zu erkennen, gibt es in Flugzeugen einen *Kompass*. Er zeigt immer an, wo Norden ist. Und wenn man das weiß, kennt man auch alle anderen Richtungen. Denn genau

*Ein gasgefüllter Ballon, der nach oben steigt, wird irgendwann platzen, weil die Luft von außen immer weniger Druck ausübt, der Druck im Ballon aber bleibt. Der Ballon bläht sich immer weiter auf und dann macht es »peng«.*

165

in entgegengesetzter Richtung ist Süden, links von Norden ist Westen, rechts Osten. Die Erde hat ein eigenes Magnetfeld, deren Pole am Nord- und Südpol der Erde sind. Deshalb kann die magnetische Nadel eines Kompasses immer nach Norden zeigen. Außerdem gibt es vorne beim Piloten ein weiteres Instrument, das sich *künstlicher Horizont* nennt. Das Instrument ist mit einer Flüssigkeit gefüllt. Und weil Flüssigkeit sich immer waagerecht zur Erde ausbreiten will, kann der Pilot daran erkennen, ob sich sein Flugzeug gerade waagerecht über der Erde befindet oder schräg. Denn er sieht wegen der Wolken ja nicht auf den Boden. Mit Kompass und »künstlichem Horizont« kann der Pilot nun schon feststellen, in welche Richtung er fliegt. Aber außerdem will er auch noch wissen, ob vor ihm andere Flugzeuge unterwegs sind, mit denen er zusammenstoßen könnte. Dafür ist vorne in die Nase eines Flugzeugs eine Antenne eingebaut, die sich *Radar* nennt. Sie sendet Funkwellen aus. Das sind unsichtbare Lichtstrahlen. Treffen diese Funkwellen ein anderes Flugzeug, werden sie wie von einem Spiegel zu der Antenne zurückgeworfen und malen auf einem Bildschirm genau die Umrisse des Gegenstandes, auf den sie getroffen sind. So erkennt der Pilot, ob der Weg vor ihm frei ist.

*Mit Magneten haben schon die alten Chinesen gearbeitet. Aber eher, um die Zukunft vorherzusagen. Zur Navigation wurden sie erst ab dem 12. Jahrhundert benutzt.*

## … und wie trifft der Pilot ganz genau den Flughafen, auf dem er landen will?

Zunächst einmal erkennt der Pilot am Kompass die Richtung, in die er fliegen muss. Hinzu kommt, dass es überall auf der Erde extra für Flugzeuge große Funkmasten gibt, die alle ein bestimmtes Signal aussenden. Anhand dieser Signale kann ein Gerät im Flugzeug genau erkennen, wo der nächste Funkmast ist, wie weit die anderen weg sind und an welcher Stelle zwischen den Funkmasten sich das Flugzeug in der Luft befindet. Ebenso funktioniert es mit Funksignalen von Satelliten, die dem Piloten auch immer bis auf wenige Meter genau sagen, an welcher Stelle über der Erde sich sein Flugzeug gerade befindet. So etwas heißt *Satellitennavigation*. Mit Hilfe der Funksender auf der Erde und der Satellitennavigation kann ein Pilot auch dann schnurstracks zum richtigen Flughafen fliegen, auch wenn er ihn wegen Dunkelheit oder Wolken gar nicht sehen kann.

## … und warum wackeln Flugzeuge manchmal so komisch in der Luft?

Viele Leute bekommen Angst, wenn ein Flugzeug in der Luft plötzlich zu wackeln beginnt. Dabei ist es eigentlich gar nichts Schlimmes. Und dafür gibt es zwei Erklärungen. Entweder handelt es sich um kräftige Winde, die manchmal auch in großer Höhe ordentlich wehen und das Flugzeug durchschütteln. Das nennen die Piloten *Turbulenzen*. Aber auch beim Landeanflug und ohne Wind kann ein Flugzeug kräftig durchgeschüttelt werden. Der Grund dafür kann sein, dass die Sonne den Boden an manchen Stellen stärker, an anderen weniger stark erwärmt. Dadurch steigt mal mehr, mal weniger warme Luft vom Boden nach oben auf. Fliegt das Flugzeug durch solche Luftströmungen, beginnt es ebenfalls zu wackeln. Das sieht manchmal ganz gefährlich aus, weil sich die Flügel dann stark bewegen. Aber abbrechen können sie nicht. Die Flügel eines modernen Düsenflugzeugs sind so stabil, dass sich die Spitzen mehrere Meter nach oben oder unten biegen können, ohne abzubrechen.

*Manchmal, wenn das Flugzeug so rumpelt, fühlt sich das an, als würde man mit dem Auto über starke Bodenwellen fahren. Aber plötzlich fällt einem ein, dass es keine Bodenwellen geben kann. Das ist schon ein komisches Gefühl.*

## … und warum hat man oft ein komisches Gefühl in den Ohren, wenn ein Flugzeug startet oder landet?

Die Erde ist von einer Lufthülle umgeben, und diese Luft hat ein Gewicht, das immer auf den menschlichen Körper drückt. Nur merkt man dieses Gewicht nicht, weil man es gewohnt ist, der Körper es also von Anfang an nicht anders kennengelernt hat. Wenn sich jemand genau auf Meereshöhe befindet, also am Strand, drückt die Luft mit einem Gewicht von einem Kilo auf jeden Quadratzentimeter seines Körpers. Das ist so viel, als

*Das erste Experiment, um den Luftdruck nachzuweisen, geschah vor etwa 300 Jahren. Aus zwei Halbkugeln, die luftdicht miteinander zu einer ganzen Kugel verbunden waren, wurde die Luft herausgepumpt. Der Luftdruck von außen war nun so stark, dass man 16 Pferde brauchte, um die Kugeln auseinanderzuziehen.*

müsste er auf einer Fingerspitze eine Literpackung Milch balancieren. Bloß gut also, dass man dieses Gewicht aus Gewohnheit nicht spürt. Man sagt, dass der Mensch den normalen Luftdruck nicht wahrnimmt. Wenn du nicht mehr am Strand stehst, sondern einen Berg hinaufkletterst, nimmt dieser Luftdruck jedoch ab. Das ist eigentlich ganz klar, denn man spürt als Luftdruck immer nur die Luft über sich. Beim Klettern hat man aber ja schon einen Teil der Lufthülle um die Erde unter sich gelassen. Man sagt auch, dass die Luft, je höher man steigt, immer dünner wird. Und zehn Kilometer über dem Boden ist der Luftdruck so niedrig und die Luft so dünn, dass es dort gar nicht mehr genug Sauerstoff zum Atmen gibt. In dieser Höhe aber fliegen die meisten Düsenflugzeuge. Und damit alle an Bord trotzdem atmen können, wird innerhalb des Flugzeuges ein künstlicher Luftdruck erzeugt. Das Flugzeug wird fast wie ein Luftballon aufgepumpt. Damit dieser Luftdruck im Flugzeug bleibt, haben die Türen eines Jets immer ganz besonders dicke Dichtungen. Nun wird aber im Flugzeug nicht derselbe Luftdruck wie am Boden künstlich hergestellt. Der wäre nämlich so hoch, dass sich der Rumpf des Flugzeugs beim Aufsteigen in größere Höhen immer weiter ausdehnt – wie die Haut eines Luftballons. Denn von außen drückt in großer Höhe nur noch so wenig Luft gegen den Rumpf, dass er sich aufblähen würde, wenn man drinnen normalen Luftdruck hätte. Der Rumpf könnte kaputtgehen, denn er ist ja nicht aus elastischem Gummi, sondern aus Metall. Damit das nicht passiert, wendet man einen Trick an: Im Flugzeug wird nur soviel Luftdruck erzeugt, wie auf einem etwa 2000 Meter hohen Berg. Das merkt man manchmal daran, dass es beim Start des Flugzeugs in den Ohren knackt, weil sie den sinkenden Luftdruck wahrnehmen. Dasselbe geschieht manchmal, wenn man mit einem Auto auf einen hohen Berg fährt. Beim Landen steigt der Luftdruck im Flugzeug wieder – und auch das verursacht oft ein Knacken oder ein taubes Gefühl in den Ohren. Denn in den kleinen Hohlräumen des Kopfes, den Höhlen neben der Nase, den Ohren und hinter der Stirn, kann der Luftdruck nicht

immer ganz so schnell an den angepasst werden, der im Flugzeug herrscht. Es gibt aber Tricks, um das komische Gefühl in
den Ohren schneller loszuwerden: Man kann zum Beispiel mit
geschlossenem Mund und zugehaltener Nase schlucken oder
bei Start und Landung Kaugummi kauen. Dadurch werden
Muskeln im Kopf bewegt, und durch diese Bewegungen
gleicht sich der Luftdruck in den Höhlen des Kopfes schneller
aus.

## … und warum hat ein Flugzeug so kleine Fenster?

Die Düsenflugzeuge, die zum Beispiel Urlauber an ihre Ziele
bringen, fliegen in einer Höhe zwischen acht und zehn Kilometern über der Erde. Dort oben ist die Luft so dünn, dass man
nicht mehr atmen kann, und außerdem ist es bitterkalt. Die
Temperatur dort beträgt ungefähr 50 Grad unter Null. Damit
die Menschen im Flugzeug atmen können und nicht erfrieren,
muss im Flugzeug viel mehr Luft vorhanden sein als draußen,
und es muss geheizt sein. Wegen des hohen Luftdrucks im
Flugzeug und des großen Temperaturunterschieds zwischen
drinnen und draußen, würden aber normal große Fensterscheiben zerplatzen oder ständig so beschlagen, dass man gar
nicht mehr durchsehen könnte. Deshalb haben Flugzeuge vieler solcher kleiner Fenster, die man *Bullaugen* nennt.

## … und wie funktioniert ein Fallschirm?

Der Fallschirm steckt in einer Art Rucksack, den der Fallschirmspringer auf dem Rücken trägt. Ist der Fallschirmspringer hoch
oben in der Luft aus dem Flugzeug gestiegen und weit genug
vom Flugzeug entfernt, zieht er an der *Reißleine*. Der Rucksack
öffnet sich und der Fallschirm kann sich entfalten. Unter dem
Fallschirm bildet sich dann ein Luftpolster, das den bis dahin
schnellen Flug des Fallschirmspringers abbremst. Ohne Fallschirm stürzt der Springer so schnell dem Boden entgegen, wie
ein Formel-1-Rennwagen fährt. Getragen von seinem Fallschirm aber schwebt der Springer nun viel langsamer der Erde
entgegen. Dabei kommt er dem Boden jedoch noch immer fast

*Ein Fallschirm hat deshalb ein Loch, damit die unter dem Schirm gesammelte Luft kontrolliert entweichen kann. Wenn sie nämlich mal rechts und mal links herausströmt, pendelt der Springer heftig hin und her.*

*Der Fallschirm selbst ist aus Seide oder Nylon. Er muss ja ganz klein zusammengelegt werden und darf nicht viel wiegen.*

so schnell entgegen wie ein Auto im Stadtverkehr fährt. Sein Tempo beträgt nämlich etwa 35 bis 40 Stundenkilometer. Während dieses Schwebfluges kann der Fallschirmspringer sogar steuern und damit zu einem bestimmten Landeplatz fliegen. Dafür hat er links und rechts an seinem Fallschirm zwei Steuerleinen, mit denen er auf der einen oder anderen Seite seines Schirmes Luft entweichen lassen kann. Dadurch dreht sich der Schirm in die Richtung, in die ihn der Springer haben will. Unmittelbar vor der Landung dreht der Springer den Schirm mit den Steuerleinen in den Wind und bremst sein Tempo dadurch noch mal kräftig ab. Aber trotzdem kann der Aufprall auf den Boden immer noch so heftig sein, wie ein Sprung aus drei Meter Höhe. Nur sehr erfahrenen Springern gelingt es, jedesmal sanft auf dem Boden aufzusetzen. Die meisten Springer tragen übrigens einen zweiten Fallschirm als Reserve auf der Brust, falls der Hauptfallschirm sich mal nicht richtig öffnen sollte.

### … und wie sahen die ersten Autos aus?

Ganz anders als heute, und sie hießen auch nicht Autos, sondern *Lokomobile*. Das waren riesengroße Gefährte, bei denen eine mit Kohle beheizte Dampfmaschine die Räder antrieb. Sie wurden vor etwa 150 Jahren in England erfunden. Aber damals gab es noch gar keine festen Straßen wie heute und so sanken die großen schweren Lokomobile mit ihren Rädern tief in die Erde ein. So kam man auf die Idee, ihnen eigene Straßen aus Eisenstangen zu bauen – das war die Erfindung der Eisenbahn und der Schienen. Den ersten *Benzinmotor*, aus dem auch die Motoren unserer heutigen Autos weiterentwickelt wurden, baute erst 1876 der deutsche Erfinder Nikolaus August Otto. Zehn Jahre später hatten die drei deutschen Erfinder Daimler, Benz und Maybach den Motor so weit verkleinert, dass sie ihn in eine Pferdekutsche einbauen und damit die Räder antreiben konnten. Diese Motorkutsche mit hohen Speichenrädern, wie man sie heute noch bei Pferdekutschen sieht,

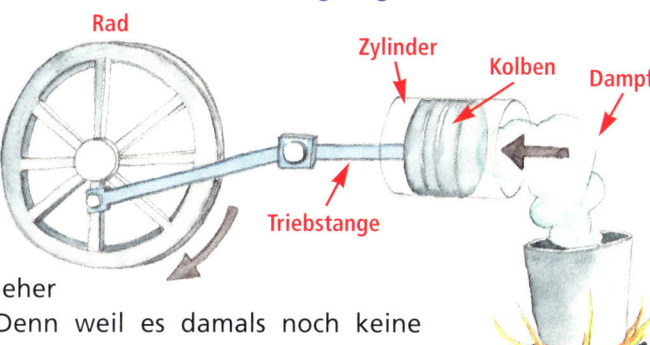

gilt als das erste Auto der Welt. Aber noch viele Jahrzehnte lang hatten die Autos noch keine Ähnlichkeit mit denen von heute, sondern sie sahen eher wie Pferdekutschen aus. Denn weil es damals noch keine asphaltierten Straßen gab, mussten hohe Räder die Autos vor dem Einsinken in Schlamm und Matsch bewahren und als Schutz vor hochspritzendem Schmutz kamen große Verkleidungen über die Räder – *Kotflügel* genannt. Weil es lange Zeit üblich war, dass Männer und Frauen hohe Hüte trugen, waren auch die Innenräume der früheren Autos viel höher. Die Autos, die du heute fahren siehst, wurden deshalb erst im Laufe vieler Jahrzehnte an die Mode ohne hohe Hüte und an die viel besser gewordenen Straßen angepasst, für die viel kleinere Räder als früher ausreichend sind. Außerdem hat sich die Form der Autos dadurch verändert, dass man sie immer windschnittiger gebaut hat. Denn ein Auto, an dem der Fahrtwind gut vorbeistreichen kann, verbraucht viel weniger Benzin als eines, das klobig und eckig ist.

## … und warum haben auch manche Autos Flügel?

Ein Flugzeug braucht Flügel, damit die daran vorbei strömende Luft den Auftrieb erzeugen kann, der das Flugzeug in die Höhe hebt. Bei sehr schnellen Autos, zum Beispiel Rennwagen, kann nun die daran vorbei strömende Luft etwas Ähnliches bewirken. Das Auto haftet nicht mehr durch sein Gewicht richtig fest auf der Fahrbahn, sondern wird vom schnellen Fahrtwind nach oben gesaugt. Nicht so stark, dass es fliegen kann. Aber doch so sehr, dass es sich nicht mehr richtig lenken lässt. Deshalb sind bei manchen schnellen Autos hinten Flügel aufgesetzt, die genau andersherum wirken wie die bei einem Flugzeug. Sie sind so gebogen, dass die daran vorbei streichende Luft das Auto auf den Boden drückt und so für einen festen Kontakt zwischen Reifen und Straße sorgt.

*Das Wort »Automobil« setzt sich zusammen aus dem griechischen Wort »autos«, das heißt »selbst« und dem lateinischen Wort »mobilis«, und das heißt »beweglich«. Ein Automobil ist also ein »Selbstbeweger«. Bis zur Erfindung des Autos bewegten Pferde und Rinder Kutschen und Karren.*

171

### … und warum müssen Autos Benzin tanken?

*Früher hatte man noch Autos mit Dampfmaschinen gebaut. Im ersten Autorennen der Welt 1894 war das Siegerauto mit Dampf betrieben. Aber die Maschinen waren sehr groß und schwer und deshalb unpraktisch.*

Die meisten Autos fahren mit einem *Verbrennungsmotor*. Und damit der funktioniert, benötigen sie das leicht brennbare Benzin von der Tankstelle. Es wird zusammen mit viel Luft in einen Raum im Motor gepresst, den man *Zylinder* nennt. Dann entzündet ein Funke von der Zündkerze das Gemisch aus Benzin und Luft – es explodiert. Und durch den Druck der Explosion wird ein Kolben aus dem Zylinder herausgedrückt, der dann die Kurbel dreht, von der die Bewegung auf die Räder des Autos übertragen wird. Alle modernen Autos haben mehrere Zylinder, in denen solche Explosionen der Reihe nach ablaufen. Und zwar ganz schnell: In einer Minute können sich in einem Zylinder mehrere hundert Explosionen ereignen. Deshalb hören wir auch nicht einzelne Knallgeräusche, sondern wir nehmen die vielen schnellen Explosionen in den Zylindern nur als Brummen wahr.

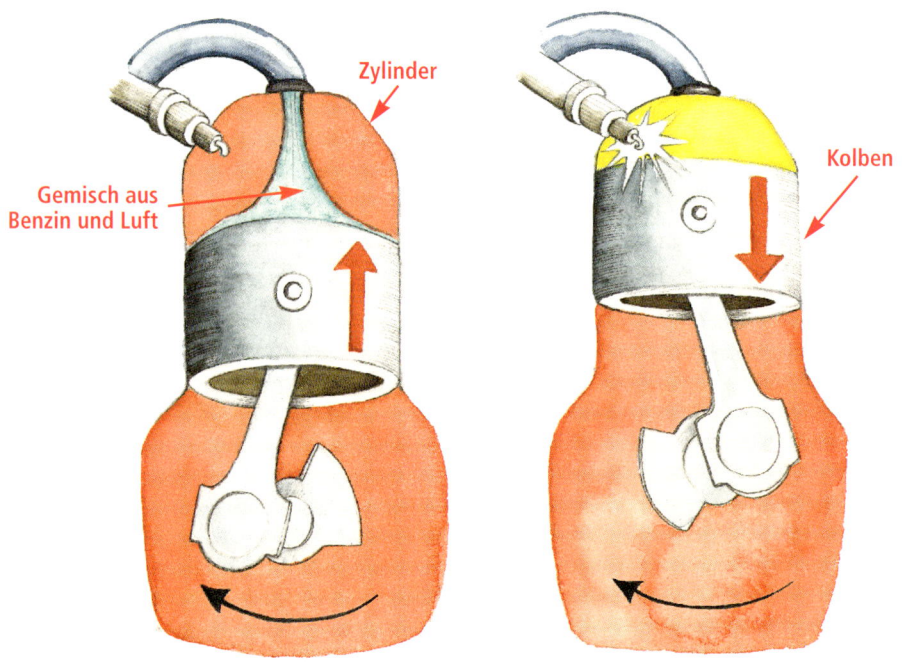

Zylinder

Gemisch aus Benzin und Luft

Kolben

## … und warum hat ein Auto vier Räder und ein Fahrrad nur zwei?

Ein Fahrrad kann auf seinen zwei Rädern nur dann stehen, wenn es sich bewegt. Sobald ein Fahrrad oder ein Roller stehenbleiben, kippen sie um. Bei einem Auto wäre es nun ziemlich dumm, wenn es jedesmal beim Halten vor einer Ampel umkippen würde. Deshalb haben Autos vier Räder.

## … und wer hat das Rad erfunden?

Das liegt schon viele tausend Jahre zurück. Damals lebten die Menschen noch nicht in Häusern wie heute, sondern in Höhlen oder in mit Zweigen und Blättern abgedichteten Verstecken in den Wäldern. Sie hatten noch keine richtigen Werkzeuge oder Maschinen. Trotzdem wollten sie manchmal große Steine oder Baumstämme bewegen. Aber die waren dann viel zu schwer, um sie zu ziehen oder man hätte viel zu viele Leute gebraucht, um sie zu tragen. Wahrscheinlich hat jemand mal durch Zufall entdeckt, dass sich solche schweren Sachen viel leichter schieben lassen, wenn darunter kurze runde Äste oder Zweige liegen. Und so kam man auf die Idee, kurze Baumstämme unter die schweren Sachen zu legen.

*Der erste Stamm wird immer wieder weggenommen und hinter die beiden anderen gelegt. So hat der Stein praktisch eine eigne Straße.*

### ★ Versuch

Lege einmal das schwerste Buch, das du finden kannst, auf einen Tisch und versuche es nur mit dem kleinen Finger zu schieben. Das geht ganz schön schwer. Wenn du aber zwei runde Buntstifte unter das Buch legst, genügt ein sanfter Stoß mit dem kleinen Finger, um es ein Stück zu bewegen. So weit jedenfalls, bis es von einer der Buntstiftrollen herunterrutscht.

Die Menschen damals, die große Steine bewegen wollten, mussten immer wieder die Rollen von hinten nach vorn tragen, damit der Stein darauf liegenbleibt. Das war sehr mühselig. Und so kam man vor etwa 5000 Jahren auf die Idee, Scheiben aus Holz zu bauen, die sich genau um ihren Mittelpunkt

173

drehen. Wenn man da einen stabilen Stamm hindurch steckte, konnten die Holzscheiben nicht mehr wegrollen, sondern sich nur noch drehen. Das Rad und die Achse waren erfunden und wurden bis heute immer weiter verbessert. Die dicken Scheibenräder aus Holz waren nämlich viel zu schwer und gingen leicht kaputt. Vor rund 2000 Jahren zum Beispiel baute man schon Holzräder mit Holzspeichen, die so ähnlich aussahen wie die heutigen Fahrrad-Räder aus Metall. Später befestigte man Leder- oder Metallbänder auf den Laufflächen der Holzräder, um ihnen mehr Stabilität zu geben. Den luftgefüllten Gummireifen aber erfanden erst vor rund 100 Jahren die französischen Gebrüder Michelin.

### … und warum haben manche Fahrräder dicke Reifen und andere ganz dünne?

*Fahrradräder sind luftgefüllte Schläuche, die schnell kaputtgehen, wenn man über eine Scherbe oder einen Nagel fährt. Aber sie federn Unebenheiten gut ab, weil die Luft in den Reifen z. B. durch einen Stein weggedrückt wird und der Reifen sich verformt.*

Je dünner ein Reifen ist, desto weniger Kraft braucht man, um damit schnell zu fahren. Deshalb haben zum Beispiel Rennräder ganz schmale Reifen. Wer allerdings versucht, mit diesen schmalen Reifen in lockerem Sand oder auf matschiger Erde zu fahren, wird sich schwertun – sie sinken sehr tief ein. Deshalb haben Fahrräder, mit denen man auch mal durch Sand fahren will, dickere Reifen als andere. Bei einer Schubkarre übrigens sind die Reifen noch viel dicker. So etwas nennt man *Ballonreifen*. Die können auch dort kaum einsacken, wo die Erde ganz locker oder matschig ist.

### … und wie funktioniert die Übersetzung beim Fahrrad?

Die Übersetzung beim Fahrrad soll einem zum Beispiel helfen, leichter einen Berg hinaufzufahren. Für den Fahrer heißt das, dass er beim Treten weniger Muskelkraft benötigt. Aber dafür muss er häufiger in die Pedale treten und mehr atmen, braucht also eine gute Kondition. Das liegt daran, dass man durch die Übersetzung ein viel kleineres Zahnrad als normal am Hinterrad des Fahrrads so bewegt, dass es in die Fahrradkette greift und dann das Hinterrad antreibt.

## … und wer hat das Fahrrad erfunden?

Vor fast 200 Jahren, im Jahre 1817, erfand der deutsche Freiherr Drais von Sauerbronn das erste *Laufrad*, das Ähnlichkeit mit den heutigen Fahrrädern hatte. Es besaß auch schon einen Sattel, aber noch keinen Tretantrieb. Statt dessen musste man sich immer mit den Füßen vom Boden abstoßen. Dieses noch etwas merkwürdig aussehende Gefährt wurde nach seinem Erfinder benannt: Es heißt *Draisine*.

### ★ Versuch

Für dieses kleine Experiment benötigen wir zwei gleich große und einen viel kleineren Ball, die jetzt unsere Zahnräder darstellen sollen. Nimm erst mal die zwei gleich großen Bälle in deine beiden Hände, drücke sie leicht aneinander und drehe den Ball in der rechten Hand. Du wirst feststellen, dass sich auch der Ball in der linken Hand drehen will. Er wird vom anderen angetrieben. Hältst du den angetriebenen linken Ball ganz fest, brauchst du viel mehr Kraft, den rechten zu drehen. Nun nimm mal den kleineren Ball in die linke Hand und mach alles noch einmal. Zwei Dinge kannst du beobachten: Der kleine angetriebene Ball dreht sich viel schneller als der große. Und zum Festhalten des linken angetriebenen Balls du jetzt viel mehr Kraft als zum Drehen des großen rechten.

Genau dasselbe passiert, wenn man ein kleines Zahnrad von einem großen antreiben lässt. Man braucht weniger Kraft beim Drehen des Großen und das kleine dreht sich schneller. Vielleicht hast du bei dem kleinen Experiment auch bemerkt, dass die glatte Oberfläche des einen Balls, den du festhältst, an der glatten Oberfläche des anderen reibt. Das aber will man bei einer Gangschaltung nicht. Deshalb werden dort Zahnräder verwendet. Ihre Zähne greifen fest ineinander und können deshalb nicht aneinander vorbeirutschen.

*Wenn ein Rad auf einer staubigen Straße sehr langsam gefahren ist, hinterlässt es Schlangenlinien, weil es eher kippen kann als eins, das sehr schnell fährt. Dessen Spur ist ganz gerade. Auf diese Weise kann man von der Spur eines Rades auf die Geschwindigkeit des Radlers schließen. Detektive aufgepasst!*

## … und warum sind die Räder der Eisenbahn nicht aus Gummi wie beim Auto oder Fahrrad?

*Die Eisenbahn hat ihren Namen übrigens von den Schienen, die aus Eisen sind. Die ersten Züge gab es schon vor ungefähr 150 Jahren. Sie wurden mit Dampf betrieben. Es waren hauptsächlich Dampflokomotiven, die noch bis vor etwa 20 Jahren fuhren. Dann wurden immer mehr elektrische Züge eingesetzt.*

Weil Gummireifen sich verformen können. Das wäre bei der Eisenbahn schlimm. Denn dann würden die Räder von den Schienen rutschen, weil der Radkranz ihnen keinen Halt geben kann. Beim Auto oder Fahrrad aber sollen sich die Räder verformen. Denn wenn man zum Beispiel über einen Stein fährt, wird das Gummi nur ein bisschen eingedrückt – die Insassen im Auto spüren davon gar nichts. Wäre das Rad aber aus Eisen, ließe es sich nicht eindrücken und würde es über jedes Hindernis hinwegrumpeln. Das Fahrrad oder Auto würde dann jedesmal kräftig durchgeschüttelt, die Fahrt wäre sehr unangenehm. Man kann das deutlich im Zug spüren: er rüttelt meistens viel mehr auf den Schienen als ein Auto auf der Straße. Und das, obwohl ganz große Stoßdämpfer an den Federn dafür sorgen, dass die Fahrgäste die schlimmsten Stöße gar nicht mitbekommen. Beim Auto oder Fahrrad kann man so große Stoßdämpfer gar nicht einbauen.

## … und wie bleibt die Luft in den Reifen?

Dafür sorgt das *Ventil*. So nennt man den kleinen Einfüllstutzen, durch den die Luft in den Reifen gepumpt wird. Das ist wie eine Tür, durch die man nur in eine Richtung hindurchgehen kann, weil sie auf der anderen Seite keinen Griff zum Öffnen hat. Das Ventil sorgt dafür, dass zwar Luft von außen nach innen durchströmen kann, aber nicht von innen nach außen.

### ★ Versuch

Atme einfach mal tief ein und halte dir dann ein großes Blatt Papier mit der flachen Hand vor den Mund. Nun versuch' mal, auszuatmen. Du wirst feststellen: Es ist schwer, die Luft an dem Papier vorbeizupusten – aber es geht. Doch wenn du jetzt die Hand mit dem Blatt Papier weiter vor deinen Mund hältst und versucht, durch den Mund einzuatmen, bekommst du kaum Luft. Das Papier verschließt deinen Mund fast wie ein Ventil: Es kommt zwar noch Luft heraus, aber kaum welche hinein.

## … und warum sind auf den Reifen immer so komische Zickzack-Linien?

Die Seite des Reifens, die auf der Straße rollt, nennt man *Lauf-fläche*. Und zu den Zickzack-Linien sagt man *Profil*. Wenn es regnet und die Fahrbahn nass ist, kann sich ein hauchdünner Wasserfilm zwischen der Lauffläche und der Fahrbahn bilden. Der Reifen verliert den Kontakt zum Boden und schwimmt fast wie ein Boot auf dieser dünnen Wasserschicht. Dafür gibt es sogar einen besonderen Ausdruck: *Aquaplaning*. Bei einem schnell fahrenden Auto kann das sehr gefährlich werden. Denn wenn die Reifen auf dem Wasserfilm schwimmen, kann man das Auto nicht mehr richtig steuern. Die komischen Zick-zack-Muster auf den Autoreifen aber zerhacken den Wasser-film auf der Straße. Das Wasser wird in die Rillen des Zickzack-Musters gedrückt und von dort zur Seite herausgeschleudert. Die Rillen sorgen also dafür, dass das Wasser unter dem Reifen abgeleitet wird und er auch bei nasser Straße seine Bodenhaf-tung behält. Bei trockener Straße könnte man auch mit Reifen fahren, die gar kein Profil haben. Aber das wäre nicht prak-tisch, weil man dann bei jedem Regenguss die Reifen umständ-lich gegen andere mit Profil austauschen müsste. Nur bei Auto-rennen kann man gelegentlich sehen, dass die Fahrer bei einsetzendem Regen der Reihe nach an den Boxen bei ihren Monteuren stoppen und sich die ganz glatten Rennreifen gegen Regenreifen mit Profil austauschen lassen. Das dauert nur wenige Sekunden, weil die Monteure die Reifenwechsel monatelang mit Spezialgerät trainieren. Im normalen Straßen-verkehr aber wäre das viel zu aufwendig. Deshalb fährt man vorsichtshalber immer mit Reifen, die auch bei Regen für siche-re Fahrt sorgen. Auch Fahrradreifen haben ein Profil, das aber weniger für die Ableitung des Wasser unter der Lauffläche sor-gen soll. Denn wegen der geringeren Geschwindigkeit eines Fahrrads spielt Aquaplaning keine Rolle. Das Profil beim Fahr-rad ist dazu da, dass der Reifen auch bei weichem Untergrund wie Sand oder Matsch nicht durchdreht, sondern sich mit sei-nen Profilrillen fest in den Untergrund krallt.

*Ist es nicht nahezu unvorstellbar, dass es noch bis vor 100 Jahren keine Autos gab, sondern Kutschen, die von Pferden gezogen wurden. Und heute rasen die Rennwagen in der Formel 1 mit 300 Stunden-kilometern durch die Gegend. Eine enorme tech-nische Entwick-lung, und das in der Zeit von etwas mehr als einem Menschenleben.*

### … und warum rutscht ein Zug nicht von der Schiene?

Und das zu verstehen, schaut man am besten von der vorderen Schmalseite auf so ein Eisenbahnrad. Hier ist zu sehen, dass es zwar rollt mit seiner Lauffläche auf der Schiene rollt, aber an der Radinnenseite eine Scheibe hat, die größer ist als das Rad selbst ist. Diese Scheibe nennt man *Spurkranz*. Und weil die Räder auf beiden Seiten des Zuges solche Spurkränze haben, wird die Lauffläche des Rades immer ganz genau auf der Schiene gehalten. Der Zug kann weder nach der einen noch nach der anderen Seite herunterrutschen.

### … und warum haben viele Bagger keine Räder?

*Vielleicht hast du schon verschiedene Bagger gesehen. Da gibt es den Löffelbagger, der mit einer Schaufel gräbt, dann den Greifbagger, der mit zwei Schaufeln auch Gegenstände greifen kann, und es gibt Schwimmbagger, die Fahrrinnen für Schiffe ausheben.*

Kurz nachdem die ersten Autos gebaut waren, wollte man auch selbstfahrende Maschinen haben, die den Bauern bei der Feldarbeit helfen und Pferde ersetzen konnten. Aber schnell stellte man fest, dass die Eisenräder dieser Maschinen auf glattem, matschigen Boden durchdrehten. Sie fanden keinen Halt. Im Jahr 1912 hatte deshalb der amerikanische Erfinder Holt eine ganz verrückte Idee: Er baute das erste Fahrzeug, das immer seine eigene Straße mitbrachte – den *Caterpillar*. Er bewegt sich, wie viele Bagger, die du heute siehst, auf einem Band von Stahlplatten, die gelenkig miteinander verbunden sind und sich immer im Kreis drehen, den *Gleisketten*. Wenn sich die Gleisketten auf beiden Seiten des Baggers gleich schnell drehen, fährt er genau geradeaus. Gesteuert wird ein Bagger ohne Räder dadurch, dass sich die Gleisketten auf der Seite, zu der der Bagger abbiegen will, langsamer dreht als die andere. Lässt der Baggerfahrer eine Gleiskette vorwärts und die andere rückwärts laufen, kann sich der Bagger sogar auf der Stelle drehen. Allerdings kann man mit den schweren Gleisketten nicht so genau und leicht steuern wie mit den vier Rädern eines Autos. Deshalb bewegt sich ein Bagger beim Fahren oder Abbiegen oft sehr ruckelig. Einige Bagger fahren auch auf Schienen hin und her. Sie werden meistens an Baustellen gebraucht, wo eine tiefe Grube ausgehoben werden muss und der Bagger nur dazu da ist.

## … und warum hat ein Traktor vorne kleine Räder und hinten große?

Die Hinterräder beim Traktor sind deshalb so dick und groß, damit ein Traktor auch auf matschigem Boden fahren kann. Dünne Räder würden ganz schnell im Matsch einsinken. Und wenn sie dann auch noch klein wären, könnte der Traktor so weit einsinken, bis er mit seiner ganzen Unterseite auf der Erde aufliegt. Dann könnte er sich gar nicht mehr bewegen, sondern müsste von einem anderen Fahrzeug herausgezogen werden. Außerdem haben die dicken Hinterreifen ein sehr grobes Profil. So nennt man die dicken Gummiwülste auf der Lauffläche des Reifens. Sie sorgen dafür, dass die Räder auch in weichem Sand, Matsch und Schlamm nicht durchdrehen. Denn dann käme der Traktor nicht mehr von der Stelle. Die vorderen Räder sind kleiner, damit sich der Traktor leichter lenken lässt. Der Fahrer bräuchte nämlich unheimlich viel Kraft, wenn er bei jeder Bewegung des Lenkrades so große Reifen wie an der Hinterachse des Traktors bewegen müsste.

*Traktoren ziehen alle möglichen landwirtschaftlichen Maschinen, z.B. Eggen, Heuwender und Sämaschinen. Sie haben einen starken Motor mit vielen PS.*

## … und wie funktionieren Geländewagen?

Bei einem normalen Auto werden immer nur zwei Räder vom Motor angetrieben. Entweder die Vorderräder oder die Hinterräder. Bei einem Geländeauto aber kann der Motor alle vier Räder gleichmäßig schnell drehen. Das ermöglicht es dem Wagen, viel steilere Wege hochzufahren. Und das Auto bleibt nicht stecken, wenn man damit zum Beispiel im lockeren Sand fährt. Denn selbst wenn mal ein Rad keinen festen Boden mehr hat, schieben die anderen drei Räder das Auto noch weiter. Damit sie sich gut im Boden festkrallen können und nicht durchdrehen, haben die Reifen viel grobere Profile als bei einem normalen Auto. Außerdem sind Geländewagen meistens etwas höher als andere Autos. Das macht man, damit die Unterseite nicht auf dem Boden aufliegt, wenn die Räder doch mal ein bisschen einsinken. Wenn das nämlich passiert, käme auch ein Geländewagen nicht mehr weiter.

### ... und warum können Geländewagen auch durchs Wasser fahren?

Eigentlich kann jedes Auto durchs Wasser fahren. Man muss nur dafür sorgen, dass der Motor auch dann noch Luft bekommt, wenn er untergetaucht ist. Deshalb haben manche Geländewagen einen Luftansaugstutzen für den Motor, der besonders hoch liegt. Bei manchen Geländeautos reicht er außen fast bis ans Dach. Außerdem sind Geländewagen höher als normale Autos. Deshalb kann das Wasser nicht so schnell hineinlaufen. Aber wenn ein Geländewagen zu tief ins Wasser eintaucht, läuft auch er zum Beispiel durch kleine Ritzen an den Türdichtungen voll Wasser. Denn ein normaler Geländewagen kann nicht schwimmen.

### ... und wie funktionieren Schwimmautos?

*Einige Autos, die alt sind, werden nicht verschrottet, sondern von den Besitzern liebevoll gepflegt und gewartet. Das sind dann »Oldtimer«. Damit dürfen aber nur Autos bezeichnet werden, die vor 1960 gebaut wurden.*

Da ist das ganze Auto wie ein Boot gebaut. Die Türen reichen meistens nicht so tief herunter wie bei anderen Autos. Deshalb kann dort kein Wasser hineinlaufen. Außerdem haben Schwimmautos oft an ihrer Hinterseite eine Schiffsschraube. Ist das Auto ins Wasser eingetaucht, kann man durch einen Schalter die Schiffsschraube mit dem Motor verbinden. Dann drehen sich die Räder nicht mehr und statt dessen schiebt die Schraube das Auto durchs Wasser. Allerdings sieht man Schwimmautos eher in Fernsehfilmen als auf der Straße. Denn sie sind teuer und unpraktisch, weil sie weder ein richtiges Auto noch ein richtiges Schiff sind. Sobald das Wasser nicht mehr ganz glatt ist und es ein paar Wellen gibt, kann ein Schwimmauto nicht mehr darauf fahren.

### ... und was passiert mit den Autos, wenn sie alt sind und nicht mehr gebraucht werden?

Dann werden die Wagen zu einer Autoverwertung gebracht und dort völlig auseinander gebaut. Manche Teile, die noch sehr gut erhalten sind, werden dann als gebrauchte Ersatzteile wieder verkauft an Leute, die damit ihr kaputtes Auto reparieren wollen. Alle anderen Teile, die nicht mehr zu gebrauchen sind, werden fein säuberlich getrennt und in großen Containern gesammelt: Glas-, Gummi-, Kunststoff- und Metallteile der Schrottautos zum Beispiel sind wertvolle Rohstoffe, die aufbereitet und später zur Herstellung neuer Autos verwendet werden können. Diese Wiederverwertung von gebrauchten Sachen nennt man *Recycling*.

## … und warum hängen die Gondeln eines Riesenrades immer nach unten?

Das meiste Gewicht befindet sich unterhalb der Drehpunkte, an denen die Gondeln aufgehängt sind. Und das Gewicht wird noch größer, wenn Menschen in so eine Gondel einsteigen.

### ★ Versuch

Nimm ein Lineal mit einem Loch an einem Ende und stecke durch dieses Loch ein dünnes Stöckchen. Halte den Bleistift oder das Stöckchen nun fest zwischen Daumen und Zeigefinger und bewege deine Hand in verschiedene Richtungen, rauf, runter oder auch mal im Kreis. Das lange Ende des Lineals wird nun immer nach unten zeigen. Denn die Stelle, wo du Bleistift oder Stöckchen durchs Lineal gesteckt hast, nennen wir den Drehpunkt. Und das Gewicht des Lineals ist vom Drehpunkt aus gesehen ungleich verteilt, die lange Seite ist viel schwerer, hängt deshalb immer nach unten.

Genauso ist es bei den Gondeln des Riesenrades. Deshalb hängen die Gondeln immer nach unten und man fällt nicht heraus, wenn sich das Riesenrad dreht. Auch jede Wippe auf einem Spielplatz hat einen Drehpunkt. Aber der befindet sich genau in der Mitte. Und damit man wippen kann, muss das Gewicht auf beiden Seiten des Drehpunkts möglichst gleich groß sein. Wenn also auf einer Seite ein ganz schweres Kind und auf der anderen ein ganz leichtes sitzt, kann man kaum wippen. Denn nun ist die Wippe auf einer Seite des Drehpunktes viel schwerer als auf der anderen. Diese Seite bleibt unten – genau wie der Boden einer Gondel vom Riesenrad.

*So ähnlich funktionieren auch die Gondeln einer Seilbahn oder die Sessel eines Sessellifts. Sie hängen vollkommen gerade nach unten, egal in welchem Winkel sie zum Seil stehen. Deshalb kann man auch mit dem Sessellift etwas transportieren und muss keine Angst haben, dass es herausfällt. Der Sessel kann niemals schräg stehen.*

181

# ÜBER ALLES, WAS SCHMECKT UND KRÄFTE WECKT

»Nein, keine Schokolade vor dem Essen. Nein, keine Cola. Nein, nicht schon wieder Nudeln mit Tomatensoße.« Da stehen sie, die Knirpse, mit großen Kinderaugen und verstehen überhaupt nicht, weshalb sie das alles nicht essen und trinken sollen. Hinzu kommt, dass merkwürdigerweise alles, was gesund ist, überhaupt nicht schmeckt und alles andere ganz besonders gut. Tun sie Ihnen manchmal auch richtig Leid? Sie können sich und Ihren Kindern das Leben leichter machen, wenn sie ihnen anschaulich erklären, was alles in den Speisen enthalten ist und welchen Einfluss das auf den Körper hat. Damit das Essen wieder Spaß macht.

# Warum sind zuviele Pommes ungesund?

Es ist oft gar nicht so leicht, Kinder von Süßigkeiten und Fast food wegzubringen und an gesunde Nahrungsmittel heranzuführen. Erst wenn sie erfahren, dass nicht alles, was gut schmeckt, auch gesund ist, lassen sie sich überzeugen.

### Warum ist das Mittagessen immer so heiß?

*Hast du gewusst, dass ein Mensch im Laufe seines ganzen Lebens etwa 30 Tonnen Lebensmittel zu sich nimmt. Wenn man rechnet, dass ein Elefant fünf Tonnen wiegt, ist das das Gewicht von sechs Elefanten, das jeder verspeist.*

Viele Sachen müssen erst einmal gekocht oder gebraten werden, damit sie schmecken. Rohe Kartoffeln zum Beispiel schmecken nicht besonders gut. Und rohes, nicht gebratenes oder gekochtes Fleisch kann nur schwer zerkaut werden. Manche Nahrungsmittel sind außerdem nur ganz schwer oder gar nicht zu verdauen, wenn sie roh gegessen werden, zum Beispiel Kohl. Beim Kochen oder Braten werden die Nahrungsmittel zunächst mal eine längere Zeit heiß gemacht. Und wenn das Essen fertig ist, ist es meistens noch heiß, wenn es auf den Tisch kommt. Daran kann man sich dann zwar manchmal die Zunge verbrennen, aber die Wärme verstärkt auch den Geschmack. Je kälter eine Mahlzeit ist, desto schärfer müsste sie gewürzt sein, damit sie nach irgendetwas schmeckt.

Es gibt aber auch viele Nahrungsmittel, die nicht gekocht, sondern roh gegessen werden können, zum Beispiel Salat oder auch viele Gemüsesorten wie Kohlrabi, Möhren, Tomaten oder Paprika. Es ist sogar gesünder, wenn man sie nicht kocht. Denn zu langes Kochen kann die Vitamine im Gemüse zerstören, oder sie werden heraus gewaschen und schwimmen nur noch im Kochwasser, das hinterher weggeschüttet wird.

Übrigens stimmt es gar nicht, dass heißes Essen, das kalt geworden ist, nicht mehr so gesund ist. Denn egal, ob das Essen auf dem Teller heiß oder kalt ist: Bis es in unserem Magen ankommt, hat es immer die Temperatur unseres Körpers angenommen.

## … und warum ist Gemüse so gesund?

In den meisten Gemüsesorten stecken viele Inhaltsstoffe, die der Körper für sein Wachstum, sein Funktionieren oder die auch der Kopf zum Denken dringend braucht. Diese Stoffe heißen *Vitamine, Spurenelemente, Mineralstoffe, Kohlenhydrate* und *Ballaststoffe*. Unser Magen und unser Darm können die Nahrung nur dann richtig verdauen, wenn sie gelegentlich auch solche Dinge bekommen, die vielleicht nicht so gut schmecken. Wer zum Beispiel längere Zeit gar kein Gemüse isst und auch keine Milch trinkt, dessen Körper wird krank. Man sagt dann, er leidet unter Mangelerscheinungen. Sehen kann man das auch, weil dann zum Beispiel die Haare ausfallen, die Zähne nicht richtig wachsen und man häufig erkältet ist. Deshalb ist es wichtig, dass man mit der Nahrung alles bekommt, was der Körper benötigt.

## … und wieso kann man Vitamine nicht sehen?

Vitamine sind viel zu klein, um sie mit bloßem Auge zu erkennen. Dazu braucht man ein Mikroskop. Sie stecken zum Beispiel in vielen Gemüse- und Obstsorten. Nach dem Essen verbinden sie sich mit Fett oder Wasser, lösen sich auf und verteilen sich im Körper. Und weil der Körper keine Vitamine selbst herstellen kann, sie aber zum Funktionieren braucht, muss man sie mit der Nahrung aufnehmen.

## … und warum soll ich nicht nur süße Sachen essen?

Wer nur Bonbons und Schokolade essen würde, würde sich sehr einseitig ernähren, und das könnte den Körper krank machen. In Süßigkeiten sind nämlich keine Vitamine, Mineralien oder Ballaststoffe enthalten, die der Körper braucht, stattdessen manchmal sehr viel Zucker. Zucker ist aber schlecht für die Zähne. Er greift den Zahnschmelz an, und man bekommt Löcher in den Zähnen, wenn sie nicht jedes Mal nach dem Verzehr von Süßigkeiten geputzt werden.

*Vor 800 Jahren in Mexiko begann man Schokolade zu trinken, und zwar als Gemisch von Wasser und Kakao. Das schmeckt aber bitter. In Europa gab man dann Zucker dazu. Die Milchschokolade gibt es erst seit ca. 100 Jahren.*

## … und woraus werden Bonbons gemacht?

Hauptbestandteil der meisten Bonbons ist Zucker. Man kann aber auch zum Beispiel Fruchtsäfte oder Pfefferminzöl hinzutun und den Bonbons dadurch ganz unterschiedliche Geschmacksrichtungen geben. Außerdem kommen oft noch Farbstoffe von Pflanzen dazu, damit die Bonbons leckerer aussehen. Und damit sie in der Tüte nicht zusammenkleben, werden die Bonbons außen manchmal mit Bienenwachs überzogen. Aber diese Schicht ist so hauchdünn, dass man sie nicht schmecken kann. Außerdem löst sich das Bienenwachs durch die Wärme und die Spucke in unserem Mund sofort auf.

### ★ Versuch

*Nicht mit Zucker gesüßte Gummibärchen sind nicht ungesund. Im Gegenteil. Sie bestehen nämlich aus einer Art Leim, der u. a. aus Knochen und Sehnen von Tieren gekocht ist, die Gelatine, und dieser Stoff ist gut für unsere Knochen. Natürlich alles in Maßen!*

Ganz einfache Karamellbonbons kann man übrigens in einem Kochtopf selbst herstellen – vielleicht willst du es mit deinen Eltern mal ausprobieren. Dabei geht es allerdings sehr heiß zu – und ohne Hilfe eines Erwachsenen kannst du dich leicht verbrennen. Außerdem muss man dabei immer wieder schnell rühren, damit die Bonbons nicht zu dunkel werden. Aber Vorsicht, damit es beim schnellen Rühren nicht spritzt. Denn auch diese Spritzer sind sehr heiß. Zunächst werden drei bis vier Esslöffel Butter in einem Topf geschmolzen. Ist die Butter ganz heiß und fängt sie an zu brutzeln, gibt man zwei bis drei Esslöffel Zucker dazu. Der wird mit der Butter so lange verrührt, bis er sich darin aufgelöst hat. Nun kann man weiteren Zucker dazutun – so lange, bis die Bonbonmasse ein gleichmäßig dicker Brei ist. Dazu kommen dann noch zwei bis drei Esslöffel Sahne. Die wird auch wieder so lange verrührt, bis die Bonbonmasse ein gleichmäßiger Brei ist. Die Masse wird dann auf Backpapier gegossen und mit einem Messer in gleichmäßig große Teile geritzt. Der Topf muss sofort mit heißem Wasser gereinigt werden, weil die Reste der Bonbonmasse sonst ganz furchtbar festkleben und sich später nur noch schwer entfernen lassen. Ist die Bonbonmasse abgekühlt, können wir unser fertiges Werk probieren. Wie die Bonbons schmecken und wie hart sie werden, hängt davon ab, wie viel Butter, Zucker und

Sahne man nimmt. Bei jedem Versuch schmecken die Bonbons deshalb ein klein wenig anders. Je länger die Masse im heißen Topf bleibt, desto dunkler werden die Bonbons. Aber Vorsicht: Wenn sie zu dunkel werden, können die Bonbons durch den geschmolzenen Zucker einen leicht bitteren Geschmack bekommen.

## … und was geschieht mit dem Essen, wenn ich es heruntergeschluckt habe?

Ist das Essen gekaut und heruntergeschluckt, wandert es – vom Speichel schon leicht vorverdaut – durch die Speiseröhre in den Magen. Dort sorgt eine Flüssigkeit aus den etwa vier Millionen Drüsen der Magenschleimhaut dafür, dass die Speise zu einem Brei verarbeitet wird. Durch den Magensaft wird die Nahrung in ihre kleinsten Bestandteile zerlegt. Dann wandert sie in den etwa vier Meter langen Dünndarm, der mit dem Zwölffingerdarm beginnt. Hier kommen noch zwei Verdauungssäfte hinzu. Das sind der Speichel aus der Bauchspeicheldrüse und der Gallensaft aus der Leber. Weil außerdem auch noch Saft aus den Drüsen der Dünndarmschleimhaut hinzukommt, wird der dicke Nahrungsbrei dabei fast flüssig. Und nun können auf dem langen Weg durch den Dünndarm alle Nährstoffe aus der Nahrung von der dünnen Dünndarmhaut aufgenommen werden. Sie gehen dann ins Blut und verteilen sich im ganzen Körper. Der Nahrungsrest wandert weiter in den Dickdarm und wird später, nachdem der Körper ihm wieder Flüssigkeit entzogen hat, ausgeschieden. Dieser gesamte Verdauungsprozess dauert ungefähr 15 Stunden. Davon entfallen allein etwa 10 Stunden auf die Darmarbeit.

**Leber**

**Magen**

**Dickdarm**

**Dünndarm**

*Die Verdauungsorgane bekommen Sauerstoff, der anderen Organen fehlt. Daher die Müdigkeit nach dem Essen.*

**Dünndarmschleimhaut**

### … und was passiert, wenn man gar nichts mehr isst?

*Die Kraft, die wir durch die Nahrung bekommen, wird bei der Verdauung erzeugt. Es sind komplizierte chemische Vorgänge im Magen und Darm. Die Nährstoffe aus dem Essen gehen ins Blut und werden im ganzen Körper verteilt.*

Wer nichts mehr isst, dessen Körper fehlt die Kraft, die er zum Leben braucht. Aber trotzdem kann ein Mensch normalerweise sieben Tage ohne jedes Essen auskommen – dann versorgt sich der Körper aus vielen kleinen Fettpolstern, die er sich zum Beispiel unter der Haut angelegt hat. Schlimmer ist es, wenn man nichts mehr trinkt. Denn beim Ausatmen nimmt die Luft immer ein bisschen Feuchtigkeit aus dem Körper mit. Deshalb ist das Trinken viel wichtiger als das Essen. Nur dadurch kann man den Körper vor dem Austrocknen schützen. Und es kann schon lebensgefährlich werden, wenn man drei Tage lang keine Flüssigkeit zu sich nimmt.

### … und warum essen wir das Fleisch von Tieren?

Der Mensch braucht zum Leben verschiedene Nährstoffe, auch tierische Fette und Eiweiß. Tierisches Fett braucht der Körper zum Beispiel zur Aufnahme der fettlöslichen Vitamine. Denn es gibt zwar auch Fette, die aus Pflanzen gemacht werden, aber viele Wissenschaftler sind der Meinung, dass pflanzliche Fette allein für das Funktionieren unseres Körpers nicht ausreichen. Tierisches Fett und Eiweiß ist jedoch nicht nur in Fleisch enthalten, sondern auch in Tierprodukten wie Milch, Käse und Joghurt.

### … und warum muss ich immer Milch trinken?

Die Milch ist eigentlich gar kein normales Getränk wie Limonade oder Saft, sondern sie ist wegen ihrer zahlreichen und wichtigen Nährstoffe ein sehr wertvolles Lebensmittel. Milch enthält zum Beispiel sehr viel tierisches Eiweiß, die unglaubliche Zahl von sechs Vitaminen sowie Kalzium, das wir für unsere Zähne und Knochen benötigen. Wer manchmal keine Lust zum Essen hat oder dazu zu müde ist, kann auch mal nur einen halben Liter Milch trinken, um die wichtigsten Nährstoffe aufzunehmen.

## … und warum ist jeden Tag Pommes mit Mayonnaise ungesund?

In Pommes sind viel Fett und Kohlenhydrate enthalten und in der Mayonnaise steckt ebenfalls sehr viel Fett. Vitamine und die wichtigen Ballaststoffe aber fehlen. Deshalb handelt es sich nicht um eine gesunde Mahlzeit, und der Darm kann Pommes mit »Majo« nur schwer verdauen. Solange man nur ab und zu mal Pommes isst, macht das nichts. Allerdings sollte dazu dann nicht noch eine fette Wurst gegessen werden, sondern Rohkost wie Gemüse oder Salat. Sie sorgen dann wieder für eine ausgewogenere Ernährung mit Vitaminen und Ballaststoffen.

*Die Milch der Kuh ist wie jede Muttermilch für den Nachwuchs, also für das Kalb gedacht. Der Mensch ist das einzige Lebewesen, das die Muttermilch von anderen trinkt.*

## … und wie kommen die Löcher in den Käse?

Der Rohstoff für Käse ist Milch, die während der Käseherstellung warm wird und zu blubbern beginnt. In der Milch steigen dann viele kleine Luftblasen auf. Ist der Käse später hart geworden, sind diese Luftblasen als Löcher im Käse zu sehen.

## … und warum dürfen Kinder keinen Kaffee trinken?

Im Kaffee ist sehr viel *Koffein* enthalten. Das ist ein Stoff, der das Herz schneller schlagen lässt. So schnell, als wäre man gerade eine längere Strecke gerannt. Man sagt deshalb, dass Kaffee aufputschend wirkt. Außerdem enthält Kaffee viele Gerbstoffe, die den Magen angreifen und ihn bei seiner Verdauungsarbeit durcheinanderbringen können. Und der kleine Körper eines Kindes reagiert auf die Inhaltsstoffe des Kaffees noch heftiger als der eines Erwachsenen. Auch im schwarzen Tee ist ein Stoff, der den Körper anregt, sodass er nicht müde wird. Das ist das »Thein«. Auch das ist für Kinder ungesund. Kräuter- oder Früchtetees sind besser verträglich.

### … und warum darf ich nicht soviel Cola trinken, wie ich will?

Ebenso wie Kaffee enthält Cola Koffein, außerdem besteht Cola zu einem großen Teil aus Zucker. Und warum Zucker nicht besonders gesund ist, steht schon weiter vorne. Das Koffein in der Cola aber ist ein *Muntermacher*. Wenn man zuviel davon trinkt, schlägt das Herz schneller und man kann nachts nicht schlafen.

*Wer sich nur von Cola, Eis und Hamburgern ernährt, wird mit Sicherheit dick. Denn er isst lauter Zucker, Fett und Weißmehl, alles Dickmacher, die sich in diesen Lebensmitteln in großen Mengen befinden.*

### … und wie kommt das Eis an den Stiel?

Eis wird entweder aus Milch oder aus Joghurt mit Früchten hergestellt. Dann nennen wir es *Milcheis* oder *Fruchteis*. Man kann Eis aber auch nur aus Wasser mit Farbstoffen und künstlichem Geschmack herstellen. Dann nennt man es *Wassereis*. Zunächst ist das Eis also immer eine flüssige Masse, die dann in kleine Behälter mit verschiedenen Formen gefüllt wird, in die ein Holz- oder Plastikstiel gesteckt wird. Dann werden diese Behälter tiefgefroren. Es entsteht eine feste Masse, in deren Mitte der Stiel steckt. In der Eisfabrik klappen dann die beidem Hälften der Form auf, in der das Eis eingefroren wurde. Und danach wird es sofort in Tüten verpackt.

### … und wer hat den Hamburger erfunden?

Das war ein Amerikaner, dessen Namen heute noch eine große Restaurant-Firma trägt: *McDonalds*. Die Idee, Fleischscheiben zwischen zwei Brot- oder Brötchenhälften zu legen, ist allerdings noch viel älter. Denn das *Sandwich*, wie man so etwas nennt, hat der 1792 verstorbene englische Adlige John Earl of Sandwich erfunden. Er war ein begeisterter Kartenspieler und hatte keine Lust, sein Spiel für ein Essen zu unterbrechen. Deshalb ließ er sich Bratenscheiben zwischen zwei Weißbrotscheiben legen. So konnte er mit einer Hand essen und gleichzeitig weiterspielen.

## … und warum ist eine Haut um das Würstchen?

Ein Würstchen besteht immer aus fein zerkleinertem Fleisch vom Schwein, Rind oder Geflügel. Hinzu kommen Gewürzstoffe und Fette, damit es nicht so trocken schmeckt. Dieses Gemisch wird dann zu einem Würstchen geformt und von einer dünnen, essbaren Haut, der *Pelle*, zusammengehalten. Ohne Haut hätte die Wurst keine Form und würde beim Braten oder Kochen auseinanderfallen. Ungefähr so wie das feine Hackfleisch in der Sauce von Spaghetti Bolognaise.

## … und was steckt in der Wurst drin?

Um Wurst zu machen, braucht man Fleisch, Fett, Salz und Gewürze. Je nachdem, was für Wurst man machen will, werden die Fleisch- und Fettstücke grob geschnitten oder ganz fein zerkleinert. Die Wurstmasse wird in eine Pelle gefüllt und dann gekocht, in den Rauch über einem Feuer aus Buchenholz gehängt oder an der Luft getrocknet. Das macht die Wurst lange haltbar. Auch das Salz in der Wurst sorgt dafür, dass sie nicht schlecht wird. Denn die Wurst wurde schon lange vor dem Kühlschrank erfunden. Damals musste man durch das Kochen, Räuchern oder Trocknen verhindern, dass Lebensmittel schlecht werden. Salami zum Beispiel haben die Menschen schon vor über 2200 Jahren gegessen. Und ihren Namen bekam sie vom italienischen Wort für Salz – das heißt *Sale*.

*Salami und Mettwurst gehören zur Sorte der Rohwürste. Es gibt auch noch die Kochwurst, z.B. Leberwurst, die Bratwurst und die Brühwurst. Eine Brühwurst ist die Fleischwurst.*

## … und wie kommt die Überraschung in das Ei?

Wenn man ein Überraschungsei mal ganz vorsichtig öffnet, sieht man, dass es aus zwei Hälften besteht. Sie werden aus brauner und weißer Schokolade hergestellt. Erst wenn die Überraschung hineingelegt ist, wird eine Hälfte vorsichtig auf die andere gelegt. Dabei werden die aufeinanderliegen Hälften ein bisschen erwärmt, so dass die Schokolade etwas klebrig wird und beide Hälften fest zusammenhalten.

### … und warum kochen wir Kartoffeln und Nudeln immer mit Salz?

Es ist schon richtig, dass das Salz wegen des Geschmacks ins Kochwasser kommt. Aber das stimmt nur zum Teil – denn auch Pellkartoffeln werden in Salzwasser gekocht, obwohl das Salz gar nicht durch die Schale in die Kartoffel eindringen kann. Es gibt nämlich einen weiteren Grund für das Salz. Und um den zu wissen muss man fast Chemiker sein. Salz im Wasser sorgt nämlich dafür, dass das Wasser nicht erst bei 100 Grad verdampft, sondern später. Man sagt, dass Salz den *Siedepunkt des Wassers* erhöht. Das Wasser wird also heißer, und die Folge ist, dass Kartoffeln oder Nudeln, die man in Salzwasser kocht, schneller gar werden als in Kochwasser ohne Salz.

### … und warum dürfen Kinder keinen Alkohol trinken?

*Alkohol entsteht, wenn winzige Hefepilze den Zucker und die Stärke von Kartoffeln, Getreide oder Früchten umwandeln. Alkohol ist also die Folge eines chemischen Prozesses. Der findet übrigens auch beim Brotbacken statt. Deshalb kann ein frischer Brotlaib auch ein klein wenig Alkohol enthalten.*

Alkohol ist ein Genussmittel, das sofort ins Blut geht und dort nur sehr langsam wieder abgebaut werden kann. In geringen Mengen können Erwachsene Alkohol vertragen, zum Beispiel in Bier, Wein oder auch in manchen Pralinen. Denn ein Erwachsener hat ausgewachsene Organe, die auch mit etwas Alkohol fertig werden. Aber Alkohol ist auch ein Gift, das auf viele Organe lähmend wirkt. Wer sehr oft und viel Alkohol trinkt, kann damit seine Organe zerstören. Das Nerven- und Gefäßsystem, Nieren und Leber können so schwer geschädigt werden, dass der Mensch krank wird oder sogar stirbt. Kinder haben viel empfindlichere Organe, die sich noch im Wachstum befinden. Deshalb kann Alkohol bei ihnen auch in kleinen Mengen schon große Schäden anrichten: Zum Beispiel können Leber und Nieren nicht mehr richtig wachsen.

### … und wie kommt das Huhn für die Suppe in die Tüte?

Wer mal schnell etwas Warmes essen möchte, kann sich mit heißem Wasser eine Suppe aus der Tüte zubereiten. In der Tüte befindet sich Pulver, das auch Gemüse, Nudeln oder Fleischstücke enthält. Vor allem wird es aus Salz, Gewürzen, Geschmacksverstärkern und Bindemitteln hergestellt. Damit Gemüse, Reis, Nudeln und kleine Fleischstücke blitzschnell im heißen Wasser weich werden, sind diese Zutaten oft *gefriergetrocknet*. So nennt man es, wenn sie erst gargekocht werden und ihnen dann bei großer Kälte sämtliche Feuchtigkeit entzogen wird. Das kann man auch mit Fleischklößchen machen oder, wenn es sich zum Beispiel um eine Hühnersuppe handeln soll, mit Hühnerfleisch. Den Geschmack allerdings bringt dann nicht das Fleisch, sondern *Aromastoffe*. Lebensmittelchemiker haben einmal ausgerechnet, dass in der Hühnersuppe aus der Tüte so wenig Hühnerfleisch enthalten ist, dass man mit einem Huhn über 250 Tüten füllen könnte.

*Selbstgemachte Mayo: zwei Eigelb mit einem Esslöffel Zitronensaft, einem Teelöffel scharfen Senf, etwas Salz und Pfeffer verrühren und dann ein achtel Liter Öl zuerst tröpfchenweise, dann als dünnen Strahl zugeben und alles kräftig verrühren.*

### … und wie kommt die Mayonnaise in die Tube?

Mayonnaise besteht vor allem aus Eigelb und Pflanzenöl, die zu einer cremigen Masse verrührt werden. Hinzu kommen dann noch Gewürze wie zum Beispiel Salz, Zucker oder Essig. In der Fabrik laufen alle Tuben mit dem zugeschraubten Drehverschluss nach unten an einer Füllmaschine vorbei. Mayonnaise, Ketchup oder Senf werden also immer von hinten in die Tube gefüllt. Danach wird das Ende der Tube zusammengefaltet oder mit Hitze verschweißt. Und weil sich dann keine Luft mehr in der Tube befindet, durch die Lebensmittel verderben können, halten die Sachen in Tuben sehr lange.

### … und warum tropft man auf Fleisch oder Fisch Zitronensaft?

Weil es früher schwer war, Fisch und Fleisch lange frisch zu halten. Wenn man aber etwas Zitrone darauf träufelte, konnte man den Unterschied zwischen frischer Ware und älterem Fleisch oder Fisch nicht mehr herausschmecken. Viele Leute machen das auch heute noch, obwohl es unnötig ist. Denn Fisch oder Fleisch werden dadurch nicht zarter, sondern verlieren nur ihren eigenen Geschmack.

### ... und warum muss ich nach dem Essen und Trinken manchmal rülpsen?

*Manchmal entweicht auch Luft durch den Darm nach außen – die Pupse. Das ist aber ein Gas, das bei der Verdauung entsteht und nicht durch die Darmwände ins Blut verschwindet, wie die meisten Gase, die bei diesem Vorgang entstehen.*

Beim Schlucken, vor allem wenn man sehr schnell isst oder trinkt, kann leicht auch mal ein bisschen Luft mit in die Speiseröhre kommen. Die steigt dann wie die Luftblasen in einem Limonadenglas nach oben. Und das hört man dann als Rülpser.

### ... und warum soll ich mit Messer und Gabel essen?

Vor allem deshalb, damit die Finger sauber bleiben und damit es auf dem Teller kein Gematsche gibt. Denn mit Messer und Gabel kann man das Essen in kleine, mundgerechte Bissen zerteilen. Sonst müsste man ja zum Beispiel von einem Stück Fleisch jedesmal abbeißen und es wieder auf den Teller legen. Außerdem ist es eine gute Übung, wenn man schon zu Hause das Essen mit Messer und Gabel lernt. Denn in einem Restaurant würden alle komisch gucken, wenn jemand mit den Fingern essen würde. Allerdings ist es nicht überall auf der Welt üblich, mit Messer und Gabel zu essen. In Asien zum Beispiel wird mit Stäbchen gegessen, die wie eine Zange in den Fingern einer Hand gehalten werden.

### … und warum landet eine Wurstsemmel beim Herunterfallen meistens auf der Wurstseite?

Dafür gibt es zwei Gründe: Erstens ist diese Seite schwerer. Dadurch hat das Brötchen oder die Semmel immer das Bestreben, diese Seite nach unten zu drehen. Aber das kann nur geschehen, wenn – und das ist der zweite Grund – das Brötchen oder die Semmel auch noch in eine Drehbewegung versetzt werden. Meistens passiert das unabsichtlich dann, wenn man noch ganz schnell nach dem herunterfallenden Stück greift und ihm dabei den zum Drehen nötigen Schwung gibt, ohne es aber wirklich noch festhalten zu können.

### … und warum soll ich mir vor dem Essen die Hände waschen?

Auf einem kleinen Stück Haut leben etwa fünf Millionen Bakterien – und sind nicht nur unschädlich, sondern sogar notwendig. Aber es gibt auch Bakterien, die gefährlich sind, denn sie rufen Krankheiten hervor. Wer nun von einem Gegenstand solche Bakerien übernimmt und dann eine Speise mit der Hand in den Mund steckt, steckt gleichzeitig auch diese Bakterien in den Mund. Sie können sich dann ungehindert im Körper ausbreiten. Deshalb sollte man sich die Hände vor dem Essen mit Seife waschen.

*Beispielsweise sind es auch die Bakterien, die bei einer Erkältung unsere Nasenschleimhäute anschwellen lassen oder für die Halsentzündung verantwortlich sind oder für das Fieber.*

# ERSTE HILFE BEIM »LOCH IM BAUCH«

Sicher gehören Sie zu den Eltern, die ihren Kindern den Sinn von Regeln und Verboten erklären. Aber sicher gibt es auch bei Ihnen Situationen, in denen Sie Ihrem Sprössling ohne lange Diskussionen ein Limit setzen möchten. Sie haben die Rechnung ohne das Kind gemacht. Kinder wollen wissen, wie die Welt funktioniert, weshalb sie etwas tun oder unterlassen sollen. Sie fragen, warum sie abends nach Hause müssen und warum sie »Bitte« sagen sollen.

Gerade diese Fragen eignen sich als Ausgangspunkt für das Gespräch in der Familie, bei dem die Kinder erfahren, dass man sie und ihre Probleme ernst nimmt.

# Warum? Warum? Immer diese Fragen

Seit Generationen stellen Kinder immer wieder die gleichen Fragen, die Eltern manchmal schier zur Verzweiflung treiben. Dabei vergessen die, dass unsere – manchmal etwas »verquere« – Erwachsenenlogik von den oft sehr geradlinig denkenden Kindern einfach nicht verstanden wird. Hier sind Vorschläge für schlüssige Antworten.

## Warum muss ich abends immer so früh zu Hause sein?

*Auch wenn nachts fast die meisten Tiere schlafen, gibt es doch ein paar, die wach sind und auf Jagd gehen. Dazu gehören die Fledermäuse. Damit sie sich orientieren können, stoßen sie für uns unhörbare Laute aus. Wenn dieser Ton auf ein Hindernis trifft, wird er zurückgeworfen, und die Fledermaus weiß dann, da geht es nicht weiter.*

Weil es gefährlich sein kann, im Dunkeln noch draußen herumzutoben oder zu spielen. Denn tagsüber kann jeder ein spielendes Kind sehen und auch die Kinder können alles sehen, was um sie herum passiert. Im Dunkeln ist zum Beispiel ein herannahender Fahrradfahrer ohne Licht leicht zu übersehen und man stößt vielleicht mit ihm zusammen und verletzt sich. Wenn Kinder im Dunkeln selbst noch als Fußgänger oder mit dem Fahrrad unterwegs sind, können sie aber auch leicht von anderen Verkehrsteilnehmern übersehen werden. Deshalb ist es ganz besonders wichtig, dass man abends helle Kleidung trägt – nicht nur für Kinder, sondern auch für Erwachsene. So kann ein herannahender Autofahrer einen schon aus großer Entfernung sehen. Es gibt aber noch einen anderen Grund dafür, dass viele Eltern ihre Kinder nach Einbruch der Dunkelheit lieber zu Hause haben möchten. Denn bei Dunkelheit sieht draußen alles anders aus – weil man kaum noch Farben erkennt. Wenn man aber keine Farben mehr sieht, kann man sich viel schlechter orientieren und leichter verlaufen. Und schließlich gibt es noch einen ganz einfachen Grund: Viele Eltern wollen hin und wieder nachsehen, ob alles in Ordnung ist. Das machen sie manchmal, ohne sich einzumischen sodass man es gar nicht merkt. Aber wenn alles dunkel ist, können sie das nicht mehr.

## … und warum darf ich abends nicht mehr auf den Spielplatz?

In der Dunkelheit können die Augen Abstände und Entfernung nicht mehr so gut abschätzen wie bei hellem Tageslicht. Deshalb kann es leicht passieren, dass man gegen irgendwelche Sachen läuft oder darüber stolpert. Auf dem Spielplatz aber kann es besonders gefährlich werden, weil man beim Klettern oder Springen im Dunkeln die Höhe falsch einschätzt. Eltern, deren Kinder abends nicht mehr auf den Spielplatz dürfen, wollen also vor allem Unfälle vermeiden.

*Auch Katzen sind Nachttiere, denn sie sehen im Dunkeln ausgezeichnet und haben ein scharfes Gehör.*

## … und warum darf ich nicht mit fremden Menschen auf der Straße mitgehen?

Fremde Menschen sind leider nicht immer nur nett zu Kindern, auch wenn sie zunächst sehr freundlich tun und den Kindern Geschenke machen. Manchmal behaupten sie auch, sie hätten zu Hause die tollsten Computerspiele oder Videos und laden einen zum Spielen ein. Aber es gibt Menschen, die Kinder zu sich nach Hause locken, um sie dort zu quälen und ihnen weh zu tun. Diese Menschen sind krank – aber das kann man natürlich nicht erkennen, wenn sie einen ansprechen. Deshalb ist es besser, nie mit einem Erwachsenen mitzugehen, ohne dass man den Eltern vorher davon erzählt. Am allerbesten ist es sogar, wenn man seinen Eltern einen neuen Erwachsenen erst mal vorstellt. Wenn er wirklich nichts Böses vorhat, wird er bestimmt nichts dagegen haben. Am Anfang ist es aber immer gut, skeptisch zu sein. Und auf gar keinen Fall in ein fremdes Auto steigen! Auch nicht dann, wenn ein Fremder irgendwelche schlimmen Geschichten erzählt. Manchmal denken sich Menschen die Geschichten nämlich nur aus, um einen mitzulocken. Sie erzählen zum Beispiel, dass die Eltern eines Kindes verunglückt sind, und sie dieses Kind zu den Eltern ins Krankenhaus bringen wollen. Das ist garantiert gelogen. Denn wenn das wahr wäre, käme nicht irgendein Fremder, sondern ein Polizist oder

199

eine Polizistin in Uniform. Erzählt jemand solche Geschichten von verunglückten Eltern oder behauptet jemand ohne Uniform, dass er von der Polizei ist, sollte man mit seinen Freunden zusammen so schnell wie möglich in das nächste Geschäft laufen und den erwachsenen Verkäufer oder Ladenbesitzer bitten, dass er sofort die echte Polizei ruft. Die sind froh darüber, wenn ihnen Kinder helfen, solche Menschen zu fangen. Wenn alles in Ordnung ist, dann hat der Mensch nichts zu befürchten. Und die Polizei wird die Kinder trotzdem für ihre Aufmerksamkeit loben. Es ist auch nicht falsch, ganz schnell wegzulaufen und sofort laut um Hilfe zu rufen, wenn man von einem fremden Menschen angesprochen wird. Man kann schließlich nie erkennen, ob der oder die Fremde gute oder böse Absichten hat.

### … und warum soll ich andere Kinder vorher fragen, bevor ich mir ihr Spielzeug nehme?

*Wenn dir etwas ganz besonders gut gefällt, das einem anderen Kind gehört, dann sprich mit deinen Eltern und erzähle ihnen deinen Wunsch. Vielleicht kommt ja bald dein Geburtstag…*

Jeder hat einige Sachen, die ihm ganz besonders wichtig sind. Das können Spielsachen oder zum Beispiel auch ein Kuscheltier oder etwas zum Anziehen sein. Und jedem fällt bestimmt sofort etwas ein, was er nicht gern einem anderen geben möchtest. Aber welche Sachen einem anderen besonders wichtig sind, kann man ja nicht wissen. Und selbst wäre man auch ganz schön sauer, wenn einem jemand etwas wegnehmen würde, ohne vorher um Erlaubnis zu bitten. Deshalb sollte man immer vorher fragen – genauso, wie man selbst auch gern vorher gefragt werden würde. Wer sich bei anderen etwas ausleiht, ohne zu fragen, könnte nämlich auch ein Dieb sein, der die Sachen gar nicht wieder zurückgeben will.

### … und warum soll ich immer mein Zimmer aufräumen?

Wenn im Kinderzimmer alles herumliegt, sind die Spielsachen, die man gerade sucht, bald nicht mehr zu finden. Hinzu kommt, dass auf dem Boden verstreute Sachen leicht kaputt gehen können, wenn andere zum Beispiel drauftreten. Und man kann außerdem darüber stolpern und hinfallen oder sich beim Drauftreten verletzen. Deshalb wollen viele Eltern, dass Kinder in ihrem Zimmer Ordnung halten. Das ist zwar nervig. Aber wer bestimmte Spielsachen immer in dieselbe Kiste packt, wird sie beim nächsten Mal blitzschnell wiederfinden. Hast man sich das erst mal angewöhnt, ist es gar nicht mehr so schlimm, Ordnung zu halten. Denn das hilft auch später, wenn man älter wird. Was würde geschehen, wenn die Mutter auch keine Ordnung hätte. Dann könnte sie vielleicht manchmal gar nichts zu essen machen, weil sie gerade keinen Topf oder keine Bratpfanne findet. Außerdem kann man ein Zimmer, in dem alles wild herumliegt, nicht vernünftig saubermachen. Oder es würden viele Spielsachen einfach im Staubsauger verschwinden. Und wenn die Anziehsachen wild durcheinander auf einen Stapel geworfen werden, kann niemand mehr schmutzige und saubere Wäsche auseinanderhalten. Die Eltern wüssten dann gar nicht mehr, was gewaschen werden muss und was nicht.

## … und warum darf ich nicht alles im Fernsehen gucken, was ich will?

Im Fernsehen laufen zwar viele Filme für Kinder aller Altersgruppen. Aber einige Filme sind auch für Jugendliche oder nur für Erwachsene gemacht. Die werden oft extra spät gesendet, weil die meisten Kinder dann schon im Bett sind. Aber gerade auf die Erwachsenenfilme sind viele Kinder sehr neugierig, weil die oft spannend oder sogar gruselig sind. Aber um solche Filme zu verstehen, muss man oft schon viel mehr wissen, als man bis dahin im Kindergarten und in der Schule gelernt hat. Oder man müsste sich solche Filme mit den Eltern zusammen anschauen, die einem dann dieses und jenes erklären könnten. Aber das wollen viele Eltern nicht – denn wenn ständig beim Anschauen eines Films gefragt und geredet wird, bekommt am Ende keiner mehr etwas richtig mit. Es ist also nicht böse gemeint, wenn Eltern einen Film verbieten und sagen, dafür wärest man noch zu klein.

*Die Welt der Erwachsenen ist häufig sehr kompliziert. Das liegt auch daran, dass jeder Mensch viele verschiedene Charakterzüge hat. Sie alle kennen- und liebenzulernen, dafür braucht der Mensch sein Leben lang. Denn manchmal sind sie auch erschreckend. Damit musst du dich noch nicht herumschlagen.*

## ... und warum dürfen meine Freunde viel länger aufbleiben als ich?

*Denke dir doch ein kleines Ritual aus, wenn du schlafengehst. Da bekommt der Teddy noch eine Schlafanzughose angezogen oder die Puppe wird ins Puppenbett gelegt. Es gibt noch ein Tässchen Gute-Nacht-Tee, und wer sich im Dunkeln fürchtet, der darf sicher ein kleines Nachtlicht brennen lassen.*

Kinder brauchen jede Nacht etwa acht bis zehn Stunden Schlaf, damit sie morgens ausgeschlafen und fit sind. Erwachsene aber kommen mit weniger Schlaf aus. Diese nächtliche Ruhe braucht der Körper auch, damit das Gehirn die Erlebnisse des vorangegangenen Tages verarbeiten kann. Kinder, die abends noch sehr lange aufbleiben, sind am nächsten Morgen oft nicht richtig ausgeschlafen, sie fühlen sich müde und schlapp. Deshalb können sie sich in der Schule nicht konzentrieren, schlafen manchmal sogar während des Unterrichts ein oder träumen auf der Straße und riskieren dabei schwere Unfälle. Das wollen die Eltern natürlich nicht. Kinder, die regelmäßig zu wenig schlafen, können sogar krank werden, unter ständigen Kopf- oder Bauchschmerzen leiden. Die Schlafmenge richtet sich immer nach dem Alter. Älteren Kindern schadet es deshalb nicht, wenn sie etwas länger aufbleiben als jüngere.

## ... und warum kriege ich nicht dieselben Computerspiele wie meine Freunde?

Es ist eine tolle Sache, wenn Kinder schon sehr früh den Umgang mit Computern lernen. Denn später in ihrer Ausbildung oder im Beruf werden sie es auch mit Computern zu tun haben. Deshalb lernen viele Kinder sogar schon in den Grundschulklassen, wie einige Programme anzuwenden sind. Es gibt aber auch reine Spielcomputer, die mit den echten Computern fast gar nichts zu tun haben. Denn mit einem echten Computer kann man tolle Frage-Antwort-Spiele machen und dabei noch etwas lernen. Manche Computerspiele sind auch so aufgebaut, dass man da Dinge lernt, die selbst die Erwachsenen nicht kennen. Aber viele reine Spielcomputer haben Programme, bei denen man nur oben oder unten oder links oder rechts drücken kann. Diese Spiele sind vielen Eltern zu dumm. Denn sie wollen lieber, dass ihre Kinder Computerspiele machen, bei denen man auch mal überlegen muss und seine Phantasie gebraucht.

## ... und warum muss ich immer im Haushalt helfen?

Viele Eltern sind der Meinung, dass auch ihre Kinder schon ein paar Pflichten und Aufgaben übernehmen können, die zum Alter passen. Sie möchten einfach, dass die Kinder auch ein bisschen zum Funktionieren der Familie beitragen. Deshalb helfen oft auch schon kleine Kinder ein bisschen, indem sie zum Beispiel den Müll heruntertragen oder den Abwasch erledigen. Denn dadurch haben die Eltern mehr Zeit für andere Sachen, die ihnen die Kinder noch nicht abnehmen können. Zugegeben, besonders aufregend ist es nicht, den Müll 'rauszubringen. Aber irgendwann bekommen die Kinder von den Eltern auch andere Dinge gezeigt. Zum Beispiel, wie man kaputte Sachen reparieren kann oder wie man selbst Spaghettisauce zubereitet und Nudeln kocht. Und dann wird es schon viel spannender als das blöde Müllrunterbringen ...

## ... und warum soll ich immer »bitte« und »danke« sagen?

Wenn man im Umgang mit anderen Menschen freundlich ist, macht man sich damit sein eigenes Leben viel angenehmer und leichter. Das fängt schon damit an, dass man jemand anderen freundlich und mit einem Lächeln begrüßt. Wenn man dann eine Bitte äußert, wird der andere viel eher bereit sein, sie zu erfüllen. Und wenn man sich hinterher bedankt, wird er sich beim nächsten Mal bestimmt an die Freundlichkeit erinnern. Mal ehrlich: Wer möchte schon in einer Welt leben, in der alle nur mit muffeligen, verbissenen Gesichtern herumlaufen und keiner dem anderen »Guten Tag« sagt? Das wäre bestimmt eine ganz schön traurige Welt. Deshalb sollte jeder selbst den ersten Schritt tun und andere Menschen freundlich behandeln.

## ... und warum muss ich unbedingt mit zu Verwandtenbesuchen?

Natürlich ist es nicht gerade spannend, wenn man stundenlang bei den Großeltern oder alten Tanten und Onkeln auf dem Sofa herumsitzen soll. Aber gerade ältere Verwandte freuen

*Mit kleinen Höflichkeiten kannst du einem Menschen, den du gern hast oder respektierst, dies immer wieder sagen ohne viele Worte zu machen und ohne dir immer wieder Formulierungen auszudenken zu müssen.*

203

sich über solche Besuche. Denn nur von den Kindern können sie erfahren, wie sich die Welt verändert. Außerdem haben ältere Leute manchmal ganz schön spannende Geschichten von früher zu erzählen. Man muss sie nur mal fragen, wie es in ihrer Kindheit zuging. Oft wollen die Eltern die Kinder aber auch nur deshalb mitnehmen, weil sie stolz auf sie sind und es gern hören, wenn andere sie loben. Bestimmt hat niemand etwas dagegen, wenn man sich für längere Besuche ein paar Spielsachen oder etwas zum Malen mitnimmt. Und bestimmt kann man auch mit den Eltern verabreden, dass man irgendwann nicht mehr jedesmal mitkommen muss.

### … und warum muss ich am Tisch immer gerade sitzen?

*Wenn die Wirbelsäule gerade ist, ist das die entspannteste Art zu sitzen, die es gibt. Denn dann muss sich kein Muskel anstrengen, um sie aufrechtzuhalten. Sie hält sich ganz von selbst. Also ist einer, der gerade sitzt, eigentlich ein recht fauler Mensch, oder?*

Weil sich viele Kinder und Erwachsene zu wenig bewegen, zuviel Auto fahren, keinen Sport treiben und lange vor dem Fernseher oder Computer sitzen, gibt es heute Krankheiten, die früher fast unbekannt waren. Dazu gehören vor allem die Rückenleiden. Denn der Rücken ist nicht dafür gemacht, ständig nur sitzende oder stehende Positionen einzunehmen. Die Folge ist, dass viele Muskeln nicht mehr richtig funktionieren und deshalb die knöcherne Wirbelsäule im Rücken einen Teil der Muskelarbeit übernehmen muss. Davon kann sie überlastet werden und so sehr weh tun, dass man sich kaum noch bewegen kann. Das aufrechte Sitzen zum Beispiel am Esstisch ist eine der vielen Situationen, in denen man seine Muskeln kräftigen und die Wirbelsäule vor Schäden schützen kann. Noch besser aber ist es, wenn man Sport treibt.

### … und warum soll ich immer pünktlich sein und nicht bummeln?

Dafür gibt es zwei Gründe. Angenommen, alle Kinder kämen unpünktlich zur Schule. Dann müsste der Lehrer immer so lange mit dem Unterricht warten, bis auch der letzte Schüler da ist. Irgendwann hätten alle die langweilige Warterei satt. Und wahrscheinlich würde man sich dann darauf einigen, dass man sich nicht mehr zur ersten Stunde trifft, sondern immer erst zur zweiten. Aber wenn da wieder keiner pünktlich wäre, ginge das Warten erneut los. Man könnte sich dann auf den Schulbeginn zur dritten Stunde einigen. Aber ohne Pünktlichkeit würde auch das nicht funktionieren. Und so ist es überall im Leben. Wenn einer unpünktlich ist, ärgern sich die anderen. Will man beispielsweise im Sommer ins Freibad gehen und der Bademeister wäre unpünktlich und lässt das Tor den halben Tag geschlossen, wäre man schon sauer. Oder man steht morgens extra früh aufs, weil es mit den Eltern im Flugzeug oder mit der Bahn in die Ferien geht. Aber wenn dann der Pilot oder der Zugführer unpünktlich sind, müssten ganz viele Leute warten. Vielleicht wären sogar Zigtausende von einer kleinen Unpünktlichkeit betroffen, weil dadurch alle Fahr- und Flugpläne durcheinanderkämen. Das ist der eine Grund, warum ohne Pünktlichkeit vieles nicht funktioniert. Der andere Grund ist, dass sich zum Beispiel die Eltern Sorgen machen, wenn die Kinder nicht pünktlich von der Schule kommen. Denn sie wissen ja, wann der Unterricht zu Ende ist, und wenn man noch auch dem Nachhauseweg bummelt, könnte einem ja auch etwas passiert sein. Deshalb ist es immer besser, jemanden anzurufen, der auf einen wartet. Vielleicht stiften die Eltern für diesen Zweck sogar eine Telefonkarte.

*Streng genommen stehlen die Menschen, die unpünktlich sind, den anderen die Zeit. Denn die warten und können mit der Wartezeit, die schließlich auch eine Zeit ihres Lebens ist, nichts Sinnvolles anfangen.*

## … und warum rauchen Erwachsene, obwohl sie davon krank werden ?

Das ist eines der vielen Beispiele dafür, dass auch Erwachsene nicht alles richtig machen und manchmal ganz schön unvernünftig sind. Das Dumme am Rauchen ist vor allem, dass man nur ganz schwer oder gar nicht wieder aufhören kann, wenn man einmal damit begonnen hat. Und das ist auch der Grund dafür, dass sogar Raucher ihre Kinder immer wieder ermahnen, bloß nicht damit anzufangen. Man nennt das eine »Sucht«. Auch Alkoholiker sind suchtkrank.

**Über den Autor**

Mathias Jörg Müller-Michaelis ist nicht nur einer der meistgedruckten deutschen Wirtschaftsjournalisten – aus seiner Feder stammt auch »Ganz schön aufgeklärt« – eines der international erfolgreichsten Kinderbücher zum Thema »Aufklärung«. Es gilt mittlerweile in fast allen europäischen Ländern und sogar in Japan als Standardwerk – und will vor allem das offene Gespräch zwischen Eltern und Kindern fördern.
Angespornt durch diese weltweite Resonanz hat Müller-Michaelis sein neues Buch »Warum ist die Banane krumm« geschrieben.
Als Lese- und Vorlesebuch – vor allem aber, um den vertrauensvollen Dialog in der Familie zu unterstützen.
Mathias Jörg Müller Michaelis (42) ist verheiratet und lebt mit vier Kindern in Hamburg.

**Hinweis**

Das vorliegende Buch ist sorgfältig erarbeitet worden. Dennoch erfolgen alle Angaben ohne Gewähr. Weder der Autor noch der Verlag können für eventuelle Nachteile oder Schäden, die sich aus den im Buch gegebenen Hinweisen ergeben, eine Haftung übernehmen.

**Bildnachweis**

Die Illustrationen gestaltete Susanna Grigoletto, München

**Impressum**

Der Südwest Verlag ist ein Unternehmen der Verlagshaus Goethestraße GmbH & Co. KG, München. © 1999 Verlagshaus Goethestraße GmbH & Co. KG
2. Auflage 1999

Alle Rechte vorbehalten.
Nachdruck – auch auszugsweise – nur mit Genehmigung des Verlages.

Redaktion: Michaela Breit
Projektleitung: Ernst Dahlke
Redaktionsleitung: Nina Andres
Umschlag und Innenlayout: Manuela Hutschenreiter
DTP-Produktion: AVAK-Publikationsdesign, München
Produktion: Manfred Metzger (Leitung), Annette Aatz,
Dr. Erika Weigele-Ismael

Printed in Slowakia

Gedruckt auf chlor- und säurearmem Papier

ISBN 3-517-07817-4

# Register